新编高职高专经济管理类规划教材

# ERP原理与应用简明教程

周玉清　刘伯莹　周强　编著

清华大学出版社
北　京

## 内 容 简 介

本书深入浅出地介绍了 ERP 的基本原理，包括基础数据的建立，客户需求预测，制定销售和运营规划，制订主生产计划，MRP 的展开，客户订单、采购订单和生产订单的处理，成本核算和财务管理，涵盖了企业经营运作的全过程。通过一个应用 ERP 的综合模拟案例将所学的知识联系起来，且能从中体会计划功能的核心作用。本书还介绍了软件系统的选型、ERP 实施和运行管理的方法以及一个详细的实施案例，另外对与 ERP 相关的诸多论题也予以介绍。

本书可作为大专和高职院校工商管理专业、计算机应用专业的教材或教学参考书，还可作为企业学习 ERP 知识的培训教材，也可供各级管理人员、ERP 实施和应用人员以及从事企业资源计划研究与实践的教师、科研和工程技术人员学习参考。本书配有课件，下载地址为 http://www.tupwk.com。



**图书在版编目(CIP)数据**

ERP 原理与应用简明教程 / 周玉清，刘伯莹，周强 编著. —北京：清华大学出版社，2016（2021. 8 重印）
(新编高职高专经济管理类规划教材)
ISBN 978-7-302-45047-4

Ⅰ. ①E… Ⅱ. ①周… ②刘… ③周… Ⅲ. ①企业管理—计算机管理系统—高等职业教育—教材 Ⅳ. ①F272.7

中国版本图书馆 CIP 数据核字(2016)第 213699 号

**责任编辑：** 崔　伟　马遥遥
**封面设计：** 牛艳敏
**版式设计：** 方加青
**责任校对：** 成凤进
**责任印制：** 杨　艳

**出版发行：** 清华大学出版社
**网　　址：** http://www.tup.com.cn，http://www.wqbook.com
**地　　址：** 北京清华大学学研大厦 A 座　　**邮　　编：** 100084
**社 总 机：** 010-62770175　　**邮　　购：** 010-62786544
**投稿与读者服务：** 010-62776969，c-service@tup.tsinghua.edu.cn
**质 量 反 馈：** 010-62772015，zhiliang@tup.tsinghua.edu.cn
**课 件 下 载：** http://www.tup.com.cn，010-62796865

**印 装 者：** 三河市龙大印装有限公司
**经　　销：** 全国新华书店
**开　　本：** 185mm×260mm　　**印　　张：** 14　　**字　　数：** 332 千字
**版　　次：** 2016 年 9 月第 1 版　　**印　　次：** 2021 年 8 月第 6 次印刷
**定　　价：** 38.00 元

---

产品编号：069636-02

# 前言

ERP 是企业信息化最基本的组成部分。目前，高等教育，包括大专和高职教育，普遍开设了 ERP 课程。

作为在校学生学习 ERP 首先要了解以下两个问题。

**1. ERP 的核心是什么？**

ERP 是企业资源计划(enterprise resource planning)的英文首字母缩写，所以，E 和 R 都是 P 的定语。换言之，P，也就是计划，它是 ERP 的核心。由于数据量大、计算量大、时效性强，ERP 的计划功能是无法用手工方式实现的。而其他功能所实现的不过是一些事务处理，解决的是以计算机代替或帮助人的手工劳动，从而提高工作效率的问题。

有人认为 ERP 的核心是财务功能。其实，企业的财务状况是企业运营状况的货币表现。要想改善企业的财务状况，就必须首先平衡供需，改善企业的运营状况，于是，ERP 的计划功能的重要性就体现出来了。

因此，学习 ERP 一定要把计划功能的原理弄清楚，这样才能从本质上把握 ERP 的核心理念和基本知识，从而为将来从业打好基础。如果学校里的 ERP 教学留给学生的印象就是各种事务处理活动，那就把 ERP 讲零碎了，将来学生在实践中一定会遇到困难。

**2. ERP 原理和 ERP 软件系统的关系是什么？**

如今的市场上，国内、国外有多家厂商提供多种 ERP 软件系统产品，但是，所依据的原理是相同的。作为在校学生，他们不知道将来在工作实践中会遇到哪种 ERP 软件系统。所以，学习 ERP 一定要把 ERP 的原理弄清楚。虽然在学习的过程中也会涉及某种 ERP 软件系统，但那是为了通过某些实际操作更好地理解和掌握 ERP 的原理。ERP 的原理学通了，将来不论遇到哪种 ERP 软件系统，都可以很快地掌握。如果学校里的 ERP 教学留给学生的印象就是某种 ERP 软件系统，那将来学生遇到其他的 ERP 软件系统一定会困难重重。

其实，任何一个学科领域在其发展过程中，都会积淀下一些基本的概念、理论和方法，它们是学科领域的内涵。而实现的技术只能是学科领域的外延。换言之，这些基本的概念、理论和方法是相对稳定的。这种稳定性支持了一个学科领域的存在和发展，它们是这个学科领域的根基。ERP 领域也是如此。

了解了以上两个问题之后，再了解一下将来和 ERP 有关的从业岗位也是有益的。与 ERP 有关的从业岗位大致来自两个方面，即通常所说的商业关系上的甲方——应用 ERP 软件系统的企业和乙方——ERP 软件厂商。

甲方可有多个岗位，如物料计划和管理人员、生产和采购管理人员、主生产计划员以及企业各个职能岗位上应用 ERP 系统的人员，目标都是要使用 ERP 软件系统搞好企业的运营管理。还有两个重要的岗位是 ERP 项目负责人和 ERP 系统管理员，前者负责 ERP 系统在企业的实施，要组织企业的员工学习和应用 ERP 软件系统，还要协调和乙方的交互活动；后者则负责 ERP 软件系统的维护，对企业内部 ERP 的应用提供技术支持。

乙方可有三种岗位，即 ERP 软件开发、实施顾问和技术支持。其中，实施顾问是直接且经常与甲方打交道的，他要教会企业人员正确地使用 ERP 软件系统；技术支持是在甲方遇到软件或硬件技术问题时向甲方提供电话或现场的技术支持。

对于所有这些岗位，ERP 的原理和实施方法、软件产品的知识都是非常重要的，而对于甲方的项目负责人和乙方的实施顾问，ERP 的实施方法尤为重要。

本书面向大专或高职院校的 ERP 课程教学，以深入浅出、简明而不失真为原则，介绍了 ERP 的原理和实施方法，并提供了两个实际案例。一个是关于 ERP 原理综合应用模拟的案例，一个是关于 ERP 系统实施的案例，可以帮助学生更好地理解 ERP 的原理和实施方法。

本书基本内容如下：

第 1~10 章简明地介绍了 ERP 的基本原理、计划功能、效益以及 ERP 在财务管理方面的应用。

第 11 章给出了一个关于 ERP 应用的综合模拟案例。

第 12 章讨论了 ERP 软件系统的选型。

第 13 章介绍了实施和运行管理的方法，其中融入了作者多年的实践经验。

第 14 章基于作者的实践经验，选择了一个具有典型意义的实施应用案例，详细介绍了 ERP 实施的过程、关键的做法和来自企业实施人员亲身实践的真切体会，既为准备实施和正在实施 ERP 的企业提供了借鉴，又便于案例教学。

依据《APICS 字典》最新版本，在附录中给出了常用名词解释，这既有助于读者理解 ERP 的基本概念，也有助于读者扩大视野去阅读 ERP 的英文文献。

本书每章之后都提供了思考题。为了教学的需要，还提供了 200 多道习题。这些习题大多是以选择题的形式出现，但是有经验的教师很容易把它们转化成所需要的形式。所有习题均有参考答案，对于稍难的习题，则给出了详细的答案。

本书配套课件的下载网址为 http://www.tupwk.com.cn，习题答案可发邮件至 cuiwei80@163.com 索取。

本书编写分工如下：周玉清编写了第 1~9 章和第 11 章；刘伯莹编写了第 12~14 章；周强编写了第 10 章并设计了所有习题；孙婉根据《APICS 字典》(第 13 版)编写了附录中的名词解释。

本书在写作过程中得到了清华大学出版社编辑多方面的帮助，在此表示感谢。

由于作者水平所限，书中难免存在错误和不足之处，殷切希望读者批评指正。

作者

2016 年 4 月

# 目录

**第 1 章　初识 ERP……1**

1.1　无处躲避的全球竞争……1
1.2　企业管理的困惑……2
1.3　制造业基本方程和 MRP……3
1.4　ERP 能够做什么……3
1.5　企业实施 ERP 的常见误区和实施 ERP 的可靠路线……5
1.6　实施应用 ERP，全面提高企业的管理水平……6
1.7　ERP 及相关名词简析……6
思考题……7
习题……8

**第 2 章　管理需求推动 ERP 的发展……9**

2.1　早期库存管理引发的订货点法……10
2.2　复杂物料需求带来的时段式 MRP……13
2.3　物料与生产管理集成的闭环 MRP……17
2.4　生产与财务管理一体化的 MRP Ⅱ……19
2.5　集成企业内外部信息的 ERP…21
思考题……24
习题……25

**第 3 章　ERP 为企业带来的效益……27**

3.1　定量的效益……27
3.2　定性的效益——更深层次的效益……30
3.3　来自用户的信息……32
思考题……33
习题……33

**第 4 章　基础数据——企业运营的关键……34**

4.1　物料主文件……34
4.2　物料清单……35
4.2.1　物料清单概述……35
4.2.2　物料清单的准确性……37
4.2.3　物料清单的报告形式……38
4.3　工作中心……38
4.4　工艺路线……40
4.5　提前期……41
4.6　库存记录……42
4.7　供应商主文件和客户主文件…42
4.8　初始数据环境的建立……43
思考题……43
习题……44

**第 5 章　物料管理——企业运营的基础……45**

5.1　物料管理概述……45
5.2　库存目的和费用……46
5.2.1　库存目的……46
5.2.2　库存费用……47
5.3　订货批量……47
5.3.1　确定订货批量的方法……47
5.3.2　批量调整因子……50
5.4　安全库存和安全提前期……50
5.5　库存准确度……51

5.6 ABC 分析和循环盘点 ············52
5.6.1 ABC 分析 ············52
5.6.2 循环盘点 ············53
思考题 ············54
习题 ············55

**第 6 章 需求管理——企业运营的源头 ············58**

6.1 预测 ············58
6.1.1 为什么要预测 ············58
6.1.2 预测的特征 ············59
6.1.3 预测技术 ············59
6.2 客户订单管理 ············64
6.2.1 客户订单录入 ············64
6.2.2 预测冲销方法 ············64
6.3 分销系统 ············65
6.3.1 分销系统的目标 ············65
6.3.2 分销系统的结构和分销中心位置的选择 ············66
6.3.3 分销需求计划 ············66
思考题 ············68
习题 ············68

**第 7 章 ERP 的计划管理——企业运营的核心 ············70**

7.1 计划管理的意义和常见的问题 ············70
7.2 制造业的生产计划方式 ············71
7.3 ERP 计划层次 ············72
7.4 经营规划 ············72
7.5 销售与运营规划 ············72
7.5.1 销售与运营规划概述 ············72
7.5.2 制定销售与运营规划 ············73
7.5.3 销售与运营规划报告 ············77
7.5.4 销售与运营规划的评估——资源计划 ············79
7.6 主生产计划 ············80
7.6.1 什么是主生产计划 ············80
7.6.2 为什么要制订主生产计划 ············81
7.6.3 主生产计划的对象 ············82
7.6.4 将生产规划转换成主生产计划——计划物料清单 ············82
7.6.5 订单及其生命周期 ············83
7.6.6 主生产计划矩阵 ············84
7.6.7 主生产计划的编制 ············86
7.6.8 主生产计划的维护和控制 ············86
7.6.9 主生产计划的评估——粗能力计划 ············87
7.6.10 关于主生产计划员的一个案例 ············87
7.7 物料需求计划 ············89
7.7.1 MRP 的输入信息 ············89
7.7.2 MRP 的计算过程 ············90
7.7.3 MRP 的运行方式 ············92
7.7.4 MRP 的主要输出信息 ············93
7.8 能力需求计划 ············93
7.8.1 工厂日历 ············93
7.8.2 能力需求计划的输入 ············94
7.8.3 编制工序计划 ············94
7.8.4 编制工作中心负荷报告 ············96
7.8.5 分析结果并反馈调整 ············97
7.8.6 能力需求计划的控制 ············98
思考题 ············99
习题 ············100

**第 8 章 采购作业管理——增值从这里开始 ············108**

8.1 采购作业管理的工作内容 ············108
8.2 采购工作的重要性 ············109
8.3 供应商计划 ············110
8.4 供应商谈判 ············111
思考题 ············111
习题 ············112

第 9 章 生产活动控制——增值在这里实现 ······ 113

9.1 制造业生产类型 ······ 113
9.1.1 车间任务型生产 ······ 113
9.1.2 重复生产 ······ 113
9.1.3 流程型生产 ······ 114
9.2 车间作业管理 ······ 116
9.2.1 车间作业管理的工作内容 ······ 116
9.2.2 工序优先级的确定 ······ 117
9.2.3 派工单 ······ 118
9.3 重复生产管理 ······ 119
9.4 流程制造业生产管理 ······ 120
9.4.1 流程制造业生产管理的特性 ······ 120
9.4.2 流程制造业 ERP 系统功能特性 ······ 120
思考题 ······ 122
习题 ······ 122

第 10 章 财务管理和成本管理 ······ 124

10.1 财务管理 ······ 124
10.1.1 财务管理业务概述 ······ 124
10.1.2 ERP 系统财务管理功能概述 ······ 127
10.1.3 ERP 系统中财务管理业务流程 ······ 128
10.2 成本管理 ······ 129
10.2.1 成本管理的基本概念 ······ 130
10.2.2 ERP 系统中的成本计算 ······ 133
10.2.3 成本差异分析 ······ 135
思考题 ······ 135
习题 ······ 136

第 11 章 ERP 应用综合模拟案例 ······ 138

11.1 建立基础数据 ······ 138
11.2 建立销售与运营规划 ······ 142
11.3 建立生产预测 ······ 143
11.4 接收客户订单 ······ 143
11.5 制订主生产计划 ······ 143
11.6 MRP 计算、生成采购订单和生产订单 ······ 144
11.7 下达采购订单、接收采购订单入库 ······ 144
11.8 下达生产订单、接收生产订单入库 ······ 144
11.9 向客户发货 ······ 145
11.10 产品成本核算 ······ 145
思考题 ······ 147

第 12 章 ERP 软件系统选型 ······ 148

12.1 自行开发还是购买现成的商品软件 ······ 148
12.2 商品软件的选型 ······ 149
12.2.1 选择商品软件的原则 ······ 149
12.2.2 选择商品软件的方法 ······ 151
12.3 控制对软件的修改 ······ 153
思考题 ······ 154
习题 ······ 154

第 13 章 ERP 的实施与运行管理 ······ 155

13.1 企业高层领导的作用 ······ 155
13.2 ERP 实施的关键因素和时间框架 ······ 157
13.3 ERP 实施的可靠路线 ······ 158
13.3.1 ERP 实施的三个阶段 ······ 158
13.3.2 ERP 实施的可靠路线 ······ 159
13.4 工作方针和工作规程 ······ 169
13.5 ERP 的运行管理 ······ 172
13.6 实施应用 ERP 的十大忠告 ······ 176
思考题 ······ 177
习题 ······ 178

第 14 章 ERP 实施应用案例…………180

14.1 企业概况…………180
14.2 ERP 软件系统的选型…………180
14.3 ERP 在 ABC 公司的实施…181
14.3.1 实施概述…………181
14.3.2 实施组织…………182
14.3.3 实施计划…………183
14.3.4 教育和培训…………183
14.3.5 项目公约…………184
14.3.6 业务流程分析和优化…184
14.3.7 工作方针和工作规程…184
14.3.8 原型测试和会议室试点…185
14.3.9 系统切换…………185
14.3.10 实施体会…………186
14.4 ERP 在 ABC 公司的应用情况以及带来的变化…………189
14.4.1 ERP 在 ABC 公司的应用情况…………189
14.4.2 ERP 系统的实施应用为 ABC 公司带来的变化…191
思考题…………195

附录 常用名词解释…………196

参考文献…………212

# 第1章 初识ERP

ERP是enterprise resources planning的缩写，中文含义是“企业资源计划”。它代表着当前在全球范围内应用最广泛、最有效的一种企业管理方法，这种管理方法的理念已经通过计算机软件得到了体现，因此，ERP也代表一类企业管理软件系统。

自从1981年沈阳第一机床厂从德国工程师协会引进了第一套MRP II(manufacturing resource planning，简记为MRP II，中文含义是“制造资源计划”)软件以来，MRP II/ERP在中国的应用与推广已经历了几十年的风雨历程。在这几十年中，ERP曾被视为灵丹妙药，也曾遭受到猛烈的抨击，如今它又被人们重新认识，受到普遍关注，而且应用ERP的企业越来越多，这是为什么呢？

感觉到的事物，不一定能理解它，只有理解了的事物，才能够更深刻地感觉它。我们在本章先来解开这些谜团。

## 1.1 无处躲避的全球竞争

由于现代技术特别是交通和通信技术的发展，地球变得越来越小。一个企业，总部可能在欧洲，原材料要到南美洲去采购，加工在我国的海南，客户却在东南亚、美国和加拿大。这就需要协调其中每一个环节。但是，一个世界级的企业却可以利用先进的交通和通信技术以及以计算机为工具的有效的计划与控制系统，把这些事情做得很好。

这些世界级的企业和我们有什么关系吗？我国地大物博，人口众多，我们有原料、有市场，我们的企业不出国门就可以生存发展，就可以评为省优、部优……但是，现在情况不同了，关起门来过日子的时代一去不复返了。

如今，在全球化市场竞争中已经没有一块受保护的领地。任何企业要想生存就必须赢得激烈的竞争。而且，所有的企业在竞争中必须面对“优胜劣汰，适者生存”的同一游戏规则。特别是我国加入WTO以后，我们的企业已经意识到竞争的残酷。我国企业面对的竞争对手往往就是那些世界级的企业。过去，如果我们的企业不想到“外面的世界”去竞争，那么，在自己的土地上总是容易生存的。然而，今天就要允许人家到我们的“家”里来竞争，所以，我国企业正在面对一种无处躲藏、没有退路的激烈的竞争局面。这也就要求我们的企业即使要在自己的土地上求生存也必须挺身而出去迎接挑战。更何况我们的企业也要“打”到外面去。总而言之，在新的形势下，企业要生存、要发展，就必须以主动的姿态参加全球市场竞争并赢得竞争。

## 1.2 企业管理的困惑

中国的企业管理者经常面临这样头疼的问题：

订单忽多忽少，客户需求多变，生产计划不准确，订单无法及时交付；销售网点众多，卖出去多少货、卖出去哪些货说不清，库存积压严重；呆账坏账就像定时炸弹，企业管理者整日战战兢兢；公司经营的利润率经常低于行业平均水平，年年辛苦不赚钱，而且不知道什么地方出了问题……

在这样的困境中，企业的管理者们每天都在思考：

- 如何满足多变的市场需求？
- 如何准确及时地作出客户承诺？
- 如何处理紧急的客户订单？
- 如何保持均衡的生产计划和活动？
- 如何准确及时地了解生产情况？
- 如何管理供应商？
- 如何避免物料短缺？
- 如何避免库存积压？
- 如何提高产品质量？
- 如何降低产品成本？
- 如何及时做好财务分析？如何真正地发挥财务管理的计划、控制和分析的作用？
- 如何使企业的各个职能部门能够以统一的观点和共同的语言来处理问题？

这些问题蕴含着企业运营的一些基本矛盾，正是这些矛盾长久以来困惑着企业的管理者们。

人们总是希望生产计划是稳定的，但市场需求是多变的。生产计划已经安排好，突然又接到了紧急订单，这是企业经常遇到的现象，对客户订单的承诺也往往难以兑现。能够以相对稳定的生产计划和活动来应对多变的市场需求吗？

在很多企业中，一方面仓库里积压着价值几千万的库存，而另一方面在生产过程中却还经常出现物料短缺！能不能做到既没有库存积压，又没有物料短缺？

通常人们会认为，低成本和高质量是不可兼得的。要得到高质量的产品，就要付出高成本；反过来，要追求低成本，那么产品的质量就得将就些。那么，能够在实现高质量的同时实现低成本吗？

在一个企业中，有着许多不同的职能部门，这些部门往往有着相互矛盾的目标。为了高水平地满足客户需求，市场营销部门希望保持比较高的库存量。为了保证生产过程的顺利进行，生产部门也希望保持比较高的库存量。但为了降低成本，财务部门则希望库存量尽可能地低，如此等等。能够使企业的各个职能部门以统一的观点和共同的语言来处理问题吗？

要解决这样一些问题，一个以计算机为工具的有效的计划与控制系统是绝对必要的。而 ERP 就是这样的计划与控制系统。

## 1.3 » 制造业基本方程和 MRP

制造业的基本特点可以通过它的基本方程来体现。一个制造企业，只要生存着，就要循环往复地回答并解决以下 4 个问题：

(1) 要制造什么产品？

(2) 用什么原材料或零部件来制造这些产品？

(3) 手中有什么原材料或零部件？

(4) 还应当再准备什么原材料或零部件？

这 4 个问题构成制造业的基本方程。如果用 A、B、C、D 分别表示上述的 4 个问题，那么，这个方程可以表示成以下概念公式：

$$A \times B - C = D$$

有关文献指出制造业基本方程就像地心引力，我们只能面对它，而不能改变它。

众所周知，ERP 的核心是 MRP，即物料需求计划(material requirements planning)。MRP 就是模拟和解决制造业基本方程的。它的基本逻辑是：根据主生产计划、物料清单(即产品结构文件)和库存记录，对每种物料进行计算，指出何时将会发生物料短缺，并给出建议，以最小库存量满足需求并避免物料短缺，从而得到合理的物料需求计划。其中，主生产计划、物料清单、库存记录和合理的物料需求计划分别对应上述概念公式中的 A、B、C 和 D。这种基本逻辑充分体现了供需平衡的思想。

ERP 的发展过程就是一个资源计划与控制的集成范围不断扩大的过程，计划与控制的范围从物料到能力，到企业所有的资源，到面向供应链的资源，集成的范围不断扩大，但它的核心仍然是 MRP。而供需平衡的思想也体现在集成的范围不断扩大过程的每个层面上。

## 1.4 » ERP 能够做什么

这是一个大题目。本书大量的篇幅都在讨论这个问题。本节只就前面所谈到的企业管理的困惑来做简单的讨论，以期读者对 ERP 的功能有一个初步的了解。其中所涉及的一些概念将在以后的章节中详细介绍。

### 1. ERP 能够解决多变的市场与均衡生产之间的矛盾

由于企业生产能力和其他资源的限制，企业希望均衡地安排生产是很自然的事情。使用 ERP 系统来计划生产时，要作主生产计划。通过这一计划层次，由主生产计划员均衡地对产品或最终项目作出生产安排，使得在一段时间内主生产计划量和市场需求(包括预测及客户订单)在总量上相匹配，而不追求在每个具体时刻上均与市场需求相匹配。在这段时间内，即使需求发生很大变化，但只要需求总量不变，就可能保持主生产计划不变。从而，可以得到一份相对稳定和均衡的生产计划。由于产品或最终项目的主生产计划是稳定和均衡的，据此所得到的物料需求计划也将是稳定和均衡的，从而可以解决以均衡的生产应对多变的市场的问题。

### 2. ERP 使得对客户的供货承诺做得更好

ERP 系统会自动产生可承诺量数据，专门用来支持供货承诺。根据产销两方面的变化，ERP 系统还会随时更新对客户的可承诺量数据。销售人员只要根据客户订单把客户对某种产品的订货量和需求日期录入 ERP 系统，就可以得到以下信息：

(1) 客户需求可否按时满足？

(2) 如果不能按时满足，那么在客户需求日期可承诺量是多少？不足的数量何时可以提供？

这样，销售人员在作出供货承诺时，就可以做到心中有数，从而可以把对客户的供货承诺做得更好。

### 3. ERP 能解决既有物料短缺又有库存积压的库存管理难题

在库存管理的问题上，企业经常处于两难之中。多存物料，肯定会占压资金；少存物料，又怕出现物料短缺，影响生产。物料短缺和库存积压总是同时存在，成为库存管理的难题。

面对动态的生产过程，用手工方式来计算物料的采购需求量是非常困难的，只能大概估计，而且一般来说要估计得多一些、买得多一些。因为买多了，不会有人提意见，而买少了，一定会受到指责。而且，买多了也没有人去查，即使有人查，也查不清。因此，很多企业的仓库里都存放着许多陈年呆废的材料，而且谁也搞不清楚这些呆料是怎么产生的。而另一方面，所存的往往不是所需要的，物料短缺就时时出现了。因此，既有物料短缺又有库存积压是手工管理条件下的一笔糊涂账。

解决这个问题实际上是解决制造业基本方程的直接结果。供需平衡了，这个问题自然就解决了。ERP 的核心部分 MRP 恰好就是为解决这样的问题而发展起来的，从 MRP 的基本逻辑就会发现，MRP 所追求的正是既要满足需求，又没有库存积压。换言之，要在正确的时间以正确的数量得到正确的物料。所以，通过 ERP，既有物料短缺又有库存积压的问题可以得到解决。

### 4. ERP 可以提高质量并降低成本

通过 ERP 系统，人们的工作更有秩序，时间花在按部就班地执行计划上，而不是忙于对出乎意料的情况作出紧急反应。在这种情况下，工作士气提高了，工作质量提高了，不出废品，一次就能把工作做好。于是，提高生产率、提高产品质量、降低成本和增加利润都是相伴而来的事情。

### 5. ERP 可以改变企业中的部门本位观

ERP 强调企业的整体观，它把生产、财务、销售、工程技术、采购等各个子系统结合成一个一体化的系统，各子系统在统一的数据环境下工作。这样，ERP 就成为整个企业的一个通讯系统。通过准确和及时的信息传递，把大家的精力集中在同一个方向上，以工作流程的观点和方式来运营和管理企业，而不是把企业看作一个个部门的组合，从而使得企业整体合作的意识和作用加强了。每个部门可以更好地了解企业的整体运作机制，更好地了解本部门以及其他部门在企业整体运作中的作用和相互关系，从而可以改变企业中的部门本位观。

可以说，任何企业都可以通过 ERP 得到改善，不论一个企业的管理水平多么高，ERP 可以使它的管理水平更上一层楼。

## 1.5 » 企业实施 ERP 的常见误区和实施 ERP 的可靠路线

在 ERP 已普及的今天，我们仍须对 ERP 的实施和应用保持足够的清醒。因为普及时代的到来，并没有降低实施应用 ERP 的难度，并没有改变实施应用 ERP 的基本原则。如何才能实施应用好 ERP，仍然是问题的关键。要成功地实施和应用 ERP，就要采取可靠的路线，就要避免陷入误区。为此，让我们先来考察某些企业实施应用 ERP 失败的原因是什么。

许多专家考察过实施 ERP 失败的企业，发现下面一些现象几乎是共同存在的。

- 基础数据不准确。例如，库存记录不准确，物料清单不准确，工艺路线不准确等。于是不能根据这些数据得到有效的计划数据来指导企业的生产经营活动。
- 许多员工对 ERP 缺乏主人翁的精神和感情。只有少数人(一般只是 IT 人员)在进行 ERP 的实施工作，其他职能部门的人员未介入或以向 IT 人员提供帮助的姿态参与部分工作，整个项目推进十分困难。
- 实施过程缺乏积极进取且切实可行的计划，时断时续，拖延太久，导致员工对项目实施失去热情。
- 关键岗位的员工调换工作，新来的员工不了解情况，致使项目受阻。如果这种情况发生在领导岗位，带来的问题将十分严重。
- 员工不愿意放弃业已习惯的工作方式去使用 ERP 系统，他们经常希望修改 ERP 系统来适应他们原有的工作方式。
- 教育和培训不足。广大员工对于如何应用 ERP 系统来解决企业的问题缺乏全面和深入的了解。不了解如何维护系统，也不了解如何衡量系统的运行情况。
- 最严重的问题往往是企业的高层领导，特别是一把手不重视。认为这是 IT 部门的事，支持仅停留在口头上，基本上不亲自过问，更谈不上参与。

不难看出，以上这些问题本质上都是人的问题。其背后的原因还是对 ERP 的原理、处理逻辑、实施和运行管理的方法缺乏深刻的理解和认识。人们往往认为买一套 ERP 软件系统就可以立即轻而易举地解决所有问题。殊不知 ERP 的实施和应用需要进行大量深入细致的工作，要涉及人的思维方式和行为方式的改变，而且是一个没有终点的过程。

经验表明，实施应用 ERP 的关键因素有三个：技术、数据和人。其中，人的因素是最重要的。关于人，过去只强调企业内部，即企业领导和广大员工。这无疑是最重要的，但还不是全部。经验告诉我们，除了企业内部人员，外部专家，包括 ERP 软件供应商的实施顾问，也是很重要的。如果 ERP 软件的实施顾问只了解软件的一个个屏幕，而不能从管理的角度向企业提供服务，也是造成企业实施困难的原因之一。

几十年来，国内外成千上万家企业实施应用了 MRP、MRPⅡ、ERP 系统，已经取得了丰富的经验，搞清了应当做什么，不应当做什么，形成了一条“可靠的路线(proven path)”。我们将在第 13 章详细地讨论这条可靠的路线。实际上，上述的所有原因都可以在关于“可靠的路线”的论述中找到避免的方法。因此，只要企业的高层领导和广大员工形成一种共识，坚定不移地把 ERP 的实施和应用按可靠的路线进行下去，一定能够获得成功。

## 1.6 实施应用 ERP，全面提高企业的管理水平

对于实施应用 ERP 的问题，有的企业担心“实施 ERP 会打乱原有的管理秩序”，或者认为“企业的管理基础太差，不适宜上 ERP”，这都是不恰当的。

当今，全球化竞争日趋激烈，企业的外部生存环境发生着剧烈的变化，企业也必须随之改变。实施应用 ERP 系统，意味着企业要用一套全新的思想、方法和工具来管理企业的运作，这就要求企业的广大员工，包括企业高层领导，改变传统的思维方式和工作方式适应新的要求。一位资深企业家说得好：“如果企业组织内部的变化慢于外部的变化，那么失败就在眼前。”因此，实施应用 ERP 肯定会为企业带来变化，事实上，追求变化，是企业生存的需要。但是，如前所述，现在已经有了一条可靠的路线，扎扎实实地按照这条路线走，就不会有风险，也不会造成混乱。

在西方，大多数企业在实施 ERP 之前，已经具有比较高的管理水平，至少都建立了现代企业制度。然后，经过不断探索，找到了 ERP。但是，我们的企业今天所面临的竞争形势和西方国家的企业当初所面临的竞争形势是完全不同的。我国加入 WTO 之后，企业面临的竞争更加剧烈，使得全面提高管理水平的客观要求变得更加迫切。我们没有时间也没有必要去重复西方国家的企业发展的历史。对于 ERP 这样一个有效的工具，我们不必再花时间去探索、去寻找。

面对 ERP 普及时代的到来，我们的企业不要再犹豫，不要再拖延和等待。国内外许许多多企业的实践，已经证明了 ERP 是全面提高企业管理水平的有效工具。

人们常说：“如果我们比前人看得远，那是因为我们站在他们的肩上。”“如果不能从过去吸取教训，那仍会重复同样的错误。”今天的认识水平和客观条件，都使得我们应当把提高企业管理水平和实施应用 ERP 结合起来，实施应用 ERP 的过程就是全面提高企业管理水平的过程。

## 1.7 ERP 及相关名词简析

企业的人士说，为了搞信息化，我们听到的“解决方案”太多了，MRPⅡ、ERP、JIT、TQM、CIMS、BPR、SCM、CRM、SRM、LP、PDM、MES……每个都有人说好，到底哪个好？我们应当做什么？

表 1.1 列出了这些缩写词的含义。本书附录还将对一部分缩写词作重点介绍。

表 1.1　ERP 及相关名词的含义

| 英文缩写 | 英文名称 | 中文含义 |
|---|---|---|
| MRP | material requirements planning | 物料需求计划 |
| MRP Ⅱ | manufacturing resource planning | 制造资源计划 |
| ERP | enterprise resource planning | 企业资源计划 |
| JIT | just in time | 及时生产 |
| TQM | total quality management | 全面质量管理 |
| CIMS | computer integrated manufacturing system | 计算机集成制造系统 |
| DRP | distribution resource planning | 分销资源计划 |
| SCM | supply chain management | 供应链管理 |
| CRM | customer relationship management | 客户关系管理 |
| SRM | supplier relationship management | 供应商关系管理 |
| LP | lean production | 精益生产 |
| PDM | product data management | 产品数据管理 |
| PLM | product lifecycle management | 产品生命周期管理 |
| MES | manufacturing execution system | 制造执行系统 |
| APS | advanced planning and scheduling | 高级计划与排产 |
| BI | business integration | 商务智能 |
| EC | electronic commerce | 电子商务 |
| BPR | business process reengineering | 企业流程重组 |

我们认为这些都是好东西，都应当做。但是，它们覆盖的范围不同，强调的管理领域不同，适应的管理发展阶段不同，可操作性的程度也不同。它们有的是哲理或思想，有的是方法，有的是工具。我们的建议是，先从 ERP 做起。因为 ERP 是企业信息化最基本的工具，而其他的(除了 MRP 和 MRPⅡ)都是 ERP 的延伸或增强。而且，ERP 的哲理已经通过计算机软件得到体现，作为企业信息化的工具，具有最好的可操作性。然后，在 ERP 的基础上，尽可以把其他哲理和方法加上去。各种管理思想和方法的融合已经是一种趋势，而企业管理水平的提高是无止境的。有一句话说得好："ERP 不是目的地，ERP 是长征。"其实，把这句话中的主语换成上述任何其他一个都是对的。正是在这个长征中可以实现各种管理思想的融合，也正是在这个长征中可以实现企业管理水平持续不断的无止境的提高。

## 思考题

1. 在我国加入 WTO 之后，我们的企业面临的机遇和竞争形势如何？我们的企业应当如何去赢得竞争？

2. 市场多变和均衡安排生产是制造企业面临的一个基本矛盾，ERP 如何解决这个矛盾？

3. 库存积压和物料短缺同时存在是一种在制造企业中常见和棘手的问题，ERP 能够解决这个问题吗？

4. ERP 如何解决对客户承诺的有效性问题？

5. 能够在提高产品质量的同时降低成本吗？

6. ERP 对于解决企业运作过程中部门本位观的问题能够提供帮助吗？

7. 什么是制造业基本方程？

8. 为什么有些企业实施应用 ERP 未能获得成功？

9. 实施应用 ERP 的可靠路线的基本原则是什么？

10. 现在，我们听到的表示某种管理方法或思想英文字母缩写很多，如 MRP、MRPⅡ、ERP、JIT、CIMS、BPR、TQM、SCM、CRM 等，它们的含义各是什么？

## 习题

1. 按照如下关于 ABCD 的说明，下面哪个公式正确地表示了制造业基本方程？(　　)

- A 表示要制造什么产品(主生产计划)
- B 表示用什么零部件或原材料来制造这些产品(物料清单)
- C 表示现有什么零部件或原材料(库存记录)
- D 表示还应当再准备什么零部件或原材料(物料需求计划)

A. A×C－D＝B　　B. B×C－A＝D
C. B×C－D＝A　　D. A×B－C＝D

# 第2章 管理需求推动ERP的发展

自 18 世纪产业革命以来，手工业作坊向工厂生产的方向迅速发展，出现了制造业。随之而来的是，所有企业几乎无一例外地追求着基本相似的运营目标，即在给定资金、设备、人力的前提下，追求尽可能大的有效产出；或在市场容量的限制下，追求尽可能少的人力、物力投入；或寻求最佳的投入/产出比。就其外延而言，为追求利润；就其内涵而言，为追求企业资源的合理有效的利用。

这一基本目标的追求使企业的管理者面临一系列的挑战：生产计划的合理性、成本的有效控制、设备的充分利用、作业的均衡安排、库存的合理管理、财务状况的及时分析等。日趋激烈的市场竞争环境使上述挑战对企业具有生死存亡的意义。于是，应付上述挑战的各种理论和实践也就应运而生了。在这些理论和实践中，首先提出而且被人们研究最多的是库存管理的方法和理论。人们首先认识到，诸如原材料不能及时供应、零部件不能准确配套、库存积压、资金周转期长等问题产生的原因，在于对物料需求控制得不好。然而，当时提出的一些库存管理方法往往是笼统的、只求“大概差不多”的方法。这些方法往往建立在一些经不起实践考验的前提假设之上，热衷于寻求解决库存优化问题的数学模型，而没有认识到库存管理实质上是一个大量信息的处理问题。事实上，即使在当时认识到这一点，也不具备相应的信息处理手段。

计算机的出现和投入使用，使得在信息处理方面获得了巨大的突破。

在 20 世纪 50 年代中期，计算机的商业化应用开辟了企业管理信息处理的新纪元。这对企业管理所采用的方法产生了深远的影响。而在库存控制和生产计划管理方面，这种影响比其他任何方面都更为明显。

大约在 1960 年，计算机首次在库存管理中得到了应用，这标志着企业的生产管理迈出了与传统方式决裂的第一步。也正是在这个时候，在美国出现了一种新的库存与计划控制方法——计算机辅助编制的物料需求计划(material requirements planning，MRP)。

MRP 的基本原理和方法与传统的库存管理理论、方法有着显著的区别。可以说，它开辟了企业生产管理的新途径。

传统的库存管理理论认为，要想减少库存费用，只有降低服务水平，即降低供货率；或者反过来，要想提高服务水平，就必须增加库存费用。有了 MRP，这种信条就不再成立。

经验表明，运用 MRP 系统可以在降低库存量(即降低库存费用)的同时改善库存服务水平(即提高供货率)。于是在企业管理领域发生了一场革命：新的理论和方法逐步建立，而传统的理论和方法乃至整个传统学派的思想都受到了重新评价。

初期的MRP，即物料需求计划，是以库存管理为核心的计算机辅助管理工具。而20世纪80年代发展起来的MRPⅡ，已延伸为制造资源计划(manufacturing resource planning)。它进一步从市场预测、生产计划、物料需求、库存控制、车间控制延伸到产品销售的整个生产经营过程以及与之有关的所有财务活动中，从而为制造业提供了科学的管理思想和处理逻辑以及有效的信息处理手段。到了20世纪90年代，又出现了ERP(enterprise resource planning)的概念，进一步发展了MRPⅡ的理论和方法。

MRPⅡ/ERP的发展经历了5个阶段。

(1) 20世纪40年代的库存控制订货点法。

(2) 20世纪60年代的时段式MRP。

(3) 20世纪70年代的闭环MRP。

(4) 20世纪80年代发展起来的MRPⅡ。

(5) 20世纪90年代出现的ERP。

## 2.1 » 早期库存管理引发的订货点法

在计算机出现之前，发出订单和进行催货是一个库存管理系统在当时所能做的一切。库存管理系统发出生产订单和采购订单，但确定对物料真实需求的却是靠缺料表，这种表上所列的是马上要用但却发现没有库存的物料，然后派人根据缺料表进行催货。

订货点法是在当时的条件下，为改变这种被动的状况而提出的一种按过去的经验预测未来的物料需求的方法。这种方法有各种不同的形式，但其实质都是着眼于“库存补充”的原则。“补充”的意思是把库存填满到某个原来的状态。库存补充的原则是保证仓库在任何时候都有一定数量的存货，以便需要时随时取用。当时人们希望用这种做法来弥补由于不能确定近期内准确的必要库存储备数量和需求时间所造成的缺陷。订货点法依据对库存补充周期内的需求量预测，并保留一定的安全库存储备，来确定订货点。安全库存的设置是为了应对需求的波动。一旦库存储备低于预先规定的数量，即订货点，则立即进行订货来补充库存。

订货点的基本公式是：

订货点＝单位时区的需求量×订货提前期＋安全库存量

如果某项物料的需求量为每周100件，提前期为6周，并保持2周的安全库存量，那么，该项物料的订货点可如下计算：

$$100\times6+200=800$$

当某项物料的现有库存和已发出的订货之和低于订货点时，则必须进行新的订货，以保证足够的库存来支持新的需求。订货点法的处理逻辑如图2.1所示。

订货点法曾引起人们广泛的关注，对其进行讨论的文献也很多，按这种方法建立的库存模型曾被称为“科学的库存模型”。然而，在实际应用中却是面目全非。其原因在于订货点法是在某些假设之下进行的。

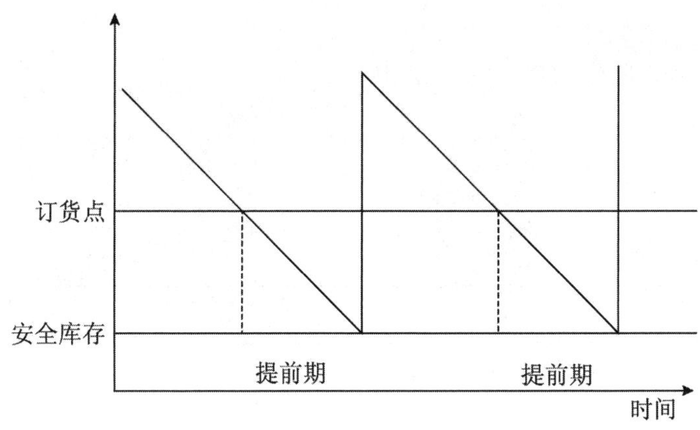


图 2.1　订货点法

下面，我们对这些假设进行讨论。

### 1. 对各种物料的需求是相互独立的

订货点法不考虑物料项目之间的关系，每项物料的订货点均分别独立地加以确定。因此，订货点法是面向零件的，而不是面向产品的。但是，在制造业中有一个很重要的要求，那就是各项物料的数量必须配套，以便能装配成产品。由于对各项物料分别独立地进行预测和订货，就会在装配时发生各项物料数量不匹配的情况。这样，虽然单项物料的供货率提高了，但总的供货率却降低了。因为不可能每项物料的预测都很准确，所以累积起来的误差反映在总供货率上将是相当大的。

例如，用 10 个零件装配成一件产品，每个零件的供货率都是 90%，而联合供货率却降到 34.8%。一件产品由 20 个、30 个甚至更多个零件组成的情况是常有的。如果这些零件的库存量是根据订货点法分别确定的，那么，要想在总装配时不发生零件短缺，则概率极低。

应当注意，上述这种零件短缺并非由于预测精度不高而引起，而是由于这种库存管理模型本身的缺陷造成的。

### 2. 物料需求是连续发生的

按照这种假定，必须认为需求相对均匀，库存消耗率稳定。而在制造业中，对产品零部件的需求恰恰是不均匀、不稳定的，库存消耗是间断的。这往往是由于下道工序的批量要求引起的。

**【例 2.1】**　我们假定最终产品是活动扳手。零件是扳手柄，原材料是扳手毛坯。活动扳手不是单件生产的，当工厂接到一批订货时就在仓库中取出一批相应数量的扳手柄投入批量生产。这样一来，扳手柄的库存量就要突然减少，有时会降到订货点以下。这时就要立即下达扳手柄的生产指令，于是又会引起扳手毛坯的库存大幅度下降。如果因此引起扳手毛坯库存也低于订货点，则对扳手毛坯也要进行采购订货，如图 2.2 所示。

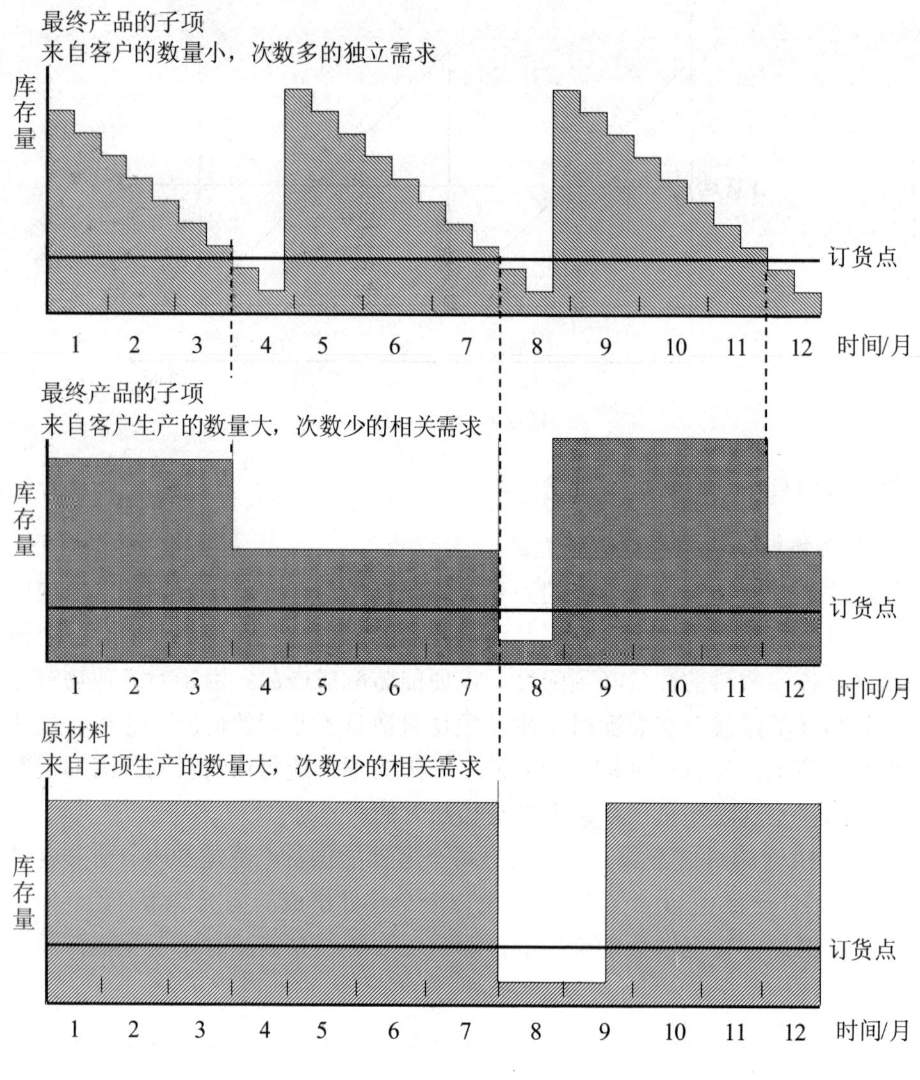


图 2.2 订货点和非独立需求

由此可见，即使对最终产品的需求是连续的(可以将图 2.2 中对最终产品的需求近似地看作连续的)，由于生产过程中的批量需求，引起对零部件和原材料的需求也是不连续的。需求不连续的现象提出了一个如何确定需求时间的问题。订货点法是根据以往的平均消耗来间接地指出需要时间，但是对于不连续的非独立需求来说，这种平均消耗率的概念是毫无意义的。事实上，采用订货点法的系统下达订货的时间常常偏早，在实际需求发生之前就有大批存货放在库里造成积压。而另一方面，却又会由于需求不均衡和库存管理模型本身的缺陷造成库存短缺。

### 3. 库存消耗之后，应被重新填满

按照这种假定，当物料库存量低于订货点时，则必须发出订货，以重新填满库存。但如果需求是间断的，那么这样做不但没有必要，而且也不合理。因为很可能因此而造成库存积压。例如，某种产品一年中可以得到客户的两次订货，那么，制造此种产品所

需的钢材则不必因库存量低于订货点而立即填满。

**4. 认为“何时订货”是一个大问题**

“何时订货”被认为是库存管理的一个大问题。这并不奇怪，因为库存管理正是订货并催货这一过程的自然产物。然而真正重要的问题却是“何时需要物料？”当这个问题解决以后，“何时订货”的问题也就迎刃而解了。订货点法通过触发订货点来确定订货时间，再通过提前期来确定需求日期，其实是本末倒置的。

从以上讨论可以看出，订货点库存控制模型是围绕一些不成立的假设建立起来的。今天看来，订货点法作为一个库存控制模型是那个时代的理论错误，因此不再具有重要的实用价值，但它提出了许多在新的条件下应当解决的问题，从而引发了 MRP 的出现。

## 2.2 » 复杂物料需求带来的时段式 MRP

时段式 MRP 是在解决订货点法缺陷的基础上发展起来的，亦称为基本 MRP，或简称 MRP。

MRP 与订货点法的区别有三点：一是通过产品结构将所有物料的需求联系起来；二是将物料需求区分为独立需求和非独立需求并分别加以处理；三是对物料的库存状态数据引入了时间分段的概念。

如前所述，传统的库存管理方法，如订货点法，是彼此孤立地推测每项物料的需求量，而不考虑它们之间的联系，从而造成库存积压和物料短缺同时出现的不良局面。MRP 则通过产品结构把所有物料的需求联系起来，考虑不同物料的需求之间的相互匹配关系，从而使各种物料的库存在数量和时间上均趋于合理。另外，MRP 还把所有物料按需求性质区分为独立需求项和非独立需求项，并分别加以处理。如果某项物料的需求量不依赖于企业内其他物料的需求量而独立存在，则称为独立需求项目；如果某项物料的需求量可由企业内其他物料的需求量来确定，则称为非独立需求项目或相关需求项目。如原材料、零件、组件等都是非独立需求项目，而最终产品则是独立需求项目，独立需求项目有时也包括维修件、可选件和工厂自用件。独立需求项目的需求量和需求时间通常由预测和客户订单、厂际订单等外在因素来决定。而非独立需求项目的需求量和时间则由 MRP 系统来决定。

所谓时间分段，就是给物料的库存状态数据加上时间坐标，即按具体的日期或计划时区记录和存储库存状态数据。

在传统的库存管理中，库存状态的记录是没有时间坐标的。记录的内容通常只包含库存量和已订货量。当这两个量之和由于库存消耗而小于最低库存点的数值时，便是重新组织进货的时间。因此，在这种记录中，时间的概念是以间接的方式表达的。

直到 1950 年前后，这种落后的方法才有了一些改进，在库存状态记录中增加了两个数据项：需求量和可供货量。其中，需求量是指当前已知的需求量，而可供货量是指可满足未来需求的量。这样，物料的库存状态记录由 4 个数据组成，它们之间的关系可用下式表达：

库存量+已订货量—需求量=可供货量

【例 2.2】 某项物料的库存状态数据如下。

库存量：30　已订货量：25　需求量：65　可供货量：－10

其中，需求量可能来自客户订单，也可能来自市场预测，还可能是作为非独立需求推算出来的。当可供货量是负数时，就意味着库存储备不足，需要再组织订货。这样一个经过改进的库存控制系统可以更好地回答订什么货和订多少货的问题，但却不能回答何时订货的问题。表面上看，当可供货量是负值时即是订货时间，似乎已经回答了这个问题，其实不然。已发出的订货何时到货？是一次到达，还是分批到达？什么时候才是对这批订货的需求实际发生的时间？该需求是应一次满足还是分期满足？什么时候库存会用完？什么时候应完成库存补充订货？什么时候应该发出订货？对于这一系列的问题，传统的库存控制系统是回答不出来的，库存计划员只能凭经验来作出决定。

时间分段法使所有的库存状态数据都与具体的时间联系起来，于是上述关键问题可以迎刃而解。下面我们通过例 2.3 来说明时间分段的概念。

【例 2.3】 如果把前例中的库存状态数据以周为单位给出时间坐标，则可能如表 2.1 所示。

**表 2.1　库存状态数据**

单位：件

| 周 | 1 | 2 | 3 | 4 | 5 | 6 | 7 | 8 | 9 | 10 |
|---|---|---|---|---|---|---|---|---|---|---|
| 库存量 | 30 | 30 | 10 | 10 | －25 | 0 | 0 | 0 | 0 | 0 |
| 已订货量 | 0 | 0 | 0 | 0 | 25 | 0 | 0 | 0 | 0 | 0 |
| 需求量 | 0 | 20 | 0 | 35 | 0 | 0 | 0 | 0 | 0 | 10 |
| 可供货量 | 30 | 10 | 10 | －25 | 0 | 0 | 0 | 0 | 0 | －10 |

现在，我们便可以回答前面所提出的各个与时间有关的问题了。从记录中看到，这里有一批已发出的订货，总计25件，将在第 5 周到货；在第 2 周、第 4 周和第 10 周分别出现 3 次需求，其数量分别为20、35和10，总数为 65。另外可以看出，库存总储备，即库存量和已订货量之和，在前 9 周是足够用的，但供应与需求在时间上不合拍，第 4 周可供货量出现负值，而已发出订货在第 5 周才到达。如已发出的订货能够提前 1 周到达，则可避免第 4 周的库存短缺。关于这一点，库存计划员可以提前 4 周从库存状态数据得知并采取相应的措施。第 10 周的库存短缺应通过新的库存补充订货来解决，其需求日期为第 10 周。下达日期即可由此根据提前期推算出来。

维护、更新按时间分段的库存状态记录所要进行的数据处理工作量是相当大的。这一方面是由于这类库存状态记录的数据项多；另一方面是由于既要处理数量关系，又要处理时间关系，从上例可见一斑。在给出时间坐标之前只用了 4 个数据项，而在给出时间坐标之后，则用了40个数据项。此时，虽然数量关系不变，时间关系却要重新处理。

在一个典型的企业中，如果对 25 000 项物料按周划分时间段，在计划期为一年的情况下，就要处理多达 500 万个基本数据，这样大量的信息处理只有计算机才能胜任。

目前，人们建立和使用的 MRP 系统已经成了一种标准的形式。这种标准形式包含着系统运行所依据的某些前提条件和基本假设。

MRP 系统的第一个前提是要求赋予每项物料一个独立的物料代码，这些物料包括原材料、零部件和最终产品。这些物料代码不能有二义性，即两种不同的物料不得有相同的代码。下面要谈到的主生产计划、物料清单和库存记录都要通过物料代码来描述。

第二个前提就是要有一个主生产计划。也就是说，要有一个关于生产什么产品和什么时候产出的权威性计划。该计划只考虑最终项目，这些项目可能是产品，也可能是处于产品结构中最高层次的装配件，这些装配件可根据总装配计划装配成不同的产品。主生产计划考虑的时间范围，即计划展望期，取决于产品的累计提前期，即产品所有零部件的生产提前期和采购提前累计之和。计划展望期的长度应当等于或超过产品的累计提前期，通常为 3~18 个月。主生产计划的形式通常是一个按时区列出的各最终项目产出数量的矩阵。

主生产计划是 ERP 的一个非常重要的计划层次，以后我们还将详细讨论。

MRP 系统的第三个前提是在计划编制期间必须有一个通过物料代码表示的物料清单(bill of material，BOM)。BOM 是产品结构文件，它不仅罗列出某一产品的所有构成项目，同时也要指出这些项目之间的结构关系，即从原材料到零件、组件，直到最终产品的层次隶属关系。

MRP 系统的第 4 个前提是要有完整的库存记录。也就是说，所有在 MRP 系统控制下的物料都要有相应的库存记录。

除了以上 4 个前提条件外，实施 MRP 系统还要满足以下几种隐含的假设条件。

(1) 要想使系统能够有效地工作，就必须保证 BOM 和库存记录文件的数据完整性。确切地说，这个要求不是针对系统运行而言的。因为即使输入数据不正确，系统也能输出技术上“正确”的报告。然而，正如计算机人员常讲的那样，“进去的是垃圾，出来的也是垃圾”，这样的垃圾数据当然不能实现有效的管理。因此，保证文件的数据完整性是针对管理效果而提出的要求。

(2) MRP 系统还要求所有物料的订货提前期是已知的，至少是可以估算的。一般情况下，在编制计划时，每项物料的提前期都应该是一个固定的值。虽然提前期的值可以更改，但不允许一项物料的提前期同时具有两个或两个以上的数值。MRP 系统无法处理订货提前期未定的物料。

(3) MRP 系统要求所有受其控制的物料都要经过库存登记，从而有一个入库状态(即使是短暂的)，然后才可以为满足某项订货而发放出去。这样，生产过程的每个阶段实质上是通过库存信息来监控的。

(4) MRP 系统在计算物料需求时间时，假定用于构成某个父项的所有子项都必须在下达父项的订货时到齐。因此，子项的需求均在父项的订货下达时发生。

(5) MRP 系统还假定每项物料的消耗都是间断的。例如，某父项物料由 50 个子项构成，那么，MRP 在进行计算时就恰好分配出 50 个，并假定它们被一次性地消耗掉。

MRP系统的目标是确定每项物料在每个时区内的需求量，以便能为正确地进行生产和库存管理提供必要的信息。虽然这并非MRP的唯一目标(例如，MRP还为能力需求计划提供输入等)，但这却是最主要的目标。从人们的主观愿望来说，这个目标同其他非MRP库存控制系统的目标并没有什么差别。MRP系统与其他库存控制系统的差别仅仅反映在如何实现这种愿望的能力上。例如，用订货点法很难做到在恰当的时间对一项物料按恰当的数量订货，而要确定正确的到货期则更成问题。对于已发出的订货作业进行修改，用订货点法则基本上办不到。

MRP系统从主生产计划、独立需求预测以及厂际订单的输入可以确定“我们将要生产什么”，通过BOM可以回答“用什么来生产”，把主生产计划等反映的需求按照各产品的BOM进行分解，从而得知“为了生产所需的产品，我们需要用些什么”，然后和库存记录进行比较来确定出物料需求，即回答“我们还需要再得到什么”。通过这样的处理过程，使得在MRP系统控制下的每项物料的库存记录都能正确地反映真实的物料需求。这一过程如图2.3所示。

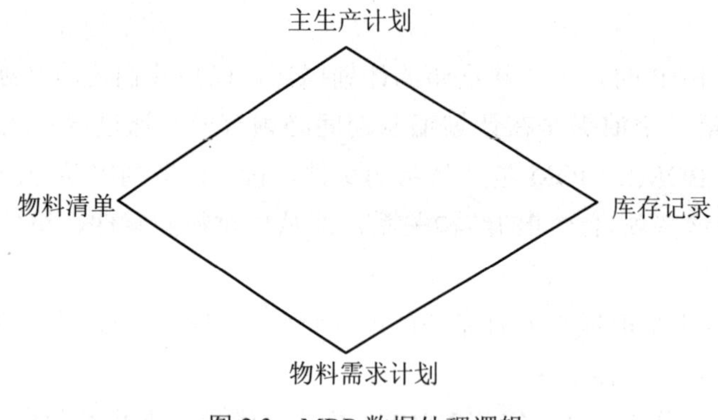


图2.3 MRP数据处理逻辑

下面讨论具体的数据处理过程。

MRP系统对每项物料的库存状态按时区进行分析，自动确定计划订单的数量和时间。物料的库存状态数据包括库存量、计划接收量、毛需求量和净需求量。

其中，库存量也称为预计可用量(projected available balance，PAB)，是指某项物料在某个时区的库存数量。计划接收量是指在某时区之前的各时区中已下达、预计可以在该时区之内入库的订单数量。毛需求量是为满足市场预测、客户订单的需求或BOM中上层物料项目的订货需求(可以是多项订货需求)而产生的对该项物料的需求量。净需求量则是从毛需求量中减去预计可用量和计划接收量之后的差。在计算上，净需求量可以通过预计可用量的变化而得到。方法是首先按下面的公式求各时区的预计可用量：

某时区预计可用量＝上时区预计可用量＋该时区计划接受量－该时区毛需求量

当预计可用量出现负值时，就意味着出现净需求，其值等于这个负值的绝对值。物料的净需求及其发生的时间指出了即将发生的物料短缺。因此，MRP可以预见物料短缺。为了避免物料短缺，MRP将在净需求发生的时区内指定计划订单量，然后考虑订货提前期，指出计划订单的下达时间。表2.2表达了上述处理过程。

表 2.2　MRP 的数据处理过程

提前期：4
初始库存量 23

| 时　区 | 1 | 2 | 3 | 4 | 5 | 6 | 7 | 8 |
|---|---|---|---|---|---|---|---|---|
| 毛需求量 | | 20 | | 25 | | 15 | 12 | |
| 预计入库量 | | | 30 | | | | | |
| 库存量 | 23 | 3 | 33 | 8 | 8 | - 7 | - 19 | - 19 |
| 净需求量 | | | | | | 7 | 12 | |
| 计划订货量 | | | | | | 7 | 12 | |
| 计划订单下达 | | 7 | 12 | | | | | |

表 2.2 只是表明 MRP 的数据处理原理，在实际应用中，对订货数量可以根据所选择的订货策略不同而有不同的做法。

MRP 系统之所以能成为生产库存管理的得力工具，主要由于以下原因：

(1) 可使库存投资减少到最小限度。

(2) 可对生产中的变化作出灵敏的反应。

(3) 可以对每项物料提供未来的库存状态信息。

(4) 库存控制是面向生产作业的，而不是面向台账登记的。

(5) 强调需求、库存储备和订货作业的时间性。

上述几条原因相辅相成，使得 MRP 系统的输出信息能够成为其他生产管理子系统的有效输入信息。这些子系统包括能力需求计划、车间作业管理、采购作业管理等。

## 2.3 » 物料与生产管理集成的闭环 MRP

2.2 节所介绍的 MRP 只局限在物料需求方面，一般称为基本 MRP。物料需求计划还仅仅是生产管理的一部分。物料需求计划要通过车间作业管理和采购作业管理来实现，而且还必须受到生产能力的约束。因此，只有基本 MRP 还是不够的。于是，在基本 MRP 的基础上，人们又提出了闭环 MRP 系统。所谓闭环有两层意思：一是指把能力需求计划(capacity requirements planning，CRP)、车间作业计划、采购作业计划和 MRP 集成起来，形成一个封闭系统；二是指在计划执行过程中，必须有来自车间、供应商和计划人员的反馈信息，并利用这些反馈信息进行计划的调整平衡，从而使生产计划方面的各个子系统得到协调统一。其工作过程是一个“计划—实施—评价—反馈—计划”的过程，如图 2.4 所示。

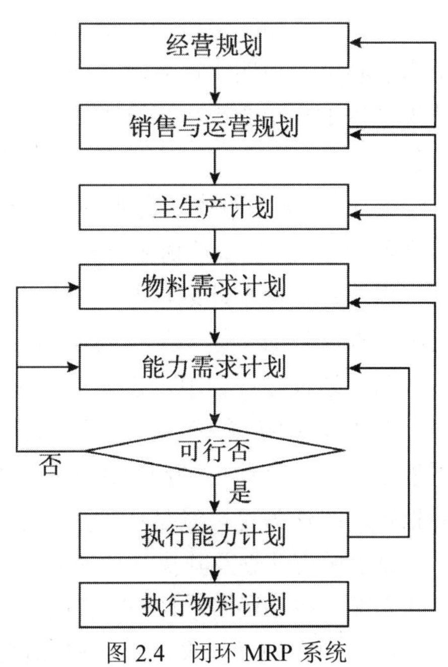

图 2.4　闭环 MRP 系统

其中，经营规划是企业的战略规划，确定企

业的经营目标和战略。

销售与运营规划(sales & operations plan)确定每一个产品族的生产率，通常按月表示，展望期为1~3年。

主生产计划对销售与运营规划作进一步的分解，按产品(或最终项目)确定生产量。一般以周为时区单位，展望期为3~18个月。

物料需求计划对主生产计划作进一步的分解，确定物料清单各个层次上的物料需求的数量和时间。

能力需求计划平衡和调整由物料需求计划所产生的能力需求与企业的实际生产能力之间的关系。由于企业的生产能力是有限的，所以物料需求计划要受能力需求计划的约束。

能力需求计划的逻辑和物料需求计划的逻辑极其相似，如图2.5所示。

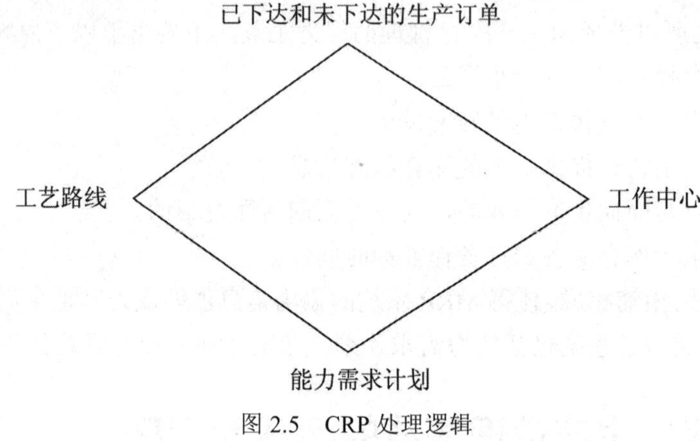


图2.5 CRP处理逻辑

对已下达和未下达的生产订单，要通过工艺路线和工作中心来加以分解。工艺路线说明自制件的加工顺序和标准工时定额，其作用恰如物料清单对于物料需求计划的作用。工作中心用来说明生产资源，包括机器设备和人，其作用恰如生产能力的库存。分解的结果是按工作中心产生以标准工时表示的能力需求计划，指出为执行物料需求计划所需要的能力。

闭环MRP系统中的各个环节是相互联系、相互制约的。如果一个企业通过自己的制造设备、合同转包以及物料外购的努力仍不能得到为满足物料需求计划所需的生产能力，则应修改物料需求计划，甚至主生产计划。当然，这只是一种不得已的办法，因为制定能力需求计划的目标无疑是要使物料需求计划乃至主生产计划得以实现。

在计划执行过程中，也要有一系列的信息反馈以及相应的平衡调整。

在闭环MRP系统中，反馈功能是非常重要的。无论是车间还是供应商，如果意识到不能按时完成订单，则应给出拖期预报，这是重要的反馈信息。如果系统不曾收到这样的报告，即认为可以满足计划的需求。这里遵循的是“沉默即赞成”的原则。

以上所有计划及其执行活动之间的协调和平衡、信息的追踪和反馈都必须借助计算机才能实现。在20世纪70年代以前，计算机的能力尚不能满足使计划随时平衡供需的要求，而人们在当时也未理解如何真正地驾驭计划来做到这一点，所以很难发现任何闭环系统。只有高速度、大存贮的现代计算机的出现才使闭环MRP成为可能。

## 2.4 » 生产与财务管理一体化的 MRPⅡ

### 1. MRPⅡ的形成和特点

在长期的企业管理实践中，人们认识到一条基本的法则，即低水平的管理常常是五花八门的管理子系统滋生的土壤。这些子系统往往是为了堵塞某一方面的漏洞而建立的，漏洞越多，子系统越多。事实上，许多子系统所做的事情实质上都是相同的，只不过角度不同而已。由于在建立这些子系统的时候缺乏统一的规划，它们之间联系甚少。因此，子系统越多，矛盾和问题也越多。例如，在生产过程中，“什么时候需要什么物料”，在许多制造企业中都有好几个系统来回答这个问题。订单发放系统所发出的采购订单和车间订单中均有日期，而缺料单又否定了这些日期，还有催货单等。由于没有一个统一的系统可以很好地回答上述基本问题，于是就产生好几个系统，而这些系统的工作都不能令人满意。

闭环 MRP 系统的出现，使生产计划方面的各种子系统得到了统一。只要主生产计划真正制定好，那么闭环 MRP 系统就可以回答上述的基本问题。但这还不够，因为在企业管理中，生产管理只是一个方面，它所涉及的是物流，而与物流密切相关的还有资金流。这在许多企业中是由财会人员另行管理的，这就造成了重复，甚至冲突(数据不一致)。

在更高的管理层次上也有类似的问题。用于最高层管理的经营规划要回答以下三个问题：**我们要销售些什么？我们有些什么？我们必须制造什么？**销售与运作规划也是用来回答上述问题的。

问题在于，经营规划和销售与运营规划是分别制定的。在许多企业中，制定销售与运营规划的人甚至不曾意识到经营规划的存在，制定经营规划的人也从不去了解销售与运营规划。而事实上，经营规划就其基本形式来说，如果不考虑研究开发以及其他不与生产直接相关的部分，那么不过是把销售与运营规划的总和用货币单位来表示。

于是人们想到，能否建立一个一体化的管理系统，砍掉不必要的重复，减少冲突，提高效率呢？

凡是已经成功地实现了用闭环 MRP 系统进行生产管理的企业都会认为，这是可以做到的。甚至认为不这样做未免可惜：既然库存记录的精确度足以支持 MRP 系统，为什么不能进而用于财会核算呢？既然 MRP 系统中的生产计划的确反映了实际情况，为什么不能进而用货币单位来表示它，从而使经营规划也总能反映实际情况呢？

众所周知，在自然科学的研究中，人们认识越深刻，问题就变得越简单，就会在不同的现象中找到同一规律。对管理科学，也同样如此。

把财务子系统与生产子系统结合为一体，使闭环 MRP 向 MRPⅡ前进了一大步。

从把主生产计划视为 MRP 的关键输入之时开始，人们就意识到市场预测将是主生产计划的关键输入。但在当时的许多企业中，市场销售部门并不关心 MRP，而只是把它看作一种生产控制技术。虽然这些部门有时也提供市场预测，但只是按要求行事，并非真正了解主生产计划的功能。只有在闭环 MRP 得到成功应用的企业中，市场销售部门的管理人员才认识到 MRP 系统不但与他们有关系，而且是他们的“好帮手”。因为只有借助于 MRP 系统，才能在各种生产约束条件下制订出合理可行的销售计划。反过来，也只有依靠 MRP 系统，才能使生产迅速地适应销售方面的变化。

对于工程技术，人们也已认识到它在整个管理系统中的作用。特别是那些生产复杂产品，或引入新产品而需要在生产中解决一系列工程技术问题的企业，更加需要把工程技术管理与生产管理、销售管理、财务管理等有机地结合起来，更加需要把工程技术准备计划与生产制造计划、财务计划等各种有关的计划合理地衔接起来。例如，由工程技术部分提供的物料清单，在过去只是生产管理的参考文件，而在 MRP 系统中已成为一个控制文件，即用它来控制物料需求的分解路径。

把生产、财务、销售、工程技术、采购等各个子系统结合成一个一体化的系统，称为制造资源计划(manufacturing resource planning)，英文缩写还是 MRP，为了区别于基本 MRP 而记为 MRPⅡ。

MRPⅡ有如下特点。

(1) MRPⅡ把企业中的各子系统有机地结合起来，形成一个面向整个企业的一体化的系统。其中，生产和财务两个子系统关系尤为密切。

(2) MRPⅡ的所有数据来源于企业的中央数据库。各子系统在统一的数据环境下工作。

(3) MRPⅡ具有模拟功能，能根据不同的决策方针模拟出各种未来将会发生的结果。因此，它也是企业高层领导的决策工具。

MRPⅡ由闭环 MRP 系统发展而来，在技术上，它与闭环 MRP 并没有太多的区别。但它包括了财务管理和模拟的能力，这是本质的区别。

#### 2. MRPⅡ的适用性

MRPⅡ对于制造业是普遍适用的。关于这一点，经常有人产生疑问。由于制造业有着众多的行业和数不清的产品，所以，有这样的疑问是不奇怪的。要回答这个问题必须从制造业生产管理的本质规律出发。这个本质规律就是前面提到的制造业基本方程。制造业基本方程对于所有的制造企业均是相同的，因此是一种标准逻辑。有关文献指出：“这是制造企业中普遍存在的本质规律，正如地心引力，只能面对它，而不能改变它。”

MRPⅡ以现代计算机为工具，通过对大量的数据进行及时的处理来模拟制造企业的生产经营过程——即上述的制造业基本方程。由于制造业基本方程的普遍存在，MRP Ⅱ也是普遍适用的。

对 MRP 的适用性产生疑问的另一个原因是由于早期的 MRP 工作者所使用的习惯术语。在计算机时代的早期，制造业的标准逻辑尚未被普遍认识。特别是由于 MRP 起源于机械制造业，其早期工作者使用“零件”“部件”等术语。因此，虽然在制造业的不同行业中都存在着制造业基本方程，然而，人们却往往只看到不同，认为他们面临的是与众不同的生产环境。当时只有专职的财务人员认识到有标准的财务管理工具，如应收账款、应付账款、总分类账、明细分类账、预算、标准成本等。一位专职的财务人员离开一家企业进入另一家企业，他不会看到“与众不同”的财务系统；而在制造业的其他环节上，则没有标准的工具。

现在 MRPⅡ已向人们提供了制造业管理的标准工具和标准的知识体系，而且已被广泛地应用于实践。制造企业的各级管理人员可以而且应当使用诸如销售与运营规划、主生产计划、物料需求计划、能力需求计划等工具来控制和管理自己的企业，这正如财务人员早已有的标准财务工具一样。

## 2.5 » 集成企业内外部信息的 ERP

ERP 是企业资源计划(enterprise resource planning)的英文缩写，作为新一代 MRPⅡ，其概念由美国 Gartner Group 于 1990 年年初首先提出。经过短短几年时间，ERP 已由概念发展到应用。目前，MRPⅡ软件供应商已普遍宣布自己的集成系统是 ERP 产品。在制造系统市场上，ERP 成了一个流行的名词。究竟什么是 ERP？它的功能特点是什么？它是什么背景下提出来的？它的发展状况如何？本节围绕这些问题进行讨论。

### 1. Gartner Group 关于 ERP 的定义

Gartner Group 是通过一系列功能标准来界定 ERP 系统的。Gartner Group 提出的 ERP 功能标准包括以下 4 个方面。

(1) 超越 MRPⅡ范围的集成功能。主要包括质量管理、实验室管理、流程作业管理、配方管理、产品数据管理、维护管理、管制报告和仓库管理。

(2) 支持混合方式的制造环境。既可支持离散型制造环境，又可支持流程型制造环境，依据的是面向对象的业务模型重组业务过程的能力以及在国际范围内的应用。

(3) 支持能动的监控能力，提高业务绩效。在整个企业内采用计划和控制方法、模拟功能、决策支持能力和图形能力。

(4) 支持开放的客户机/服务器计算环境。要求客户机/服务器体系结构；图形用户界面(GUI)；计算机辅助软件工程(CASE)；面向对象技术；关系数据库；第四代语言；数据采集和外部集成(EDI)。

以上 4 个方面分别从软件功能范围、软件应用环境、软件功能增强和软件支持技术上对 ERP 作了界定。这 4 个方面反映了至 20 世纪 90 年代 ERP 对制造系统在功能和技术上的客观需求。

### 2. ERP 的功能特点

上述功能标准(1)所列的 8 项扩展功能均是相对于标准 MRPⅡ系统来说的，这些扩展的功能仅是 ERP 超越 MRPⅡ范围的首要扩展对象，并非 ERP 的标准功能清单。由于 ERP 的发展尚未达到 MRPⅡ的标准和规范，目前尚不能像“MRPⅡ标准系统”那样形成一个“ERP 标准系统”。事实上，像质量管理、实验室管理、流程作业管理等许多不包括在标准 MRPⅡ系统之内的功能，在目前的一些软件系统中已经具备，但是还缺少标准化和规范化。

关于管制报告(regulatory reporting)功能的扩展，是由于各国政府对制造业强制执行的环境控制、就业安全及消费者保证等法律法规越来越严格，从而引起大量处理各种遵循法律法规情况报告的需求。对于管制报告方面的需求，发达国家更为迫切。由于不同的国家可能有不同的法规，这方面的功能不可避免地存在客户化的问题。

上述功能标准(2)所说的“混合方式的制造环境”可以包括三种情况。

① 生产方式的混合。这首先是指离散型制造和流程式制造的混合。由于企业的兼并与联合，企业多元化经营的发展，加之高科技产品中包含的技术复杂程度越来越高，使得无论是纯粹的离散型制造环境还是纯粹的流程式制造环境在一个企业中都很少见，通常是二者不同程度的混合。其次是指单件生产、面向库存生产、面向订单装配以及大批量重复生产方式的混合。

② 经营方式的混合。这是指国内经营与跨国经营的混合。由于经济全球化、市场国际化、企业经营的国际化，使得纯粹的国内经营逐渐减少，而各种形式的外向型经营越来越多。这些外向型经营可能包括原料进口、产品出口、合作经营、合资经营、对外投资直到跨国经营等各种形式的混合经营方式。

③ 生产、分销和服务等业务的混合。这是指多种经营形成的技、工、贸一体化集团企业环境。

为了支持混合方式的制造环境，ERP 系统必须在两方面突破 MRPⅡ的局限。

一是在标准 MRPⅡ系统中，一直未专门涉及流程工业的计划与控制问题。这和传统 MRP 奉行的简单化原则有关。在标准 MRPⅡ系统中，是以行业普遍适用的原则来界定所包含的功能的。例如，制药行业对批号跟踪与管理的需求来自于法律法规的特殊管制，而不是所有的行业都需要这些功能，如洗衣机行业就不需要，因为没有这方面的法规要求。但是，随着质量保证的需求和为消费者服务的需求的发展，洗衣机行业也有了批号跟踪与管理的需求。因此，行业普遍适用的原则标准也发生了变化。ERP 扩展到流程行业，把配方管理、计量单位的转换、联产品和副产品流程作业管理等功能都作为 ERP 不可缺少的一部分。值得注意的是，以上所说在标准的 MRPⅡ系统中没有包含流程行业的问题，并不意味着所有的 MRPⅡ软件都不适用于流程行业。标准 MRPⅡ系统和具体的 MRPⅡ软件并非同一件事情。

二是传统的 MRPⅡ软件系统往往是基于标准的 MRPⅡ系统同时面向特定的制造环境开发的。因此，即使通用化的商品软件在按照某一用户的需求进行业务流程的重组时，也会受到限制。目前，具有这种有限能力的软件对于满足用户的特定需求是用剪裁和拼装的方式通过不同的产品模块配置来实现的。但是，这很难满足用户在瞬息万变的经营环境中，根据客户需求快速重组业务流程的足够的灵活性要求。这种功能正是 ERP 所追求的。实现的方法不是剪裁拼装式的，而是企业业务流程的重组(reengineering)。实现这个目标的技术是计算机辅助软件工程和面向对象的技术。

上述功能标准(3)是 ERP 能动式功能的加强。与能动式功能相对的是反应式功能。反应式功能是在事务发生之后记录发生的情况。能动式功能则具有主动性和超前性。ERP 的能动式功能表现在它所采用的控制和工程方法、模拟功能、决策支持能力和图形能力。例如，把统计过程控制的方法应用到管理事务中，以预防为主，就是过程控制在 ERP 中应用的例子。把并行工程的方法引入 ERP 中，把设计、制造、销售和采购等活动集成起来，并行地进行各种相关作业，在产品设计和工艺设计时，就要考虑生产制造问题；在制造过程中，如有设备工艺变更，则要及时反馈给设计。这就要求 ERP 具有实时功能，并与工程系统(CAD/CAM)集成起来，从而有利于提高产品质量，降低生产成本，缩短产品开发周期。

决策支持能力是 ERP“能动”功能的一部分。传统的 MRP Ⅱ系统是面向结构化决策问题的，就它所解决的问题来说，决策过程的环境和原则均能用明确的语言(数学的或逻辑的，定量的或定性的)清楚地予以描述。在企业经营管理中，还有大量半结构化或/和非结构化的问题，决策者往往对这些问题有所了解，但不全面；有所分析，但不确切；有所估计，但不准确。如新产品开发、企业合并、收购等问题均是如此。ERP 的决策支持功能则要扩展到对这些半结构化或非结构化问题的处理。

上述功能标准(4)是关于 ERP 的软件支持技术的。为了满足企业多元化经营以及合并、收购等活动的需求，用户需要具有一个底层开放的体系结构，这是 ERP 面向供应链管理，快速重组业务流程，实现企业内部与外部更大范围内信息集成的技术基础。

### 3. ERP 的产生背景

20 世纪 90 年代，由于经济全球化和市场国际化的发展趋势，制造业所面临的竞争更趋激烈。以客户为中心，基于时间、面向整个供应链成为在新的形势下制造业发展的基本动向。

实施以客户为中心的经营战略是 20 世纪 90 年代企业在经营战略方面的重大转变。

传统的经营战略是以企业自身为中心的。企业的组织形式是按职能划分的层次结构；企业的管理方式着眼于纵向的控制和优化；企业的生产过程是由产品驱动的，并按标准产品组织生产流程；客户对于企业的大部分职能部门而言都被视为外部对象，除了销售和客户服务部门之外的其他部门都不直接与客户打交道；在影响客户购买的因素中，价格是第一位的，其次是质量和交货期，于是，企业的生产目标依次为成本、质量、交货期。

以客户为中心的经营战略则要求企业的组织为动态的、可组合的弹性结构；企业的管理着眼于按客户需求形成的增值链的横向优化；客户和供应商被集成在增值链中，成为企业受控对象的一部分；在影响客户购买的因素中，交货期是第一位的，企业的生产目标也转为交货期、质量和成本。

实施以客户为中心的经营战略就要对客户需求迅速作出响应，并在最短的时间内向客户交付高质量和低成本的产品。这就要求企业能够根据客户需求迅速重组业务流程，消除业务流程中非增值的无效活动，变顺序作业为并行作业，在所有业务环节中追求高效率和及时响应，尽可能采用现代技术手段，快速完成整个业务流程。这就是基于时间的含义。而基于时间的作业方式的真正实现又必须扩大企业的控制范围，面向整个供应链，把从供应商到客户的全部环节都集成起来。

实施以客户为中心的经营战略涉及企业流程重组。企业流程重组是对传统管理观念的重大变革，在这种观念下，产品不再是定型的，而是根据客户需求选配的；业务流程和生产流程不再是一成不变的，而是针对客户需求，以减少非增值的无效活动为原则而重新组合的；特别是企业的组织也必须是灵活的、动态可变的。显然，这种需求变化是传统的 MRP Ⅱ软件所难以满足的，而必须转向以客户为中心、基于时间、面向整个供应链为基本特点的 ERP 系统。这就是 ERP 产生的客观需求背景。而面向对象的技术、计算机辅助软件工程以及开放的客户机/服务器计算环境又为实现这种转变提供了技术基础。于是，ERP 应运而生了。

以上我们围绕 Gartner Group 的定义对 ERP 进行了讨论，包括 ERP 的 4 项功能标准以及以客户为中心、基于时间和面向供应链的基本特点。Gartner Group 关于 ERP 的概念一经提出，立即引起人们高度和广泛的关注。时至今日，ERP 已经成为制造系统领域中流行的名词，但是到目前为止，也未达到可以提出“ERP 标准系统”的阶段。因此，当企业选择软件系统时，不必拘泥于它叫什么名称以及软件供应商说它是什么，而应当从企业的实际需求出发，考查软件的实际功能，以决定取舍。

**4. ERP 的进一步发展**

2000 年 10 月 4 日，Gartner Group 公司发布了以亚太地区副总裁、分析家 B. Bond 等 6 人署名的报告 *ERP is Dead——Long Live ERP II*，提出了 ERP II 的概念，并认为到 2005 年，ERP II 将逐渐取代 ERP。

但是，一般认为，Gartner Group 公司关于 ERP II 的定义中大部分内容都是当初赋予 ERP 的内容。只有“协同商务(collaborative commerce)”的内容有新意。

协同商务是一种各个经济实体之间的实时、互动的供应链管理模式。通过信息技术的应用，强化了供应链上各个经济实体之间的沟通和相互依存。它不再局限于生产与供销计划的协同，而且包含产品开发的协同。人们经常谈到的电子商务也是指在因特网基础上所有相关经济实体之间的信息沟通和业务运作，完整地集成前端和后端的业务流程。ERP II 提出的协同商务和电子商务的概念是相通的。所以，可以简单地说，协同商务就是企业内部人员、企业与业务伙伴、企业与客户之间的电子化业务交互过程。要做到协同，不但要实时分享信息，还要共同制定战略规划，有效地分享资源，消除非增值作业，同步运行。这种思想实际上早已存在于 ERP 中，只是限于条件而一直未能实现。

综观 ERP 的发展，从订货点法到 MRP，到 MRP II，到 ERP 以及 ERP II 的新概念，每个阶段的发展与完善都是与当时的市场环境需求、企业管理模式的变革和技术条件紧密联系在一起的，而且集成的范围越来越大。

因此，未来 ERP 的发展在整体思想体系上必将实现更大范围的集成，支持以协同商务、相互信任、双赢机制和实时企业为特征的供应链管理模式，实现更大范围的资源优化配置，降低产品成本，提高企业竞争力。

在软件产品功能上将支持集团管理模式、客户关系管理、产品协同研发、敏捷制造、价值链管理、企业效绩评价、电子商务、物流配送、业务模式重组和系统集成等，满足企业发展的需要。

## 思考题

1. 什么是订货点法？订货点法有什么局限性？订货点法在今天还有应用价值吗？
2. MRP、MRP II、ERP 的含义是什么？

3. MRP 与订货点法有什么区别？
4. MRP 的前提条件是什么？
5. MRP 系统可以为企业提供哪些输出信息？
6. 什么是独立需求和相关需求？
7. 什么是毛需求？什么是净需求？
8. MRP 是如何进行计算的？
9. 闭环 MRP 和基本 MRP 的区别是什么？
10. MRPⅡ与闭环 MRP 的区别是什么？
11. MRPⅡ的特点是什么？
12. 什么是 ERP？
13. 未来的 ERP 将有什么特点？

## 习题

1. 以下哪些关于 ERP 发展历史阶段的陈述是正确的？(　　)

A. ERP 的发展先后经历了订货点法、闭环 MRP、时段式 MRP、MRPⅡ和 ERP 等阶段

B. ERP 的发展先后经历了 ERP、时段式 MRP、闭环 MRP、MRPⅡ和订货点法等阶段

C. ERP 的发展先后经历了订货点法、时段式 MRP、闭环 MRP、MRPⅡ和 ERP 等阶段

D. ERP 的发展先后经历了订货点法、闭环 MRP、MRPⅡ、时段式 MRP 和 ERP 等阶段

2. 一项物料提前期为 6 周，平均需求量为每周 150 件，安全库存量为 300 件，订货批量为 2 000 件，订货点是多少？(　　)

A. 300 件　　B. 900 件　　C. 1 200 件　　D. 2 000 件

3. 下面哪一项关于非独立需求物料的举例是最好的？(　　)

A. 产成品

B. 维修件

C. 市场价格很敏感的产品

D. 原材料、子项零件和子装配件

4. 在下面的图中，物料 E 可以作为备用件，哪些物料是具有独立需求的物料？(　　)

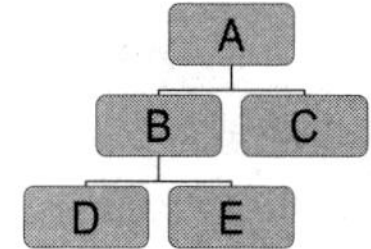


A. A 和 B　　B. A，B 和 C　　C. B，D 和 C　　D. 只有 A 和 E

5. 以下哪项陈述最好地表达了 MRPⅡ系统的特点？(　　)
   A. 把企业中的各子系统有机地结合起来，实现供应链的集成；各子系统在统一的数据环境下工作；能根据不同的决策方针模拟出各种未来将会发生的结果
   B. 各子系统在统一的数据环境下工作；具有模拟功能，能根据不同的决策方针模拟出各种未来将会发生的结果；实现供应链的集成
   C. 把企业中的各子系统有机地结合起来，能根据不同的决策方针模拟出各种未来将会发生的结果；实现供应链的集成
   D. 把企业中的各子系统有机地结合起来，形成一个面向整个企业的一体化的系统；各子系统在统一的数据环境下工作；具有模拟功能，能根据不同的决策方针模拟出各种未来将会发生的结果
6. 在以下关于 MRP、MRPⅡ和 ERP 集成范围的论述中，哪些是正确的？(　　)
   A. MRP 实现企业物流和资金流的集成，MRPⅡ实现企业物料信息的集成，ERP 实现供应链的集成
   B. MRP 实现供应链的集成，MRPⅡ实现企业物流和资金流的集成，ERP 实现企业物料信息的集成
   C. MRP 实现企业物料信息的集成，MRPⅡ实现企业物流和资金流的集成，ERP 实现供应链的集成
   D. MRP 实现企业物料信息的集成，MRPⅡ实现供应链的集成，ERP 实现企业物流和资金流的集成

# 第3章 ERP为企业带来的效益

因为 MRP 最初是作为减少库存和改善客户服务水平的方法提出的，所以，这方面的效益在大多数企业中首先引起了关注。随着 ERP 的发展，它为企业带来的多方面的效益已显现出来。

ERP 起源于美国，中国的国情与美国的国情有明显的差别。但是，就物质生产经营活动本身来说，中国企业和美国企业有着许多相似之处。

它们有相似的过程。都要从企业外部采购原材料或零部件，在企业内部组织生产，制造出适销对路的产品，销售到国内外市场。

它们有同样的追求，如最低的库存、最短的生产周期、最合理的资源利用、最高的生产率、最低的生产成本、准确的交货日期、最强的市场适应能力等。

正因为这些共性，才使得我们有可能去学习和采纳 ERP 这一科学管理的先进方法。因此，本章所提供的数据和资料有着重要的参考价值。

本章将从两方面讨论 ERP 为企业带来的效益——定量的效益和定性的效益(后者实际上是更深层次的效益)，然后给出一些来自用户的信息。

## 3.1 » 定量的效益

### 1. 降低库存投资

1) 降低库存量

使用 ERP 系统之后，由于有了好的需求计划，使得可以在恰当的时间得到恰当的物料，从而可以不必保持很多的库存。根据统计数字，在使用 ERP 系统之后，库存量一般可以降低 20%～35%。

2) 降低库存管理费用

库存量降低还导致库存管理费用的降低。其中包括仓库维护费用、管理人员费用、保险费用、物料损坏和失盗等。库存管理费用通常占库存总投资的 25%。

3) 减少库存损耗

一方面，由于库存量减少，库存损耗也随之减少；另一方面，MRP 对库存记录的准确度有相当高的要求，为了保证库存记录的准确性，就要实行循环盘点法。因而能够及时发现造成库存损耗的原因，并及时予以消除，从而可以使库存损耗减少。

下面，我们通过数字计算说明降低库存投资的效益。

【例 3.1】 假定某企业年产值为 10 000 000 元，库存成本占年产值的 75%，库存维护费用占库存投资的 25%，使用 ERP 之后，每年库存周转次数提高 1 次(其中，未计库存损耗减少所产生的效益)。

| | |
|---|---|
| 总产值 | 10 000 000 元 |
| 库存成本——75% | 7 500 000 元 |
| 库存投资——每年周转 2 次 | 3 750 000 元 |
| 库存投资——每年周转 3 次 | 2 500 000 元 |
| 库存投资降低 | 1 250 000 元 |
| 库存维护费用——25% | × 0.25 |
| 库存投资降低产生的利润 | 312 500 元 |

2. 降低采购成本

ERP 把供应商视为自己的外部工厂。通过供应商计划法与供应商建立长期稳定、双方受益的合作关系。这样，既保证了物料供应，又为采购人员节省了大量的时间和精力。使他们可对采购工作进行有价值的分析。

供应商计划法既提高了采购效率，又降低了采购成本。有资料表明，使用 ERP，可以使采购成本降低 5%。

【例 3.2】 接上例，假定该企业采购原材料及运输费用为年产值的 1/2，使用 ERP 之后，采购成本降低 5%，则可算得如下结果：

| | |
|---|---|
| 总产值 | 10 000 000 元 |
| 采购原材料及运输费用 | 5 000 000 元 |
| 采购成本降低 5% | ×0.05 |
| 采购成本降低产生的利润 | 250 000 元 |

3. 提高生产率

1) 提高直接劳力的生产率

使用 ERP 之后,由于减少了生产过程中的物料短缺,从而减少了生产和装配过程的中断，使直接劳力的生产率得到提高。有资料表明，生产线生产率平均提高 5%～10%，装配线生产率平均提高 25%～40%。

2) 提高间接劳力生产率

以 ERP 作为通讯工具，减少了文档及其传递工作，减少了混乱和重复的工作，从而提高了间接劳力的生产率。有资料表明，间接劳力生产率可以提高 25%。

3) 减少加班

过多的加班会严重降低生产率，还会造成过多的库存。使用 ERP，可以提前作出能力需求计划，从而减少加班。有资料表明，加班时间可以减少 50%～90%。

【例 3.3】 假定生产率提高用一个统一的数字来表示，即 10%，且假定直接劳力成本占产值的 10%，间接劳力成本占产值的 5%，则可算得如下结果：

| | |
|---|---|
| 总产值 | 10 000 000 元 |
| 增加产值 | 1 000 000 元 |
| 直接劳力成本占产值的 10%，节约① | ×0.10=100 000 元 |
| 间接劳力成本 5%，节约② | ×0.05=50 000 元 |

利润将会提高 150 000 元!

#### 4. 提高客户服务水平

要提高市场竞争力，既要有好的产品质量，又要有高水平的客户服务。要提高客户服务水平，就必须有好的产销配合。ERP 系统作为计划、控制和通讯的工具，使得市场销售和生产制造部门可以在决策级以及日常活动中有效地相互配合。从而可以缩短生产提前期，迅速响应客户需求，并按时交货。

客户服务水平的提高将带来销售量的提高。假定因此提高销售量 10%，那么，
提高的销售收入为 10 000 000 元×10% = 1 000 000 元
假定利润率为 10%，则增加的利润为 1 000 000×10% =100 000 元

#### 5. 增加利润

根据以上的分析，我们可以计算出增加的全部利润：

| | |
|---|---|
| 库存投资降低产生的利润 | 312 500 元 |
| 采购成本降低产生的利润 | 250 000 元 |
| 生产率提高(直接劳力成本节约)产生的利润 | 100 000 元 |
| 生产率提高(间接劳力成本节约)产生的利润 | 50 000 元 |
| 提高客户服务水平增加的利润 | 100 000 元 |
| 增加的利润总和 | 812 500 元 |

#### 6. 现金总收益

根据以上分析，我们可以计算出全部的现金收益，即增加的流动资金：

| | |
|---|---|
| 库存投资降低 | 1 250 000 元 |
| 库存投资降低产生的利润 | 312 500 元 |
| 降低采购成本 | 250 000 元 |
| 提高生产率 | 150 000 元 |
| 提高销售量 | 100 000 元 |
| 至此得到的现金总收益为 | 2 062 500 元 |

由于客户服务水平的提高，可以减少应收账款；由于信息准确、情况明确，可以使

---

① 由于生产率提高而增加产值 1 000 000 元，这部分产值没有再付出 10%的直接劳力成本，所以相当于节约了 100 000 元。

② 由于生产率提高而增加产值 1 000 000 元，这部分产值没有再付出 5%的间接劳力成本，所以相当于节约了 50 000 元。

得对应付账款的管理更加精确。

如果假定这两项产生的现金收益分别为 500 000 元和 150 000 元的话，那么，现金总收益将增加到 2 712 500 元！

## 3.2 » 定性的效益——更深层次的效益

第 3.1 节我们对使用 ERP 为企业带来的某些定量的效益进行了讨论。下面我们将讨论定性的效益。定量的效益更多地反映了企业的业绩表现，而定性的效益更多地反映了企业的行为实践。二者有密切的关系，但又并非总是完全一致的。有时，企业虽然没有好的行为实践作为支持，但是，也可能有好的业绩表现。不过，这种好的业绩表现肯定是脆弱的和暂时的。而反过来，如果一个企业有好的行为实践，其业绩表现则必定会越来越好。我们将从提高工程开发效率和促进新产品开发、提高产品质量、提高管理水平、为科学决策提供依据、充分发挥人的作用、提高企业生活质量、潜在的影响和提供更多的就业机会等 8 个方面进行讨论。

### 1. 提高工程开发效率和促进新产品开发

由于使用统一的数据库，所以很容易获取工程开发所需的数据。而且，数据恢复和维护所花的时间也大大减少。又由于诸如“模块化物料清单”技术的使用，可以从根本上减少生成和维护物料清单的时间，对于客户定制的产品更是如此。由于提高了工程开发的效率，也有助于新产品的开发。这在引入新产品较多的企业可以大有作为。

有企业反映，过去 85%的产品具有 10 年以上的生产历史，而使用 ERP 之后，85%以上的产品是投产不到 3 年的新产品。明显加快了产品更新换代的步伐。

### 2. 提高产品质量

在 ERP 环境下，企业的员工在自己的岗位上按部就班地按统一的计划做着自己的工作。使得企业的生产摆脱了混乱和物料短缺，井井有条地进行着。企业的工作质量提高了，产品质量肯定可以得到提高。事实上，ISO 9000 系列所认证的正是企业的工作质量。对于标准 MRPⅡ系统来说，并不要求有质量管理模块，但是，MRPⅡ可以和 ISO 9000 相辅相成却是不争的事实。而对于 ERP 来说，质量管理则是必要的功能。因此，质量管理更有了技术上的保证。

### 3. 提高管理水平

通过 ERP 系统，使信息的传递和获取更准确、更及时，使管理人员提前看到企业运营的发展趋势，从而赢得了时间，可以去做他们该做的事情，使管理更有效。

把 ERP 作为整个企业的通讯系统，使得企业整体合作的意识和作用加强。通过准确和及时的信息传递，把大家的精力集中在同一个方向上，以工作流程的观点和方式来运营和管理企业，而不是把企业看作是一个个部门的组合。在这种情况下，特别是在市场销售和生产制造部门之间可以形成从未有过的深刻的合作，共同努力满足客户需求，赢得市场。

有资料表明，很多企业的工长们平均要花 60%的时间去忙于“救火”，即处理那些出乎意料而突然出现的紧急事件。精力和时间大部分被零零碎碎地消耗掉了。使用了 ERP 后，工长们可以把精力集中于他们应当做的监督管理工作，从而使劳动力的监督管理工作更有成效。

### 4. 为科学决策提供依据

通过 ERP，把经营规划和销售与运作规划这样的高层管理计划分解转换为低层次上的各种详细的计划。这些计划要由企业的每个员工去遵照执行。因此，合在一起，企业的所有员工执行的是一个统一的计划。以统一的计划指导企业的运作，上层的变化可以灵敏地传递到下层，而下层的情况也可以及时地反馈到上层。通过 ERP，使得有计划、有控制的管理成为可能。

某些企业应用 ERP 系统，已经取得了前述多方面的效益，如降低了库存投资，提高了客户服务水平，提高了生产率等。但是，在企业的高层管理人员看来，更重要、更深刻的效益却是获得了经营和控制企业的有效工具。企业的高层管理人员认为，以 ERP 系统为工具运行一个企业，和过去的情况相比恰如白天和黑夜。表现在控制的程度、花费的时间以及方式上都和过去大为不同。例如，过去经常必须在市场销售部门和生产制造部门之间作出仲裁，而这占去了相当多的时间。现在则很少纠缠于这类问题。在几个月的时间内，只须花一天的时间去检查计划。一旦计划决定了，问题就解决了。因此，可以有更多的时间和精力去考虑和做更重要的工作。一位公司总裁说："我们已经创造了理论家多年来梦寐以求的结果。通过 ERP，我们得到了一个企业的计算机模型。现在，我们几乎可以模拟企业的任何一部分，并可以测试新的计划或任何改变所产生的影响。"因此，ERP 为企业的科学决策提供了工具。

### 5. 充分发挥人的作用

生产率的最大提高来自于充分利用人的资源。充分发挥人的作用，这是从当今世界级的企业得出的最重要的启示。

应用 ERP 系统，为全面提高企业管理水平提供了工具，而同时也为全面提高员工素质提供了机会。二者相辅相成、相互促进。这已被国内外许多企业的经验所证明。生产率的提高，从根本上说，不是来自于工具，而是来自于使用这些工具更有效地工作的人。ERP 系统只有和对其有充分理解并努力工作的人相结合，才能提高生产率。从根本上说，ERP 的成功来自于企业全体员工的理解和努力。因此，生产率的提高应归功于使 ERP 系统很好地运转起来的人。

### 6. 提高企业生活质量

每一个成功的 ERP 用户都反映他们企业的生活质量得到了明显的改善。这方面的收益几乎是出乎预料的。其实原因很简单：好的运营计划使公司的整体工作协调起来；执行一个协调的运营计划当然要比被一个混乱的计划所驱使要愉快得多。就拿生产部门来说，通过 ERP 系统，生产部门可以轻松自如地对市场需求作出响应。在生产过程中，人们的工作更有秩序。时间花在按部就班地执行计划上，而不是忙于对出乎意料的情况作出紧急反应。从而，人们体验到了企业生活质量的改善。

改善企业的生活质量意味着最佳的工作士气和工作态度。于是，提高生产率、提高产品质量、降低成本、增加利润都将是相伴而来的事情。

7. 潜在影响

美国的汽车制造企业常常花费大量的航空运费，其中大部分是由于计划调度问题而造成的。

一个汽车制造企业不能因零件短缺而承受关闭生产线的损失，因此，往往发出紧急订货并空运提货。于是，作为一个糟糕的计划和不准确的库存记录的代价就从进货运费单上表现出来。当一个企业的生产已经落后于计划，而相应的合同中又有着误期罚款的条款时，为了保证按时交货，只好不惜重金空运交货。

上述运费问题，通过 ERP 的应用得到了解决。这是人们开始不曾预料和期望的。

这样的潜在影响还存在于其他许多方面。例如一家制药公司使用 ERP 系统之后，减少报废达 80%，减少分销成本(包括运输成本)达 15%。其实原因只在于有了好的计划和控制工具。

一家公司的总裁说："当管理人员有时间去为解决真正的问题而工作，而不是忙于'救火'时，企业的各个方面都能得到改善。"

8. 提供更多的就业机会

最好的就业前景是在生产率提高最快的产业之中。ERP 在提高制造业生产率、促进制造业发展的同时，也为社会带来了更多的就业机会。而每 1 000 个制造业的就业机会就能增加 700 个非制造业的就业机会。当然，这已经是为社会而不仅仅是为一个企业带来的效益了。

## 3.3 来自用户的信息

下面给出两个实例，用来说明企业应用 ERP 获得的效益。

**【例 3.4】** 表 3.1 中所列数据来自一家美国公司。该公司使用 ERP 系统后各项成本均有所降低。

表 3.1 某公司使用 ERP 系统前后成本对比

单位：美元

| 成本项目 | 安装前成本 | 安装后成本 | 每年节省 |
|---|---|---|---|
| (1) 计算机支持、运行和维护 | 94 000 | 38 000 | 56 000 |
| (2) 计算机硬件 | 62 000 | 7 000 | 55 000 |
| (3) 计算机开发 | 74 000 | 30 000 | 44 000 |
| (5) 采购／物流 | 525 000 | 210 000 | 315 000 |
| (6) 制造费用 | 729 000 | 120 000 | 609 000 |
| (7) 地区服务费用 | 1 260 000 | 840 000 | 420 000 |
| (8) 库存费用 | 299 000 | 117 000 | 182 000 |
| 年成本总和 | 3 043 000 | 1 362 000 | 1 681 000 |

【例 3.5】以下信息摘自一家国有企业实施应用 ERP 系统的报告。

(1) 运用 ERP 管理思想和计算机系统，使管理和业务流程得到了规范和优化。

(2) 夯实了管理基础，规范和统一了基础数据，实现了数据共享。

(3) 实现了物流、资金流、信息流的统一。使物料变化的同时，资金形态的变化也随之得到反映。

(4) 使物料管理的透明度大大增加，从而压缩了库存资金，减少了采购费用；规范了生产计划管理，理顺了物流，使计划细化到了日节拍。

(5) 为管理人员摆脱简单、重复劳动提供了工具，为管理人员从事更高层次的管理活动创造了条件。

(6) 培养和锻炼了一批既懂计算机知识，又懂管理的专业人才，使职工素质得到了显著提高。

(7) 为企业持续不断的改进提供了工具。

(8) ERP 项目的实施绝不仅仅是实施一个计算机系统，最重要的是通过引进、消化、吸收 ERP 管理思想和原理，全面提高企业的管理水平，使企业在竞争中立于不败之地。

## 思考题

1. ERP 会给企业带来哪些可以定量计算的效益？
2. ERP 会给企业带来哪些可以定性的效益？
3. 为什么 ERP 可以为企业带来效益？

## 习题

1. ERP 产生于美国。中国企业可以应用 ERP 来提高自己的管理水平，这是因为(　　)。
   A. 全球市场竞争日趋激烈
   B. “中国制造”的产品已经出现在世界各地
   C. 中国企业和美国企业的物质生产经营活动有相似的过程和目标
   D. ERP 进入中国已经很长时间了
2. 在满足需求的前提下降低库存投资可以为企业直接产生利润，其原因在于(　　)。
   A. 减少了库存维护费用和库存损耗　　B. 减少了物料短缺
   C. 及时满足客户需求　　D. 以上说法都不对
3. 企业使用 ERP 可以提高产品质量，根本原因在于(　　)。
   A. 通过 ERP，降低了产品的成本　　B. 通过 ERP，改善了企业的生活质量
   C. 通过 ERP，更好地满足了客户需求　　D. ERP 系统的质量管理模块起了作用
4. 如果一个企业应用 ERP 获得了显著的效益，那是因为(　　)。
   A. ERP 是一个好的工具　　B. 企业领导决策正确
   C. 企业员工理解并愿意使用 ERP　　D. 以上全部

# 第4章

# 基础数据——企业运营的关键

ERP作为计划与控制信息系统，要进行大量的信息处理。任何一个制造企业都有大量的生产与技术数据。数据必须经过加工、处理才能产生有用的信息供决策者使用。因此，这些原始数据如何准确、及时、快速、可靠地输入计算机系统是至关重要的。人们常用“进去的是垃圾，出来的也是垃圾”来形容由于原始数据不准确而产生错误信息的现象。经验证明，数据不准确是许多企业实施应用ERP失败的重要原因。因此，在实施应用ERP的过程中，一定要下决心采取必要的措施，保证各项数据的完整性和准确性。

ERP系统的运行需要如下几类基础数据：物料主文件、物料清单、工作中心、工艺路线、提前期和库存记录。所有基础数据必须定期维护，以保证数据的完整性和准确性。

此外，为了支持ERP采购管理和需求销售管理的功能，还要有供应商主文件和客户主文件。

## 4.1 物料主文件

ERP系统中，“物料”一词有着广泛的含义，它是所有产成品、半成品、在制品、原材料的总称。

物料主文件的作用是标识和描述用于生产过程中的每一物料的属性和信息。它是ERP系统最基本的文件之一。物料主文件中的数据项有物料代码以及同工程设计管理、物料控制和计划管理有关的信息。现分述如下：

(1) 物料代码是物料的标识，因此，它是对每种物料的唯一编号。物料代码是人和计算机使用所有其他数据元素的基础。物料代码应尽量简短，以防止或减少输入和处理的错误。

企业在数据准备阶段的一项非常重要的工作就是确定物料代码的编码原则和编码方法。不但要考虑当前的需求，而且要考虑今后的变化。

物料代码的位数有一定限制，各个软件规定的位数也不相同，但一般不超过20位。位数过长会增加录入时间且容易出错。

物料代码应是无含义的顺序数字编号。其优点是：简短、存储量少(6位数可满足100万种物料的编码需求)，保证唯一性，不影响发展变化，全部用数字可防止数字同字母的混淆(如0与O，2与Z，1与I)，减少差错。

物料编码应遵循以下原则：每项物料均应有唯一的物料代码；要简明，不要太长；没有含义，只是标识符而不是描述符。

(2) 除物料代码之外，每一种物料还有许多其他的属性。在物料主文件中，系统通过以下几方面的信息描述这些属性。

- 同工程设计管理有关的信息——如图号、物料名称、重量、体积、版次、生效日期和失效日期等。
- 同物料管理有关的信息——如来源类型(自制或外购)、采购与存储的计量单位及转换系数、损耗率、分类码、订货批量、存放位置(仓库、货位)、批号、安全库存量、订货策略及订货量的调整因素、采购员代码等。对外购件来讲，还应有物料在供方的代码。
- 同计划管理有关的信息——如各种提前期(运行、准备、检验、累计等)、需求时界与计划时界、预测代码、独立需求或相关需求、计划员代码、分组码等。
- 同成本管理有关的信息——如账号、材料费、人工费、外协费、间接费、累计成本和计划价格等。

# 4.2 » 物料清单

## 4.2.1　物料清单概述

物料清单(bill of material，BOM)是产品结构文件，它不仅列出某一产品的所有构成项目，同时还要指出这些项目之间的结构关系和数量关系。每个制造企业都有物料清单，指明如何利用各种物料来生产产品。

表 4.1 所列的是某企业物料代码为 WA01 的绞车零件清单。这不是 BOM，因为它未表明构成产品 WA01 的零件之间的层次关系。

表 4.1　零件清单(WA01 绞车)

| 物料代码 | 说明 | 每台量 | 计量单位 |
|---|---|---|---|
| 1000 | 轴　1 英寸×4 英寸 | 4 | 件 |
| 1100 | 轮　6 英寸 | 4 | 件 |
| 1200 | 滑车架 | 1 | 件 |
| 1300 | 钢丝绳　1/4 英寸 | 50 | 英尺 |
| 1400 | 吊钩 2 吨 | 1 | 件 |
| D100 | 轮鼓 | 1 | 件 |
| G100 | 齿轮箱 | 1 | 件 |
| M100 | 5 千瓦电机 | 1 | 件 |
| 1500 | 电线——3 线 | 15 | 英尺 |
| 1600 | 控制盒 | 1 | 件 |
| S100 | 传动轴　1 英寸×24 英寸 | 1 | 件 |

注：1 英寸=2.54 厘米。

图 4.1 表明了 WA01 绞车的层次结构。这是一个三层的树状结构，第 0 层是最终产品 WA01 本身，第 1 层是它的直接组件，第 2 层是组成直接组件的零件。在以后的讨论中，有时将使用“父项”“子项”这样的术语来说明不同的物料在产品结构中的层次关系。例如，在图 4.1 中，WA01 作为父项，第一层上的所有物料均是其子项；如果把 A100 作为父项，则 1000、1100 和 1200 是其子项。括号中的数字指明构成一个父项所需的该子项的数量。

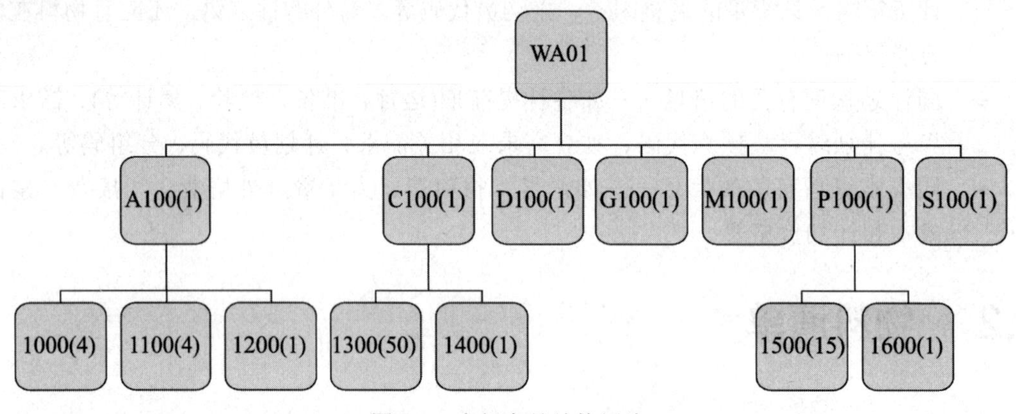


图 4.1　多级产品结构层次

表 4.2 是 WA01 的单级 BOM，其所以称为单级是因为只列出了构成产品的直接组件。如果该公司决定采用外购组件来生产绞车，那么使用单级 BOM 就可以了。如果该公司决定自己生产组成这些直接组件的零件，则应当使用表 4.3 所示的多级 BOM。

**表 4.2　WA01 的单级物料清单**

物料代码：WA01

| 物料代码 | 说明 | 每台量 | 计量单位 |
|---|---|---|---|
| A100 | 滑车组件 | 1 | 件 |
| C100 | 钢丝绳吊钩 | 1 | 件 |
| D100 | 轮鼓 | 1 | 件 |
| G100 | 齿轮箱 | 1 | 件 |
| M100 | 5 千瓦电机 | 1 | 件 |
| P100 | 悬挂控制盒 | 1 | 件 |
| S100 | 传动轴 | 1 | 件 |

**表 4.3　WA01 的多级缩排式 BOM**

物料代码：WA01

| 物料代码 | 说明 | 每台量 | 计量单位 | 层次 |
|---|---|---|---|---|
| A100 | 滑车组件 | 1 | 个 | 1 |
| 1000 | 轴 1 英寸×4 英寸 | 4 | 个 | 2 |
| 1100 | 轮 6 英寸 | 4 | 个 | 2 |
| 1200 | 滑车架 | 1 | 个 | 2 |

(续表)

| 物料代码 | 说　明 | 每台量 | 计量单位 | 层　次 |
|---|---|---|---|---|
| C100 | 钢丝绳吊钩 | 1 | 个 | 1 |
| 1300 | 钢丝绳 1/4 英寸 | 50 | 英尺 | 2 |
| 1400 | 吊钩 | 1 | 个 | 2 |
| D100 | 轮鼓 | 1 | 个 | 1 |
| G100 | 齿轮箱 | 1 | 个 | 1 |
| M100 | 5 千瓦电机 | 1 | 个 | 1 |
| P100 | 悬挂控制盒 | 1 | 个 | 1 |
| 1500 | 电线—3 线 | 15 | 英尺 | 2 |
| 1600 | 控制盒 | 1 | 个 | 2 |
| S100 | 传动轴 1 英寸×24 英寸 | 1 | 个 | 1 |

注：1 英寸=2.54 厘米，1 英尺=0.304 8 米。

ERP 环境下，作为 MRP 系统计算物料需求过程中的控制文件，物料清单是非常重要的。物料清单的准确度至少应达到 98%，才能满足要求。

物料清单用来描述产品的结构，凡是在产品的生产过程中需要用到、需要进行计划的物料项目，均应作为产品结构不同层次上的子项而置于物料清单之中。

下列项目应当包含在物料清单之中：原材料、半成品、子装配件、辅件(如螺钉、螺母、垫圈等)、消耗品、工具、包装材料、参考材料(图纸、说明等)。

一般来说，在实际应用中的物料清单应当包括如下数据项，如父项物料代码和描述、子项物料代码和描述、使用点和工序号、子项类型、子项数量、自制还是外购、有效日期、损耗率等。

其中，使用点指明在制造父项时子项应到达的工作中心。

子项类型指明子项是普通物料，还是工具或图纸等。

有效日期指明负向合资想的关系开始和结束的时间。

损耗率也称为残料率，用来指明当把一项物料作为子项用于其父项的生产过程中时损耗的程度，用百分数表示。这有助于计划该项物料的准确需求数量。例如，A 是父项，B 是 A 的子项，且制造一个 A 需求一个 B，但是，B 的损耗率为 10%。那么，如果要生产 100 个 A，只提供 100 个 B 是不够用的。此时 MRP 系统会根据所指明的残料率自动地把对 B 的需求量调整为 111。

### 4.2.2　物料清单的准确性

物料清单是一个制造企业的核心文件。各个部门的活动都要用到物料清单，生产部门要根据物料清单来生产产品，库房要根据物料清单进行发料，财务部门要根据物料清单来计算成本，销售和订单录入部门要通过物料清单确定客户定制产品的构形，维修服务部门要通过物料清单了解需要什么备件，质量控制部门要根据物料清单保证产品正确生产，计划部门要根据物料清单来计划物料和能力的需求等。

为了使 ERP 系统正常运行，物料清单必须完整和准确。否则，就不能做到在正确的时间以正确的数量生产或采购正确的物料。

### 4.2.3 物料清单的报告形式

物料清单的报告形式就是把产品结构显示在计算机屏幕上的形式。

单层物料清单和多层物料清单是两种不同的报告形式。单层物料清单只列出一项物料的所有子项；而多层物料清单不但列出所有的子项，还要列出所有子项的子项，直到最低层次的外购件。

所有的单层物料清单都是要存储在计算机中的，但多层物料清单只是物料清单的一种报告形式，它并不存储在计算机中。当需要显示一项物料的多层物料清单时，则利用存储在计算机中的单层物料清单信息，把相关的单层物料清单组合起来。这个过程从该项物料的单层物料清单开始，首先列出该项物料的所有子项，然后检查每一个子项，看一看它是否也有物料清单，如果有，则以同样的方式列出子项的子项。继续这个展开过程，直到达到最低层次的物料，从而构成多层物料清单，自顶向下地显示整个产品(或最终项目)的结构。

除了单层物料清单和多层物料清单之外，ERP 系统还提供两种用于在相反方向上显示产品(或最终项目)结构的物料清单报告形式，即单层反查物料清单(single-level where used list)和多层反查物料清单(multi-level where used list)。

单层反查物料清单只列出一项物料的所有父项。而多层反查物料清单不但列出一项物料的父项，还要列出每个父项的父项，直到最终产品(或最终项目)。这个过程和构造多层物料清单的过程是类似的，只是方向相反。

在实践中用得比较多的是前三种，即单层物料清单、多层物料清单和单层反查物料清单，这三种物料清单报告形式是至关重要的。至于多层反查物料清单则用得不多，因此不甚重要。

## 4.3 » 工作中心

工作中心是用于生产产品的生产资源，包括机器、人和设备，是各种生产或者加工单元的总称。工作中心属于能力的范畴即计划的范畴，而不属于固定资产或者设备管理的范畴。一个工作中心可以是一台设备、一组功能相同的设备、一条自动生产线、一个班组、一块装配面积或者是某种生产单一产品的封闭车间。对于外协工序，对应的工作中心则是一个协作单位的代号。

除此之外，工作中心还可以反映成本范畴的概念。一个加工件的工艺路线报告中一般每一道工序对应一个工作中心，但有些情况，也可以几个连续工序对应同一个工作中心(这种情况往往出现在装配工作中心)。工件经过每一个工作中心要发生费用，产生成本。这可通过工作中心的成本数据和工艺路线中相应的工时定额来计算。

### 1. 工作中心的内容

工作中心的内容应包括工作中心的编码、名称和所属部门，此外还应有以下两类数据项。

1) 说明生产能力的各项数据

工作中心的能力用一定时间内完成的工作量即产出率来表示。工作量可表示为标准工时(以时间表示)、米(以长度表示)、件数(以数量表示)等，本书为讨论方便一律以工时表示。工作中心包括如下数据项：每班可用的人员数、机器数、机器的单台定额、每班可排产的小时数、一天开动的班次、工作中心的利用率、工作中心的效率、是否关键资源、平均排队时间等。由此，可计算出

$$\text{工作中心的额定能力}=\text{每日工作班次数}\times\text{每班工作小时}\times\text{工作中心效率}\times\text{工作中心利用率(工时/日)}$$

其中：

$$\text{利用率}=\frac{\text{实际投入工时数}}{\text{计划工时数}}$$

$$\text{效率}=\frac{\text{完成定额工时数}}{\text{实际投入工时数}}$$

式中，效率与工人技术水平和设备使用年限有关。利用率与设备的完好率、工人出勤率、停工率等因素有关，均是统计平均值。工作中心的额定能力应是能持续保持的能力。为使工作中心的额定能力可靠有效，需要经常与实际能力比较，用实际能力来修正。工作中心的实际能力也称历史能力，是通过记录某工作中心在几个时区内的产出求平均值的方法计算的。

2) 计算成本用的各项数据

计算成本用的各项数据包括单位时间的费率(工时或机时费率、间接费率等)、工人人数、技术等级等。

### 2. 工作中心的作用

工作中心有三个作用。

(1) 作为平衡任务负荷与生产能力的基本单元。运行能力需求计划(CRP)时以工作中心为计算单元。分析 CRP 执行情况时也是以工作中心为单元进行投入/产出分析。

(2) 作为车间作业分配任务和编排详细进度的基本单元。派工单是按每个工作中心来说明任务的优先顺序的。

(3) 作为计算加工成本的基本单元。计算零件加工成本，是以工作中心数据记录中的单位时间费率(元/工时或台时)乘以工艺路线数据记录中占用该工作中心的时间定额得出的。

### 3. 工作中心的定义

定义工作中心是一项细致的基础工作，定义工作中心的关键是确保工作中心的划分与管理本企业所需的控制程度及计划能力相适应。因此，划分的原则应能使工作中心起

到上述三个作用。对一些可能形成瓶颈工序的工作中心必须单独标识。对那种可能有多个工序在一个固定工作地点同时工作的情况，如焊接装配，要慎重研究工作中心的划分。同一型号的机床若新旧程度不同并影响工作效率时，应有所区别，不要划为一个工作中心。对工艺路线中的外协工序，如前所述，要将相应的外协单位作为一个工作中心来处理，并建立相应的记录。采用成组技术，若干机床组成一个成组单元，有利于简化工作中心的划分和能力计划。

工作中心的数据通常要求尽量减少变更，但有时变更也是必要的。如新的工艺路线、生产过程以及对效率和利用率的调整都是引起工作中心数据调整的因素。

## 4.4 工艺路线

工艺路线是说明各项自制件的加工顺序和标准工时定额的文件，也称为加工路线。工艺路线是一种计划文件而不是工艺文件。它不详细说明加工技术条件和操作要求，而主要说明加工过程中的工序顺序和生产资源等计划信息。

工艺路线文件主要包括如下数据项：工序号、工作描述、所使用的工作中心、各项时间定额(如准备时间、加工时间、传送时间等)、外协工序的时间和费用。还要说明可供替代的工作中心、主要的工艺装备编码等，作为发放生产订单和调整工序的参考。表4.4是一份工艺路线示例。

表 4.4　工艺路线

物料代码：　80021——定位栓

| 操　作 | 部　门 | 工 作 中 心 | 描述 | 准备时间/小时 | 每件加工时间/小时 |
|---|---|---|---|---|---|
| 10 | 08 | 1 | 下料 | 0.5 | 0.010 |
| 20 | 32 | 2 | 粗车 | 1.5 | 0.030 |
| 30 | 32 | 3 | 精车 | 3.3 | 0.048 |
| 40 | 11 | | 检验 | | |

工艺路线是重要的文件，它代表着一项作业在工厂里的运行方式。如果说物料清单用于描述物料是按怎样的层次结构连在一起的，那么工艺路线则是描述制造每一种物料的生产步骤和过程，并且用于确定详细的生产进度。工艺路线的作用如下。

(1) 计算加工件的提前期，提供运行 MRP 的计算数据。系统根据工艺路线和物料清单计算出最长的累计提前期，这相当于网络计划中关键路径的长度。企业的销售部门可以根据这个信息同客户洽谈交货期限。

(2) 提供能力需求计划的计算数据。系统根据工艺路线文件中每个工作中心的定额小时、工序的开始和完工日期，计算各个时区工作中心的负荷。

(3) 提供计算加工成本的标准工时数据。

(4) 跟踪在制品。

对工艺路线数据准确性的要求和物料清单一样，也应在98%以上，如果工序顺序错误，工时定额不准，必将直接影响 MRP 和 CRP 的运算结果，造成生产订单过早或过迟下达，或下达数量不准。如果一项作业出现在发到某部门的派工单上，而事实上该作业并不在该部门，或一项作业在该部门却不在发来的派工单上，工艺路线都可能是错误的根源。工艺路线错误还会引起工作中心负荷不均衡，在制品积压，物流不畅以及加工成本计算错误等问题。通过计算每周下达到车间的工艺路线数和每周工长反馈的错误路线数，可以测出工艺路线准确度。

对许多企业来说，MRP 投入运行之前的一个极大的障碍就是校正工艺路线。大多数工艺路线文件与 80/20 原理相符，即 80%的活动发生在 20%的工艺路线上。如果在安装 MRP 之前要将所有的工艺路线都进行校正，对许多企业来说是很困难的，然而在 MRP 的帮助下，有了切实可行的办法。

(1) 在 MRP 试点前，检查并校正占有 80%活动的 20%的工艺路线。

(2) 当 MRP 逐渐投入运行时，使用计划下达订单提前几周指明哪条工艺路线将必须检查和校正。

(3) 在编制能力计划和派工单的早期，应确保在最近将用到的工艺路线是正确的。

工艺路线和物料清单一样，通常由工程设计部门负责建立和维护，如所使用的工作中心、设备安装时间、单件生产时间定额等都由工程设计部门确定。同时还应经常比较实际工作和工艺路线的执行情况，对生产过程进行详细审核。有多种原因可引起工艺路线的变更，如产品和生产过程可能改变，设备安装时间和单件生产时间标准可能需要根据新的操作数据加以调整，新的产品和新的组件可能需要新的工艺路线。

工艺路线由工程设计部门建立和维护，由生产部门使用。当 MRP 投入运行之后，让工长根据派工单随时报告所发现的工艺路线错误，从而不断对工艺路线加以维护。对于工艺路线的变更，应由两个部门协商进行。

## 4.5 » 提前期

任一项目从完成日期算起倒推到开始日期这段时间，称为提前期。对制造项目而言，提前期可分为设计提前期、采购提前期、加工提前期、装配提前期等，总计称为总提前期。

对加工装配阶段来讲，提前期分为 5 类时间。

(1) 排队时间(queue time)：指一批零件在工作中心前等待上机器加工的时间。在加工件种类很多、各自的加工周期又有很大差别时，排队时间(尤其是后续工序)往往很难避免。一般说，大批生产，各工作中心的加工周期比较接近时(节拍均衡)，排队时间可以少些。换句话说，在面向库存生产情况下，排队时间可能少些，而在面向订单生产情况下则会长些。此外加工批量大小也会影响排队时间。一般软件把平均排队时间作为工作中心文件中的一个数据项，根据投入/产出分析随时维护。

(2) 准备时间(set-up time)：熟悉图纸及技术条件，准备工具及调整的时间。为了使每个零件平均占用的准备时间少些，往往希望有一定的加工批量，比如换一次工具至少连续生产一个班次。可以通过成组加工，改进工装设计，改善工作地组织，采取并行准备(即在一批工件尚未完成前，就开始准备下批工件的工装)等措施来减少准备时间。

(3) 加工时间(run time)：在工作中心加工或装配的时间，同工作中心的效率、工装设计、人员技术等级有关。它是一种可变提前期，即每批零件加工时间=零件数量×单个零件加工时间。

(4) 等待时间(wait time)：加工完成后等待运往下道工序或存储库位的时间。等待往往是由于搬运设施调配不当或下道工序能力不足造成的，也同传送批量有关。因此，一些软件把等待时间合并到传送时间中去。

(5) 传送时间(move time)：工序之间或工序至库位之间的运输时间，若为外协工序则包括的内容更广。同车间布置、搬运工具能力效率有关。

上述 5 类时间之和形成了加工件的生产提前期，即从下达任务开始到加工完成为止的时间。众所周知，一个零件在机床上加工的时间，即上述准备时间与加工时间之和，往往仅占生产提前期的 5%～10%，而 90%以上的时间消耗在排队、等待和传送上。就管理而言，应把重点放在压缩这 90%的无效时间上，如改善车间布置和物流，改进计划减少库存积压，合理确定生产节拍和批量等。

通常将与加工件数有关的提前期称为变动提前期，如加工时间；把与加工件数无关的提前期称为固定提前期，如准备时间。采购、加工、装配提前期的总和称为累计提前期(cumulative lead time)。

## 4.6 » 库存记录

库存记录是 ERP 系统的主要数据之一。这里的库存指的是各种物料的库存。库存记录中要说明现有库存余额、安全库存量、未来各时区的计划接收量和已分配量。已分配量指虽未出库但已分配了某种用途的计划出库量。在库存记录中既要说明当前时区的库存量，又要预见未来各时区库存量及其变化。为运行 ERP 系统，库存记录的准确度要求达到 95%以上。在第 5 章讨论物料管理的部分，还将详细地讨论库存记录准确度的问题。

## 4.7 » 供应商主文件和客户主文件

### 1. 供应商主文件

供应商主文件中包括如下信息：供应商代码、名称、地址、电话、联系人；所供应的商品名称、规格、供方物料代码；商品价格和批量要求；折扣和付款条件、货币种类、结算方式；发货地点、运输方式；此外，还有供应商的信誉记录，包括按时交货情况、质量及售后服务情况；供应商技术水平、设备和能力等。

### 2. 客户主文件

客户主文件中包括如下信息：客户代码、名称、地址、电话、联系人；所需产品名称、规格、客户方物料代码；价格、折扣、付款条件、货币种类、结算方式；收货地点、结算地点；客户信誉记录等。

## 4.8 初始数据环境的建立

实现 ERP 系统是一个昂贵、费时的项目，需要投入大量的时间和精力。周密计划、定义、装入和维护基础数据是成功的先决条件。基础数据由系统和人用于企业的日常管理，在实现计划和进度编排行动以前，基础数据必须准确无误，基础数据有错误会导致整个系统失效。为保证基础数据的质量，要采取以下几个重要的步骤。

(1) 定义关键的数据元素，如物料代码、工艺路线、物料清单、工作中心、订货策略、项目类型和损耗率等。

(2) 开始数据装入之前，将计算机系统的信息需求与信息使用者的需求进行核对。使每个人提前知道什么信息是可用的，报告是什么样子。假如有问题，应予解决。

(3) 定义要装入计算机系统的全部信息和信息来源。有些信息是不可缺省的，而有些是可选择的。例如，和一项物料有关的信息可能有 15～20 个不同的数据项，仅要求其中的 4～5 项装入计算机系统，其他数据项可以以后再装入或者根本不用。所以，要确定哪些数据项是要求的，哪些是可选的但以后要装入，哪些可能永远不用。还要指定负责确定所用数据项的人或部门。

(4) 指定适当的人员将数据装入计算机，限定完成任务的时间，并进行审核。

(5) 有些数据元素不是常数，时常会变化，其变化情况必须在计算机系统里得到反映。要定期检查，如果必要的话，应修改这些数据。

操作数据是管理和控制企业动作的基础。将这些数据装入计算机的先后次序，由计划使用它们的时间来确定。一般来说，物料代码应当首先装入，然后是物料清单，工艺路线应在装入物料清单期间或恰在其后装入。工作中心是工艺路线信息的一部分，应在用到它们之前装入。

## 思考题

1. 物料主文件中包括哪些信息？
2. 什么是物料清单？在 ERP 环境下，物料清单的准确度至少应为多少？
3. 物料清单不准确会造成什么问题？
4. 为什么要使用模块化物料清单？使用模块化物料清单有什么好处？
5. 如何构造模块化物料清单？
6. 工艺路线的内容和作用是什么？工艺路线的准确度至少应为多少？如何维护工艺路线？
7. 工作中心的内容和作用是什么？如何维护工作中心？
8. 加工提前期由哪几类时间构成？
9. 建立初始的数据环境一般经过哪些步骤？

## 习题

1. 一个公司完成生产控制所需的数据准确度最低是(　　)。

A. 80%　　B. 85%　　C. 90%　　D. 95%

2. 物料代码的作用是(　　)。

A. 在工艺路线文件中识别工作中心　　B. 物料的唯一标识符

C. 作为产品物料清单的一部分　　D. A 和 B

3. 如下哪一项可以指出制造一件产品所需要的子项物料及其数量？(　　)。

A. 工艺单　　B. 物料需求计划　　C. 物料清单　　D. 物料请购单

4. 下面哪一项陈述是正确的？(　　)

A. 类似的产品可以用同样的物料代码来标识

B. 一项物料有一个而且只有一个物料代码

C. 相同的零件用在不同的物料清单中则有不同的零件号

D. 一项物料可以是父项，也可以是子项，但不能同时是二者

5. 根据下图，如下哪一项陈述是正确的？(　　)

A. 物料 A 是物料 B 的父项

B. 物料 C 是物料 A 的父项

C. 物料 A 是物料 D 的父项

D. 物料 D 和 E 是物料 A 的子项



6. 如下哪一项关于物料代码的陈述是正确的？(　　)

A. 将工作中心与工艺路线联系在一起　　B. 将产品与物料清单联系在一起

C. 将产品与工作中心联系在一起的　　D. 物料的唯一的标识符

7. 如下哪一项关于多层物料清单的陈述是正确的？(　　)

A. 多层物料清单是多个单层物料清单连接在一起得到的

B. 多层物料清单用来描述最终产品

C. 多层物料清单用于确定装配产品的选项与特征

D. 多层物料清单用于描述车间作业的工艺路线

8. 下面哪一项定义了制造件的工序执行顺序？(　　)

A. 物料主文件　　B. 物料清单　　C. 工艺路线　　D. 车间日历

9. 下面哪一项陈述最准确地描述了物料清单在计划系统中的作用？(　　)

A. 工程设计　　B. 确定订货批量

C. 用于制造物料的过程　　D. 用于表述产品的结构

10. 工作中心是(　　)。

A. 具体的机器　　B. 一组机器　　C. 人　　D. 以上全部

11. 物料代码与工作中心的关系通过什么来定义？(　　)

A. 工艺路线　　B. 物料清单　　C. 产品　　D. 生产订单

# 第5章 物料管理——企业运营的基础

## 5.1 物料管理概述

任何一个制造企业的生产活动，都是先从厂外购买各种物料，然后在厂内使用这些物料组织生产，形成产品，销售出厂。在各个环节中的所有各种物料相互之间具有联系，都属于 ERP 系统物料管理的范畴。

一个制造企业的生产过程实质上是一个物流过程。所谓生产计划，实际上是物料流动的计划。如果说计划管理是 ERP 系统的主线，那么物料管理就是 ERP 系统的基础，因为它提供了计划管理的监控和保证手段。

对物料管理来讲，物料就是资金，而资金是有时间价值的。使用了资金，就要体现利润。在机械产品成本中，物料成本占 45%～75%。因此，要强调库存物料的价值，要缩短生产周期，加速库存周转以降低成本，提高资金利用率。对库存管理水平常用库存周转次数(inventory turnover)来考察。库存周转次数是一个重要的概念，用来反映一年中库存流动的速率。常用的计算方法如下：

$$库存周转次数=\frac{年售出货物成本}{库存平均价值}$$

提高库存周转率对于公司的运作具有重要的意义。

**【例 5.1】** 假定每年库存周转次数提高一次，计算由此对公司利润和现金产生的影响。

| | |
|---|---|
| 总产值 | 10 000 000 美元 |
| 库存成本——75% | 7 500 000 美元 |
| 库存投资——每年周转 2 次 | 3 750 000 美元 |
| 库存投资——每年周转 3 次 | 2 500 000 美元 |
| 库存降低 | 1 250 000 美元 |
| 库存维护费用——25% | × 0.25 |
| 节约库存投资 | 312 500 美元 |
| 提高的利润 | 312 500 美元 |
| 增加的现金 | 1 250 000 美元 |

这里的计算所用到的库存资金指标主要考察物料管理水平。

物料管理就是要保证物料流动畅通，物料在正常流动说明计划在正常执行。一般来说，企业的效益是随物流量和物流速度的增大而提高。保证物料正常流动，直接体现了企业的效益。

任何物料的存在都是由于某种需求。ERP 系统为物料管理提供了有效的工具，使得各种计划既用物料单位表示，也用货币单位表示，从而向企业高层领导提供切实可行的可选方案。

## 5.2 库存目的和费用

库存是为了保证生产和客户服务正常进行的一切存储的物料，包括原材料、在制品(WIP)、最终产品、在途产品以及用于维护、修理和日常运作的物料(MRO)。

库存是对生产的支持，又是生产的结果。库存量如同一个大湖的水量，水位高了会淹没湖下的“礁石”，这些“礁石”如同管理工作中的问题，如计划不周、质量不高、设备保养差等。水位高了，虽然有利于通航，但这些被掩盖的问题却不能暴露出来，也不能得到彻底解决，以至于随时可能出现问题。因此，库存量过大被喻为“众弊之源”。因此，控制库存量是物料管理的一项重要内容。

### 5.2.1 库存目的

任何物料的库存总是有某种目的，通常可把库存的目的归纳为五种类型。

#### 1. 安全库存

需求和供应都可能出现偏离计划或预测的情况。为了不中断生产，在计划需求量之外经常保持一定量的库存作为安全储备。安全库存量不是不变的，更不是所有物料都需要有安全库存。对物料清单上层的物料，确定其安全库存时要特别慎重，处理不当会造成连锁反应，使库存失控。应当注意，预测的准确性、市场和供应的稳定性、生产率的高低、提前期的长短都会影响安全库存量。因此，要随情况的变化调整安全库存量。

#### 2. 预期库存

受季节供应影响的外购物料，受季节市场变化影响的产品，或为工厂节假日以及设备检修事先做好储备，统称预期库存。

#### 3. 批量库存

受供应、加工、运输、包装或者达到一定批量可以享受折扣优惠等因素的影响，在实际需求的基础上调整订货批量所形成的库存。

#### 4. 在途库存

对厂内来说，在途库存指在工序之间传送、等待、缓冲而形成的在制品库存；对厂外来说，在途库存指为保持连续向用户供货而保有的在运输途中的物料。

#### 5. 囤积库存

针对通货膨胀或市场物料短缺的趋势而储备的生产必需物料。

总之，如果没有目的就没有储存物料的必要，这是控制库存的原则。有的 ERP 软件可以根据用户的规定，把超过一定时间而未发生任何事务处理的物料报告出来，称为超储报告，供用户用于分析库存呆滞的原因，以便采取必要的措施。

### 5.2.2　库存费用

库存费用要考虑的因素有 4 个方面。

#### 1. 物料本身的价值

即物料的单位标准成本或计划价格。

#### 2. 订货费用

指为获取物料所要支付的费用，如准备订单、洽商、运输、搬运、验收、办公管理等费用。订货费用同订货批量和次数有关。

#### 3. 保管费用

指为保存物料而支付的费用，如利息、折旧、损耗、财产税、保险等。现代管理把库存占用资金的机会成本也计入保管费中，而机会成本占保管费的比例在 40%以上。保管费用往往用占库存价值的百分比来表示。保管费用可占到库存价值的 20%～35%。

#### 4. 短缺损失

指由于物料短缺造成的损失。例如，非正常的补充订货比正常订货要增加额外的开支，为补足短缺造成加班加点的额外支出，未按期交货引起客户索赔、撤销合同甚至丧失市场等经济损失。

以上几项费用相互影响，例如，库存量大可能短缺损失小，但订货和保管费用高；订货次数多，每次批量小，则保管费用低但订货费用高。控制库存就是要权衡这些费用，使总费用最低，以达到降低成本的目的。

## 5.3 » 订货批量

### 5.3.1　确定订货批量的方法

确定订货批量的目标有两个方面，即使得所涉及的成本之和最小，使客户服务水平最高。

下面介绍几种常用的确定订货批量的方法，即固定订货批量法、经济订货批量法、按需确定批量法和时区订货批量法。其中，两种方法都是确定一个固定的批量，每次都按这个批量订货。后两种方法的订货批量是变动的，根据一个或几个后续计划时区内的净需求量来确定批量，使订货批量与净需求量相等，因此，不会产生剩余物料不足以满足下一个计划时区的需求的情况。

### 1. 固定订货批量法

固定订货批量法(fixed order quantity，FOQ)可用于 MRP 控制下的所有物料，但在实践中，通常只限于订货费用比较大的部分物料。对这些物料，根据净需求量的大小变化而不断发出订货是不上算的。所以，常采用固定批量的形式订货，订货的数量可以根据经验来决定。

以表 5.1 为例，其中，9 个时区的净需求量数值将沿用于以下对各种订货量方法的讨论中。

表 5.1 固定订货批量法

| 时 区 | 1 | 2 | 3 | 4 | 5 | 6 | 7 | 8 | 9 | 总 计 |
|---|---|---|---|---|---|---|---|---|---|---|
| 净需求 | 35 | 10 | | 40 | | 20 | 5 | 10 | 30 | 150 |
| 计划订货量 | 60 | | | 60 | | | | | 60 | 180 |

### 2. 经济订货批量法

经济订货批量法(economic order quantity，EOQ)是一种早在 1915 年就开始使用的批量方法，它假定需求均匀发生，从而平均库存量是订货批量的一半。其基本出发点是使订货费用和保管费用之和最小，如图 5.1 所示。

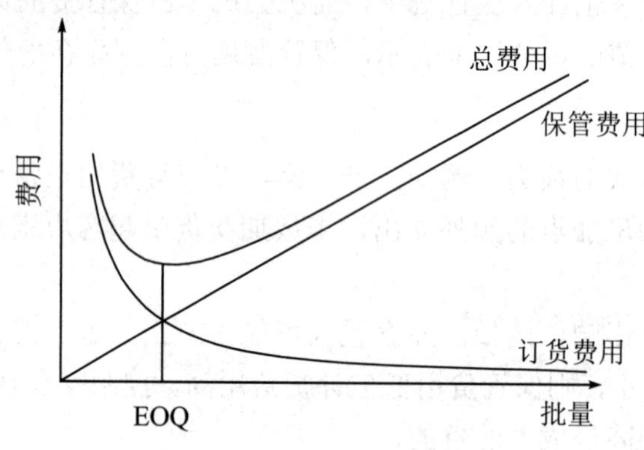


图 5.1 经济订货批量(EOQ)

确定经济订货量 EOQ 的公式如下：

$$EOQ=\sqrt{\frac{2RS}{IC}}$$

式中，$R$ 为年需求量，$S$ 为一次订货费用，$I$ 为年保管费用占平均库存值的百分比，$C$ 为物料单价。

假定例中的时区单位是月，并假定各种有关的费用数据为：$S$=100，$C$=50，$I$=0.24。年需求量可从 9 个月的需求量推算出来，即 9∶150=12∶$R$，求得 $R$=200。

将这些数据代入上式，求得

$$Q=\sqrt{\frac{2\times200\times100}{0.24\times50}}=58$$

表 5.2 表示了用 EOQ 方法确定批量的结果。

**表 5.2 经济订货批量法**

| 时 区 | 1 | 2 | 3 | 4 | 5 | 6 | 7 | 8 | 9 | 总 计 |
|---|---|---|---|---|---|---|---|---|---|---|
| 净需求 | 35 | 10 | | 40 | | 20 | 5 | 10 | 30 | 150 |
| 计划订货量 | 58 | | | 58 | | | | 58 | | 174 |

### 3. 按需确定批量法

按需确定批量法(lot for lot)是根据各时区的净需求量来决定订货量，需要多少订多少，也称为直接批量法。每当净需求量改变时，相应的订货量也随之动态地调整。采用这种方法也可以降低物料存储费用，因而常用于价值较高和需求极不连续的外购件及制造件，参考表 5.3。

**表 5.3 按需确定批量法**

| 时 区 | 1 | 2 | 3 | 4 | 5 | 6 | 7 | 8 | 9 | 总 计 |
|---|---|---|---|---|---|---|---|---|---|---|
| 净需求 | 35 | 10 | | 40 | | 20 | 5 | 10 | 30 | 150 |
| 计划订货量 | 35 | 10 | | 40 | | 20 | 5 | 10 | 30 | 150 |

### 4. 时区订货批量法

时区订货批量法(period order quantity，POQ)是一种为适应间断性需求环境而在 EOQ 的基础上修改而得的方法。使用这种方法，首先要确定每次订货所覆盖的时区数。方法是根据各时区已知的净需求量数据，用标准的 EOQ 方法算出每年的订货次数。然后，用一年的总时区数除以订货次数，即得到每次订货所覆盖的时区数，而每次订货覆盖这几个时区内的所有需求。在这里，每次订货所覆盖的时区数是常数，而订货批量是变数，这是和固定订货批量法相反的，如表 5.4 所示。

**表 5.4 时区订货批量法**

| 时 区 | 1 | 2 | 3 | 4 | 5 | 6 | 7 | 8 | 9 | 总 计 |
|---|---|---|---|---|---|---|---|---|---|---|
| 净需求 | 35 | 10 | | 40 | | 20 | 5 | 10 | 30 | 150 |
| 计划订货量 | 45 | | | 60 | | | 45 | | | 150 |

EOQ=58

一年的时区数=12

年需求量=200

$$\frac{200}{58}=3.45$$ (每年订货约 3.45 次)

$$\frac{12}{3.45}=3.48$$ (每次订货覆盖 3.48 个月，约为 3 个月)

### 5.3.2 批量调整因子

不管计划订货批量是采用哪一种方法确定的，在实际执行时，都会由于某些因素而必须加以调整。这时主要考虑下列几个因素：订货的上限和下限(或最大订货量和最小订货量)、报废率、批量倍数。

前面介绍的任何一种批量确定方法在确定批量时都可能受到订货数量的下限和上限的约束。其中一种下限在前面已经提到过，这就是计算出的订货批量至少应该等于这批订货覆盖区间的净需求量总和。下限和上限可用绝对的数字来表示，也可以用所要覆盖的时区数来表示。订货的上限和下限通常由管理部门加以限定。

报废率，又称为损耗系数。在决定订货批量时，要按这个系数增加一定的余量，以便弥补在加工过程中可能会发生的报废或损失，从而保证有足够数量的完好成品满足需求。报废率既可以用数量来表示，也可以用相对于订货量的百分比来表示。

批量倍数，可能是出于加工工艺方面的考虑，也可能是出于包装方面的考虑，使得必须把按批量算法求得的批量向上调整到某一个数的倍数。例如，批量算法本身是不考虑原材料的下料方式的，因此，所确定的批量可能会在下料时产生问题。如果在为某种制造项目下料时，一定尺寸的钢板恰好切成 9 块料，而由批量算法算出的订货批量是 30，那么在下料时第 4 块钢板就会出现零头。为了避免这种情况，则应把订货批量调整为 36(此时的最小订货量是 9)。又如，在采购的情况下，对于我们要采购的某项物料，供应商是装箱卖的，25 件装一箱，最少买两箱。于是，批量倍数为 25，最小订货量是 50。

## 5.4 安全库存和安全提前期

由于大量不确定因素的存在，需求和供应总是难免有不平衡的情况。为了弥补可能出现的不平衡，需要在供需之间增加缓冲的手段：一种是安全库存，靠增加一定的库存量来起到缓冲的作用；另一种是安全提前期，靠供应时间上的余量来起到缓冲的作用。两种安全参数都是为了提高客户服务水平。

安全库存是一个按照计划总是要保持在库房中的库存数量，以便于在意外的情况下使用。例如，保存某种物料 500 件作为安全库存。

主生产计划员和计划员必须理解为什么要使用安全库存以及安全库存对主生产计划和物料需求计划的作用。

设置安全库存无疑要增加库存管理的成本，所以在物料清单的那个层次上设置安全库存应当慎重考虑。以下是一些可供选择的策略。

(1) 对于提前期很长的物料设置安全库存。这样可以缩短产品的累积提前期。

(2) 对选项设置安全库存。有时在一个产品族中有很多产品，这些产品是由基本配置和众多的不同选项构成的。在这种情况下，对产品族作预测往往要比对具体的产品作预测更准确。而对产品族作预测本质上是对产品的基本配置作预测，所以意外情况多出现在选项上。因此，对选项设置安全库存是适当的。

(3) 对于用户希望随时都有的产品设置安全库存。在很多情况下，客户希望生产商的某些产品随时都有，如果没有，客户会感到失望和不可接受。但是，对另外一些产品，如果客户买不到则不会产生强烈的不满。

**【例 5.2】** 在一个汽车维修站，客户希望汽油以及某些汽车配件，如风扇皮带、滤油器等随时都有，而不愿意等待；如果要更换电池或者火花塞，客户或许愿意等一天或两天；但是，如果客户要求为一辆 1975 年生产的福特牌汽车更换零件，如果维修站没有，客户则不会感到强烈的不满。所以，对于用户希望随时都有的产品，应当设置安全库存。

安全提前期则是要求一项物料在其实际需求发生之前完成采购交货或完成生产的一种方法。例如，要求一项采购物料在其实际需求发生之前 2 周交货，则说安全提前期为 2 周。安全提前期和安全库存的作用是类似的，都是为了缓冲供需的不平衡性。安全提前期的效果是保持一个最小库存量。这个最小库存量是安全提前期内的毛需求量之和。

一般来说，安全库存是针对供需数量不确定性比较大的物料，如备品备件以及面向订单装配产品的公用件和可选件。对供需时间的不确定性，如受运输或其他因素影响，不能如期抵达的采购件或完工产品，则会采用安全提前期。

同安全库存相比，安全提前期占用资金比较少。在库存资金占用相近的情况下，安全库存对满足客户服务水平更有保证，系统的处理也更简单。

另外，正如在前面提到的，安全提前期比安全库存更容易更新。而对于促销等临时的需求变化，使用安全提前期也比安全库存更容易处理一些。

## 5.5 » 库存准确度

在 MRP 环境下，计算机中的库存记录数据(现有库存)准确度必须至少达到 95%。达不到这个准确度，是不能实现主生产计划和运行 MRP 的。由于库存记录数据是编制物料需求计划的启动数据，所以非常重要。如果对某项物料的库存记录数据不准确，那么，该项物料的计划也将是不正确的。由此产生的订单也是错误的，根据订单展开所得到的所有下层物料项目的毛需求也是错误的。正所谓“进去的是垃圾，出来的也是垃圾”。垃圾数据当然不能用来指导生产，因此计划的编制失去了意义。

那么，95%意味着什么呢？其含义是，计算机中所存的现有库存数据和库房中实际存于货架上的项目相匹配的程度达到 95%。

这里需要引入计数容限的概念。计数容限即所允许的相对误差。例如，螺母、螺栓之类的物料项目通常不采用清点计数的方法，而采用测量计数的方法。例如称重计数的方法，是将库存物料称重，然后通过一个转换因子转换成件数。如果测量是准确的而且零件重量也是准确的，显然不必要求物料项目的实际数量和计算机记录完全匹配。同样，对液体物料可以采用量体计数的方法。对于每个测量计数的物料项目都确定一个计数容限。如果计数容限是±3%，任何实际的计数如果和计算机记录的相对误差不超过 3%，则可以作为准确数据来接受。

现在可以重新解释“准确度为 95%”的含义：对 95%的库存物料来说，计算机中所存的库存余额数据和库房中存于货架上的实际数量在计数容限内相匹配。

确定库存记录准确度的方法是：以一项物料的实际盘点数为分母，以实际盘点数与库存记录数之差的绝对值作分子，得到一个分数。将此分数化为百分数，如不超过计数容限，则认为此项物料的库存记录是准确的，否则认为是不准确的。然后，以物料总数为分母，以库存记录数据准确的物料数为分子，又得到一个分数，再将此分数化为百分数即是库存记录数据准确度的百分比。

确定计数容限常用的规则列举如下。

- 项目的价值：一般来说，低值的物料项目可以比高值的物料项目有更高的计数容限。
- 提前期：提前期越长，计数容限越低。
- 项目在产品中的关键程度：越是关键的物料，其计数容限越低，甚至为零。例如，一项物料处于物料清单的高层则应有较低的计数容限。

经验表明，成功的 ERP 用户所用计数容限的范围不超过 5%。

# 5.6 » ABC 分析和循环盘点

## 5.6.1 ABC 分析

物料 ABC 分类的依据是帕累托定律。帕累托是 19 世纪意大利一位经济学家，他发现当时意大利 80%的财富集中在 20%的人手里。后来人们发现很多场合都服从这一规律，于是称之为帕累托定律。

在一个企业中有很多库存物料。在 ERP 环境下，这些物料的库存记录都必须是准确的。为了保证物料库存记录的准确性，必须做大量的盘点工作。但是，这些物料对于企业生产运作的重要性并非都是一样的，它们也服从帕累托定律。换言之，一定有大部分的物料价值集中在少数的物料上，这些物料是 A 类物料；还会有大量的物料只占少量的价值，这类物料是 C 类物料；处于中间状态的是 B 类物料。于是，我们应当更严格地关注 A 类物料，对其采用比较高的盘点频率和比较低的计数容限进行循环盘点。而对于 B 类物料和 C 类物料的关注则可以相对宽松一些。通过这样的方法，既可达到 ERP 系统对库存记录准确度的要求，又降低了相关的成本。

ERP 软件一般都有对物料进行 ABC 分类的功能。做法如下：假定 A、B、C 三类物料分别占全部物料总价值的 80%、15%和 5%，那么只需将所有物料按使用价值(用量×单位成本)排序，然后按所排次序逐项累加，累加到占总价值 80%所涉及的物料属于 A 类，再继续累加到占总价值 95%所涉及的物料属于 B 类，其余物料属于 C 类，如图

5.5 所示。

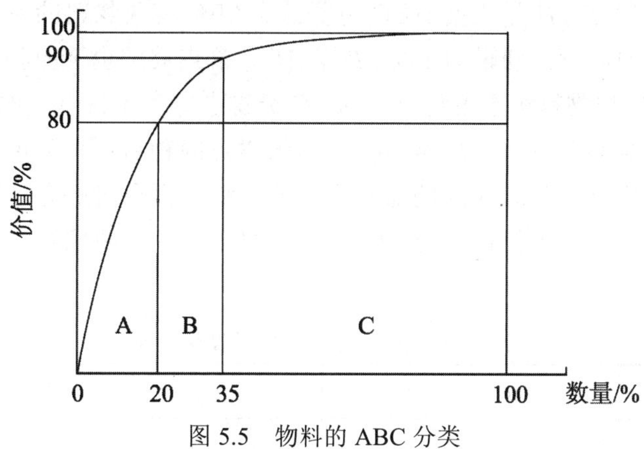


图 5.5　物料的 ABC 分类

## 5.6.2　循环盘点

循环盘点是得到并保持库存记录准确性的有效途径，是指每天对库存中的部分物料项目进行盘点，从而使一年中对所有物料项目的盘点次数达到预定的值。对一项物料进行盘点的时间间隔称为该项物料的盘点周期。一年中对某项物料进行盘点的次数，称为该项物料的盘点频率。

### 1. 循环盘点的目标

1) 发现出错原因，并消除之

每当发现库存错误，就要校正库存记录，同时找出原因。这些原因可能是库存安全没有得到切实保证，软件故障或不合理的规程，对库房人员培训不足等。一旦发现，应立即纠正，避免错误再次出现。

2) 检测系统运行结果

循环盘点可以对工作现状作出评价。定期地给出关于库存准确度的百分数，可以使人们知道库存记录是否足够准确。

3) 校正不准确的记录

当循环盘点的结果和计算机中的记录不相匹配时，应当重新清点有关项目。如果两次清点的结果相同，则应校正计算机中所存的库存余额记录。

4) 取消年度库存盘点

年度库存盘点一般是出于财务审查的目的。由于库存记录的准确度已达到了 95%，所以，年度盘点已无必要，从而可以消除由于年度盘点而造成的停产。

5) 提高循环盘点人员的素质

通过循环盘点，盘点人员能熟练地识别零件，获得精确的记录，调整偏差，找到解决系统错误的方法，使得库存记录更精确。

### 2. 基于 ABC 分类的循环盘点

最常见的循环盘点方法是依据 ABC 分类法。ABC 三类物料的库存记录准确性计数容限不应相同，例如，可分别设为 1%，2%，5%。盘点周期也不应相同，例如，A 类物料每月盘点一次，B 类物料每季度盘点一次，C 类物产每半年盘点一次。于是得到 A、B、C 三类物料的盘点频率分别是 12、4 和 2。每天盘点的物料项目数可按如下方法求得：先按类分别求出物料项目数与相应的盘点频率的乘积，再求出所有这些乘积之和，然后把所得到的和除以一年的工作日数。按上面设定的盘点频率，我们给出一个例子如表 5.13 所示。

表 5.13 基于 ABC 分类的循环盘点

| 物料类别 | 物料项目数 | 盘点频率 | 盘点物料项目数 |
|---|---|---|---|
| A | 250 | 12 | 3 000 |
| B | 1 500 | 4 | 6 000 |
| C | 4 000 | 2 | 8 000 |
| 总计 | | | 17 000 |
| 每年工作日 | | | 250 |
| 每天盘点物料项目数 | | | 68 |

还有一些其他类型的循环盘点方法，限于篇幅，不再介绍。

循环盘点可以当作一项制度，同时也允许在特别需要时做一次特别盘点。

在循环盘点之后，应产生一份循环盘点报告。报告中包括所盘点的物料的代码、存放地点、度量单位、原记录数量、盘点数量、库存记录准确度百分比等重要信息。如果盘点结果与库存记录之间出现偏差，则要进行分析。如果偏差在计数容限范围之内，则将库存记录调整为盘点结果。如果偏差超出了计数容限，则作出标记，留待进一步处理，其中包括查找出错原因并消除之。

## 思考题

1. 物料管理的目标是什么？
2. 库存的目的有哪些？库存管理要发生哪些费用？
3. 确定订货批量的方法有哪些？
4. 为什么要使用批量调整因子？批量调整因子有哪些？
5. 什么是安全库存？什么是安全提前期？
6. 在 ERP 环境下，库存记录的准确度至少应当达到多少？如何达到所要求的准确度？
7. 在物料管理过程中，为什么要对物料进行 ABC 分类？它的原理和方法是什么？
8. 如何进行基于 ABC 分类的循环盘点？

## 习题

1. 下面哪些库存事务应当在计算机中进行处理？(　　)
   A. 当一些物料从一个库位移到另一个库位时
   B. 当从某供应商那里接收货物时
   C. 当一些物料从一道工序移到下一道工序时
   D. 上面说的各种情况
2. 如何计算库存周转率？(　　)
   A. 平均库存量除以总资产　　B. 年售出货物成本除以平均库存价值
   C. 平均库存量除以所有者权益　　D. 销售额除以销售成本
3. 某公司年总产值为 80 000 000，库存成本占总产值的 75%。假定库存保管成本占库存价值的 25%。如果库存周转率从 2 提高到 3，那么增加的现金和利润各是多少？(　　)
   A. 10 000 000，2 000 000　　B. 12 000 000，3 000 000
   C. 8 000 000，1 500 000　　D. 10 000 000，2 500 000
4. 下面哪种类型的库存用于应对供需波动？(　　)
   A. 周转库存　　B. 普通库存　　C. 安全库存　　D. 季节库存
5. 如下哪一项库存为季节性需求提供了缓冲？(　　)
   A. 批量库存　　B. 波动库存　　C. 预期库存　　D. 供应商管理的库存
6. 如下哪一项表述了由于所采用的订货批量大于所需要的数量而形成的库存？(　　)
   A. 波动库存　　B. 批量库存　　C. 在途库存　　D. 计划接受量
7. 如果订货数量增加，而年需求量不变，如下哪种情况将会出现？(　　)
   A. 保管成本增加，订货成本也增加　　B. 保管成本增加，而订货成本减少
   C. 保管成本和订货成本都不变　　D. 保管成本减少，订货成本也减少
8. 如果物料的保管成本提高，而其他参数保持不变，经济订货批量将有什么变化？(　　)
   A. 仅在一个订货周期稍有降低
   B. 将增加，且直到保管成本再次调整之前保持不变
   C. 将减少，且直到保管成本再次调整之前保持不变
   D. 没有影响
9. 根据经济订货批量的原则，如果增大订货批量，下面哪一项成本将增加？(　　)
   A. 年库存保管成本　　B. 订货成本
   C. 生产运作成本　　D. 客户服务成本
10. 供应商对一项物料建立的最小供货量是 50 件，订货倍数是 10 件。如果某公司要采购该物料 10 件，应当如何做？(　　)
    A. 按订货倍数，订货 10 件
    B. 按最小供货量订货 50 件
    C. 按订货倍数和最小供货量之和，订货 60 件
    D. 订货 50 件，收到并检验以后拒收 40 件

11. 如下哪种物料最适合于应用按需订货的批量策略？(　　)

A. 成本价值高的物料　　B. 准备成本高的物料

C. 具有均衡而连续需求的物料　　D. 固定批量的物料

12. 如下哪一项关于 MRP 和安全库存的陈述是正确的？(　　)

A. MRP 使用安全库存来满足需求

B. MRP 在它的计算中忽略安全库存

C. MRP 产生计划订单来维护安全库存水平

D. MRP 对所有的物料在所有的层次上提供安全库存

13. 准确的库存记录必须有如下哪些信息？(　　)

A. 物料的代码、描述、数量和位置

B. 物料成本、订货点和安全库存

C. 销售记录、预测和生产计划

D. 订货点、数量和成本

14. 如下哪一项最好地表述了物料的 ABC 分类和控制的本质特征？(　　)

A. 对所有物料应当有同样水平的控制

B. 有少量的物料占了年物料使用价值的大部分

C. 物料需要紧密的控制

D. 库存记录准确性是重要的

15. 库存的 ABC 分类是根据如下哪一项进行的物料分类方法？(　　)

A. 物料功能　　B. 物料类型　　C. 存储要求　　D. 年使用价值

16. 如下哪一项关于 ABC 分类法的陈述是正确的？(　　)

A. 每年 A 类物料的盘点次数要比 B 类物料的盘点次数多 3 次

B. 是一个最实用的方法

C. 需要计算机去决定 ABC 各类物料的价值

D. 强调关注高价值的物料

17. 循环盘点是(　　)。

A. 在每个财务年度检测库存准确度的一种方法

B. 通过每天选择一部分物料进行盘点来检测库存准确度的一种方法

C. 通过记录一年中的库存调整来检测每年实际库存的一种方法

D. 以上说法都不对

18. 循环盘点的主要目的是(　　)。

A. 减少直接劳力成本　　B. 减少每年的盘点次数

C. 补充库存　　D. 发现库存错误的原因，并消除之

19. 假定一个公司有 7 500 项物料，其中有 750 项 A 类物料，2 000 项 B 类物料。如果每年计划盘点 A 类物料 3 次，B 类物料 2 次，C 类物料 1 次，那么每年需要作多少次盘点？(　　)

A. 11 000　　B. 9 000　　C. 13 000　　D. 以上说法都不对

20. 根据下面的循环盘点表，如下哪项关于 ABC 三类物料的库存准确度的表述是正确的？(　　)

| 物料代码 | 物料描述 | ABC 分类 | 容差 | 盘点 | | 计算机中 | |
|---|---|---|---|---|---|---|---|
| | | | | 数量 | 位置 | 数量 | 位置 |
| 123 | 发动机 | A | 0 | 96 | 4D6 | 98 | 4D6 |
| 133 | 铸件 | A | 0 | 81 | 2S2 | 81 | 2S2 |
| 137 | 离合器 | A | 0 | 41 | 8C1 | 41 | 8C1 |
| 304 | 排挡 | A | 0 | 320 | 3AC | 320 | 3AC |
| 541 | 小齿轮 | B | 2% | 0 | 7X3 | 21 | 7X3 |
| 610 | 螺栓 3/4 | C | 3% | 616 | 4D3 | 600 | 4D3 |
| 773 | 轴衬 | C | 3% | 480 | 8E0 | 500 | 8E0 |

A. 75%，0%，50%　　B. 78%，20%，50%

C. 85%，10%，40%　　D. 75%，30%，40%

# 第6章

# 需求管理——企业运营的源头

一个公司的最主要目标是在满足客户需求的过程中获取利润。市场和销售部门关注于满足客户的需求，而生产部门必须提供相应的产品来实现市场和销售部门的目标。这两个领域的计划协调就是需求管理(demand management)。

生产计划和活动是由需求驱动的。需求管理是识别和管理对产品的所有需求的功能，其目的在于建立关于未来需求的最合理的计划，并且当有变化时及时更新这个计划。通过有效地管理不同的需求，可以避免对销售与运营规划以及主生产计划的无意义的改变，并尽早发现有意义的市场变化，从而可以采取相应的应对措施。

在制造业企业中，预测和客户订单是制定经营规划、销售与运营规划以及主生产计划过程的起点，而分销则是确保满足客户需求的过程。

有效的需求管理的本质是好的交流、迅速的反馈和明确的责任。计算机作为有效的需求管理系统的工具，可以用来支持这些重要的行动。

## 6.1 » 预测

### 6.1.1 为什么要预测

预测是计划的前奏。在制订计划之前，必须预测未来一段时间内的需求。如果没有一定形式的预测，计划则很难进行。

大多数公司都不能等收到客户的订单时才开始计划生产。在激烈的竞争环境中，客户所要求的交货提前期往往短于产品的生产提前期。于是，在接到客户订单之前必须进行预测，并根据预测先把一些工作做好，以便缩短交货时间来满足需求。

制造标准产品的制造商一般采用面向库存生产的方式。这些公司需要做好准备，使产品马上能够用于销售。

面向订单生产的制造商不能在接到客户订单之前先进行生产，但是他们必须准备好人力资源和机器设备，以满足可能的需求。有时，一些采购提前期很长的原材料或零部件也必须根据预测做好准备。

面向订单装配的制造商应当在接到客户订单前准备好基本组件，以便于在短时间内装配成产品来满足需求。

以上的讨论如图 6.1 所示。

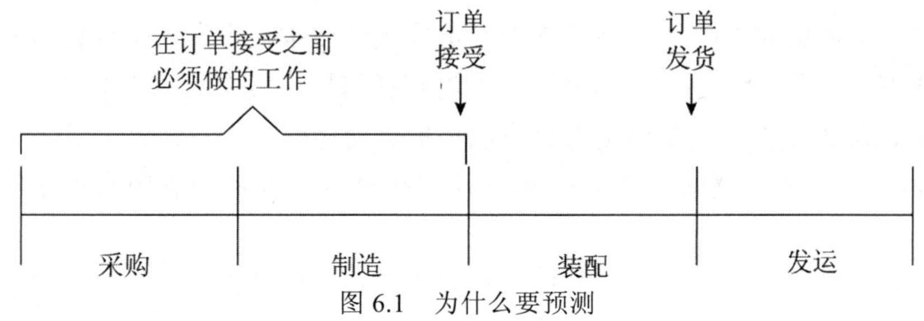


图 6.1　为什么要预测

只有独立需求需要预测。这些通常都是最终产品，但是也可以包括大的部件、备用部件以及供应给同一公司其他工厂的部件(公司内部使用)。对非独立需求不需要进行预测，可以从对独立需求产品的计算中得到。

## 6.1.2　预测的特征

预测有 4 个主要特征。理解这些特征可以使我们更有效地应用预测。这些特征都是简单的，从某种意义上说，甚至都是一些常识。

(1) 预测通常都会出错。预测试图了解未知的未来，除非运气特别好，否则预测错误是不可避免的，我们对此应当有心理准备。

(2) 每个预测都应该包含一定的误差估计。既然预测会出现错误，那么真正的问题在于“错多少”?每个预测都应该包含误差估计，误差估计通常表示为百分比(正和负)。对误差的估计可以通过研究需求与平均需求之间的变化，应用统计学的方法来完成。

(3) 对产品族的预测更加准确。即使产品族有很稳定的特征，其中单个产品的行为也可以是随机的。例如，在一个班级中，预测每个学生的考试分数总是比预测一个班级的平均分数更困难。类似的，对产品族的预测要比对产品族中单个产品的预测更加准确。

(4) 时间越近，预测越准确。眼前的未来比长远的未来更具有确定性。大多数人对预测下个星期要做什么比预测一年以后要做什么更有信心。因为在很多情况下，人们对明天的预期会与今天差不多。同样，对一个公司来说，近期的需求比远期的需求更容易预测。所以，任何可以缩短提前期的措施都将改善预测的准确性。

## 6.1.3　预测技术

预测的方法有多种，通常分为定性预测技术和定量预测技术；又可以根据所使用的数据或信息的来源分为外部预测技术和内部预测技术。

定性预测和定量预测既可以基于内部信息来进行，也可以基于外部信息来进行。

### 1. 定性预测技术和定量预测技术

1) 定性预测技术

定性预测技术(qualitative forecasting techniques)是基于直觉、经验和某些知识进行判断的预测技术。从本质上说，定性预测是主观的，它常用于预测业务走势以及在未来较长时区内对大产品族的潜在需求。因此，这种方法主要是被高层管理人员使用。生产和库存预测通常关心的是对特定产品的需求，定性预测技术很少适用于这种情况。

当试图对一个新产品进行预测时，由于没有任何历史资料可以作为预测的基础，在这种情况下，市场调查方法及历史类比方法可能会使用到。

市场调查是一种系统的、规范的和有意识地对客户观点和意向进行了解与确定的方法。

历史类比方法是基于对同类产品的市场导入及成长的比较分析，由此希望新产品也走同样的路。另一个方法则是用产品去测试市场。

还有其他一些定性预测方法。例如，德尔菲(delphi)法，即组织一些专家对可能会发生的事情发表各自的意见和看法。

2) 定量预测技术

定量预测技术(quantitative forecasting techniques)所依据的前提是过去的需求是未来需求的好的指标。定量预测技术依赖于数学公式来分析历史的需求模式并预测未来的需求。定量预测技术有多种类型，最常用的是移动平均、指数平滑和回归分析等技术。

### 2. 外部预测技术和内部预测技术

1) 外部预测技术

外部预测技术(extrinsic forecasting techniques)是根据对一个公司产品需求相关的外部指标所进行的预测。例如，从建筑物开工率高，可以预测出建筑材料需求增长；从婴儿出生率高，可预测出婴儿用品需求增长；从居民可支配收入增加，可预测出旅游或高档消费品需求增长；汽油的消费量随着汽车销售量的增长而增长……

这里，建筑物开工率、婴儿出生率、居民可支配收入、汽车销售量等都称为外部指标。通过对于这些外部指标的预测，可以得到我们所需要的预测。

建筑物开工率和汽油消费量都是经济指标(economic indicators)，它们显示在某一特定时区的主要经济状况。其他常用的经济指标还有建筑合同、汽车生产、农产品收获、钢铁生产以及国民总收入等。这类数据由不同的政府部门、金融报纸杂志、贸易协会及银行等机构编撰发表。

使用外部预测技术，重要的问题在于找到与所关注的需求相关的指标，最好是引导需求的指标，也就是在需求发生之前具有提示性的指标。例如，在一个时区准许的建筑合同数量或许决定了下一个时区建筑材料的销售量。如果找不到引导需求的指标，也可以使用政府部门或机构预测的非引导指标。从某种意义上来说，这是根据一种预测来作另一种预测。

在对一个公司产品的总需求或产品族需求进行预测时，外部预测是很有用的工具。因此，外部预测经常用于企业的经营规划和生产规划，而不是用来预测单个的最终产品。

2) 内部预测技术

内部预测技术(intrinsic forecasting techniques)是应用历史数据进行预测。这些数据经常是记录在公司内部，并且随时可供使用。内部预测技术的基本假设是，过去发生的将来还会发生。

在主生产计划的计划展望期内，需要对最终产品的需求进行预测。此时经常使用内部预测的方法。

下面介绍一些重要的内部预测技术。

(1) 简单的内部预测法。假设在 2015 年中，对某一特定产品的月需求量如表 6.1 所示。

**表 6.1　2015 年 12 个月的历史需求数据**

| 月份 | 1 | 2 | 3 | 4 | 5 | 6 | 7 | 8 | 9 | 10 | 11 | 12 |
|---|---|---|---|---|---|---|---|---|---|---|---|---|
| 历史需求数据 | 92 | 83 | 66 | 74 | 75 | 84 | 84 | 81 | 75 | 63 | 91 | 84 |

假设现在是 12 月底，我们想对 2016 年 1 月份的需求进行预测，可以使用以下几个规则。

- 这个月的需求等于上个月的需求

于是，1 月的需求预测将是 84，等于 12 月的需求。这好像看起来太简单，但是如果月与月之间的需求没有太多的变化，这一规则或许还是很有用的。

- 这个月的需求等于 2015 年同期的需求

于是，1 月的需求预测将是 92，与 2015 年 1 月的相同。如果需求是季节性的，并且没有什么需求变化的趋势，这一规则是相当适用的。

这些规则都是基于过去某一个月或某一个时间段的需求数据，如果需求有明显的随机变化，那么这些规则的作用就相当有限了。

通常，将历史需求平均化是一种较好的方法，因为这样可以减少随机变化的影响。

(2) 移动平均法。即使用最近几个时区的平均需求作为对下一个时区的预测。在下一个时区末，去除最近几个时区的第 1 个时区的需求，增加最近一个时区的需求，然后算出新的平均需求用作下一个时区预测。预测总是基于某一特定数量的时区内的实际需求的平均数得到的。

例如，假设我们决定使用 3 个月的移动平均，数据来源于表 6.1。根据 10 月、11 月和 12 月的需求数据，1 月份的需求将是：

$$\frac{63+91+84}{3}=79$$

现在假设 1 月份的需求是 90 而不是 79，那么 2 月份的预测计算如下：

$$\frac{91+84+90}{3}=88$$

在以上的讨论中，1 月份的预测值是 79，2 月份的预测值是 88，预测值上升了。这是因为加上了 1 月份较高的需求值，而去掉了 10 月份较低的需求值。如果使用更多的时区，例如 6 个月，预测值就不会变化得如此迅速。移动平均所包括的月数越少，最后的信息所占的权重就越大，预测对需求变化趋势的反映越灵敏。然而，移动平均预测对需求变化趋势的反应总是滞后的。例如，参看以下过去 5 个时区的历史需求数据：

| 时区 | 需求 |
|---|---|
| 1 | 1 000 |
| 2 | 2 000 |
| 3 | 3 000 |
| 4 | 4 000 |
| 5 | 5 000 |

从中，我们看到了一个上升的趋势。如果我们使用 5 个时区移动平均，第 6 个时区的预测是(1 000＋2 000＋3 000＋4000＋5 000)÷5＝3 000。预测看起来不很准确，因为预测大大地落后于实际需求。然而，如果使用 3 个时区移动平均，预测是(3 000＋4 000＋5 000)÷3＝4 000。虽然仍不是完美的，但是好了一些。这里应当指出的是，移动平均总是滞后于需求变化的趋势，移动平均包括的时区越多，滞后越多。

另一方面，如果需求没有变化的趋势，而只是随机地变化，那么移动平均所使用的时区数越少，则越反映出需求的随机波动，而不是反映平均需求。参看以下历史需求数据：

| 时区 | 需求 |
|---|---|
| 1 | 2 000 |
| 2 | 5 000 |
| 3 | 3 000 |
| 4 | 1 000 |
| 5 | 4 000 |

需求没有变化趋势，只是随机的变化。如果使用 5 个时区的移动平均，那么对第 6 个时区的需求是 3 000。而如果使用两个时区平均，则对第 3 个时区、第 4 个时区、第 5 个时区和第 6 个时区的预测分别是：

第 3 个时区的预测＝(2 000＋5 000)÷2＝3 500

第 4 个时区的预测＝(5 000＋3 000)÷2＝4 000

第 5 个时区的预测＝(3 000＋1 000)÷2＝2 000

第 6 个时区的预测＝(1 000＋4 000)÷2＝2 500

可以看出，使用两个时区的移动平均，预测可以快速地反映最近的需求。

移动平均最适合于具有稳定需求的产品，这样的产品几乎没有需求变化的趋势或季节性变化。同时，移动平均也可以用来过滤随机的变化。因为一般来说，高需求期过后往往跟随着低需求期。

使用移动平均的一个缺点是，需要对每一个预测产品保留多个时区的历史需求数据。这将需要大量的计算机存储或人工努力，而且计算起来也很繁琐。

(3) 指数平滑法。经常使用的另一项预测技术叫做指数平滑(exponential smoothing)。要得到移动平均，其实不必保留那么多个时区的历史需求数据。因为在计算以前的预测时，这些数据已经起了作用。因此，可以基于以前的预测及新的实际需求数据来得到新的预测。

指数平滑需要知道两个参数，即预测初值和平滑因子，然后用迭代的方法计算出各个时区的预测。指数平滑所依据的公式是：

$$本期预测=上期预测+校正因子 \tag{6.1}$$

**【例 6.1】** 指数平滑预测初值 $F$=74(由其他方法得出)，平滑因子$\alpha$=0.25，于是可以得到表 6.2 所示的迭代过程。

**表 6.2　指数平滑**

| 时　区 | 预测($F$) | 实际需求($V$) | 偏差($V$−$F$) | 校正因子$\alpha$*($V$−$F$) |
|---|---|---|---|---|
| 1 | 74 | 70 | −4 | −1 |
| 2 | 73 | 81 | +8 | +2 |
| 3 | 75 | 85 | +10 | +2.5 |
| 4 | 78 | | | |

指数平滑法的基本原理是强调近期销售数据对预测值的影响，但并未完全忽视远期数据的影响。可以将式(6.1)写成如下形式：

$$F_{t+1}= F_t +\alpha\ (V_t - F_t) = \alpha V_t+(1-\alpha)\ F_t \tag{6.2}$$

其中，平滑因子$\alpha$ 的值介于 0 与 1 之间($0<\alpha<1$)；$F_t$和 $F_{t+1}$分别表示第 $t$ 时区和第 $t$+1 时区的预测值；$V_t$是第 $t$ 时区的实际销售量。如果按递推关系将式(6.2)展开，则可以得到

$$F_{t+1}=\alpha V_t+\alpha(1-\alpha)V_{t-1}+\alpha(1-\alpha)^2V_{t-2}+\cdots \tag{6.3}$$

可以看出，近期数据 $V_t$在式(6.3)中起着主要作用，其余各项历史数据的作用按等比级数(公比为 $1-\alpha$)迅速降低。因此，这种方法是加权移动平均方法的一种改进，它可以通过选择$\alpha$的值来调节近期的数据。在实际应用中，$\alpha$值的选择可以根据经验来确定，如果数据波动不大，$\alpha$的值应当取得小一些，反之，$\alpha$的值应当取得大一些。

指数平滑方法的优点在于它所要求的数据比移动平均法所要求的数据少得多。

指数平滑提供了一个经常性更新产品预测的常用方法。对于需求稳定的产品来说效果是好的。一般来说，对短期的预测它能提供满意的结果。在需求较低或需求表现为间断性的时候，效果不太令人满意。

指数平滑方法可以检测市场需求的趋势，但预测要滞后于实际需求。如果$\alpha$的值选得大一些，则预测能更好地反映市场趋势。

一个预测系统必须有一个对预测进行检查的方法。在预测产生之后，在使用之前必须有人对其进行检查修改，从而人可以对所使用的预测负责。这里的关键是将预测技术和人的判断相结合。

预测和许多经营活动一样，是一个具有特定责任的管理过程。计算机可以在建立和更新预测方面提供有意义的帮助，但是最终由人评价和批准预测，并建立销售计划实现预测。换言之，批准和实现预测的责任在于人。

# 6.2 » 客户订单管理

## 6.2.1 客户订单录入

在收到客户订单时，销售部门必须把客户订单录入ERP系统。客户订单将作为主生产计划的输入信息。

一份客户订单上可以有多条购买信息。每一条购买信息称为物料行，每个物料行可以针对不同的物料和不同的交货日期。对客户订单的每个物料行要求5条信息，即：

- 物料代码
- 承诺日期
- 数量
- 客户订单号
- 客户要求的日期

其中，物料代码用于对主生产计划和MRP指明客户订单所需的物料。承诺日期和数量用于在MRP计划展开过程中求净需求或产生行为建议信息。客户订单号用于查询客户订单信息。客户要求日期是客户对该物料行最初指定的日期，可能不同于用在MRP和主生产计划系统中的承诺日期。例如，客户可能要求某项物料在第3周交货，但由于供应问题，直到第6周才能交货。在这种情况下，对客户承诺的日期是第6周，而客户要求日期是第3周。

在录入客户订单时，要根据客户要求的日期来检查由主生产计划产生的可承诺量(ATP)，还将用于预测冲销。

除了生成客户订单和客户订单物料行之外，订单录入系统还应能修改和删除现有订单。

当客户订单准备发运时，可以通过计算机生成提货单和发运单等书面文件帮助库房管理人员做好工作。在生成客户订单之后，应立即打印订单回执发给客户，以表示对收到客户订单的确认。

订单录入过程应当包括对客户订单上的每个物料行的可承诺量检查，以便根据当前的主生产计划来确定新的客户订单何时可以交货。如果在客户要求的日期不可承诺，系统则显示客户要求日期和可承诺日期供工作人员检查，由工作人员作出决定是否为这份客户订单修改主生产计划。

## 6.2.2 预测冲销方法

作为预测的实现的客户订单应从预测中减掉，称为预测冲销。预测冲销的目标是根据当前预测和实际的订单准确地表示市场需求。通过正确的冲销预测，可以计算每时区的总需求，并考虑实际的客户订单和预测在时间上的差异。当客户需求和预测在数量上相同但时区不同时，则出现了时间差异。

按照预测消耗的逻辑，预测应在客户订单所要求的时区内减少。如果在该时区内客户需求超过预测，系统按制定的规则可以从该时区之前或之后的时区内减少预测。

预测消耗逻辑还包括处理过期未消耗预测的方法。在一些典型的 ERP 软件商品中提供了不同的方法，或者把过期的未消耗预测删除，或者加到未来的第一个时区，企业要根据自身产品的不同特点而进行选择。

## 6.3 分销系统

有些企业的产品销售量很大、市场范围也很大，而且客户不愿意等待。这样的企业就需要在其销售区域内建立分销网络系统。

通过建立分销系统，将产品保存在客户附近以改善客户服务水平，并使得制造商能够以满载的方式把可供销售的产品远距离地从生产厂运送到分销中心，从而减少运输成本。

分销网络中的分销中心和通常意义下的仓库是不同的，分销中心将产品接受进来，然后很快地按照计划配送给客户。一般来说，除了少数情况，如季节性商品，分销中心不会把产品存放很久。

### 6.3.1 分销系统的目标

概括地说，分销系统的管理目标是以高效、及时和低成本的方式向众多的客户提供高水平的产品和服务。换言之，分销系统的管理目标是在客户服务水平、分销效率和库存投资(成本)三方面进行平衡。

#### 1. 高水平的客户服务

- 以客户所期望的提前期及时交货
- 不因为客户需求的波动而使得客户的需求得不到满足
- 满足客户需求的多样性
- 所供应的产品和数量准确

#### 2. 高水平的分销效率

- 最小的运输和存储成本
- 与工厂保持良性互动，最大限度地减少对工厂生产的中断，使工厂生产保持均衡
- 存储位置和空间合理
- 提供准确及时的库存数据

#### 3. 最小的库存投资

- 最小的必要的安全库存
- 优化订货数量，控制多余的周转库存

## 6.3.2 分销系统的结构和分销中心位置的选择

分销系统的结构可以有很大的差异。但总的来说，分销系统包括了工厂、中央供应中心、数量不等的分销中心以及终端的客户。

图 6.2 是一个分销系统基本结构示意图。其中，客户可以是最终客户，也可以是分销链中的中间客户。

为了合理地选择分销中心位置，既要进行定量的分析，又要进行定性的分析。

定量的分析可以从以下几方面来进行：

- 境内和境外的运输成本
- 建筑和土地的成本
- 地区的税费结构
- 劳动力成本
- 运作成本

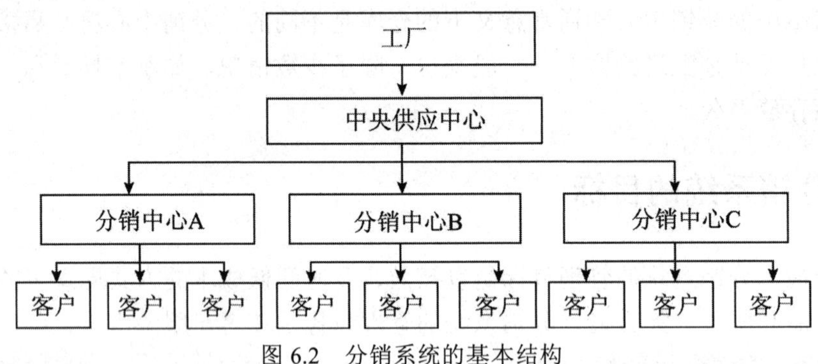


图 6.2 分销系统的基本结构

定性的分析可以从以下几方面来进行：

- 客户基数，即客户群的大小
- 是否有充分的技术工人资源
- 政府法规
- 运输的方便程度
- 气候条件
- 有关生活质量方面的条件，如学校、医院、休闲设施等
- 基础设施，如道路、工业园区、能源供应等

## 6.3.3 分销需求计划

分销需求计划(distribution requirements planning，DRP)将物料需求计划的逻辑应用于分销系统，它首先要预测分销系统中各分销中心什么时候会向中央供应中心提出各种需求。这使得中央供应中心和工厂能够对产品需求数量以及时间进行计划，并有效地进行计划的协调和控制，从而更好地响应客户需求。

DRP 的基础是各个分销中心的物料需求计划。对于一个分销中心的每个库存保持单位(stock keeping unit，简记为 SKU，是指在分销系统中存放于某一特定地理位置的一种物料项目。例如，某种产品存放于工厂和 6 个不同的分销中心，那么这种产品将被表示为 7 个 SKU)，以预测和已经承诺的客户订单作为毛需求来运行 MRP。

按照通常的 MRP 逻辑，先用现有库存量和计划接收量(分销中心的在途订货)来满足关于 SKU 的毛需求，再通过 SKU 的批量规则和提前期，用计划订单满足剩余的毛需求，即净需求。

各分销中心的计划订单下达成为中央供应中心物料需求计划的信息来源，而中央供应中心的计划订单下达则成为工厂主生产计划的需求信息。

因此，在 DRP 系统中，工厂的主生产计划是分销系统和工厂(乃至整个供应系统)的逻辑连接点。

**【例 6.3】**　某剪草机制造公司在工厂附近设有一个中央供应中心以及两个分销中心。分销中心 A 对将来 5 周的预测需求分别为：25、30、55、50 和 30 单位，并且有 100 部剪草机正在运输途中，预计第 2 周将会到达。运输提前期为 2 周，订货批量为 100 单位，现有库存量为 50 单位。分销中心 B 对将来 5 周的预测需求分别为：95、85、100、70 和 50 单位，运输提前期为 1 周，订货批量为 200 单位，现有库存为 100 单位。中央供应中心运输提前期为 2 周，订货批量为 500 单位，现有库存为 400 单位。分别计算两个分销中心以及中央供应中心的毛需求、预计可用量和计划订单下达量。计算结果如下：

分销中心 A
运输提前期：2 周
订货批量：100 单位

| 周 | 1 | 2 | 3 | 4 | 5 |
|---|---|---|---|---|---|
| 毛需求 | 25 | 30 | 55 | 50 | 30 |
| 在途量 | | 100 | | | |
| 预计可用量 50 | 25 | 95 | 40 | 90 | 60 |
| 计划订单下达 | | 100 | | | |

分销中心 B
运输提前期：1 周
订货批量：200 单位

| 周 | 1 | 2 | 3 | 4 | 5 |
|---|---|---|---|---|---|
| 毛需求 | 95 | 85 | 100 | 70 | 50 |
| 在途量 | | | | | |
| 预计可用量 100 | 5 | 120 | 20 | 150 | 100 |
| 计划订单下达 | 200 | | 200 | | |

中央供应中心

运输提前期：2 周

订货批量：500 单位

| 周 | 1 | 2 | 3 | 4 | 5 |
|---|---|---|---|---|---|
| 毛需求 | 200 | 100 | 200 | | |
| 计划接受量 | | | | | |
| 预计可用量 400 | 200 | 100 | 400 | | |
| 计划订单下达 | 500 | | | | |

## 思考题

1. 什么是需求管理？
2. 企业为什么要对销售进行预测？
3. 为企业经营规划、生产规划和主生产计划所进行的预测各有什么不同？
4. 预测的特征是什么？
5. 说明移动平均法和指数平滑法的原理。
6. 在客户订单录入过程中，如何进行可承诺量检查？
7. 如何处理客户订单和预测的关系？
8. 分销系统的管理目标是什么？

## 习题

1. 关于预测的一般原则，下面哪一项的陈述是正确的？(　　)
   A. 对于单个物料项目的预测比对于产品族的预测更准确
   B. 对于未来较远时区的预测更准确
   C. 每一项预测都应当包括误差估计
   D. 预测通常是准确的
2. 对产品做销售预测是谁的责任？(　　)
   A. 订单录入　　B. 市场部门
   C. 主生产计划　　D. 制造部门
3. 下面哪种预测技术采用过去某些时区的平均需求？(　　)
   A. 德尔菲方法　　B. 移动平均
   C. 需求平滑　　D. 定性分析

4. 基于以下历史数据，采用 3 个月的移动平均方法，计算出第 7 个月的预测是多少？(　　)

| 月 | 1 | 2 | 3 | 4 | 5 | 6 | 合计 |
|---|---|---|---|---|---|---|---|
| 预测 | 100 | 100 | 100 | 100 | 100 | 100 | 600 |
| 实际需求 | 95 | 102 | 105 | 98 | 101 | 103 | 604 |

A. 100　　B. 101　　C. 103　　D. 105

5. 给定如下信息，使用指数平滑法对产品 A 计算下一时区的预测值为(　　)。

- $\alpha$：0.7
- 本时区的实际需求：600
- 本时区的预测：562
- 季节指数：2.1

A. 813　　B. 882　　C. 1260　　D. 589

6. 产品 A 由子项物料 B 和 C 制成，子项 B 由子项 D 和 E 制成，应当预测哪项物料的需求？(　　)

A. 各项物料都要预测　　B. A，B 和 C

C. D 和 E　　D. 仅仅 A

7. 如下哪些需求不是预测的对象？(　　)

A. 独立需求　　B. 产品族需求　　C. 备用件需求　　D. 非独立需求

8. 在客户订单录入过程中，通过什么手段实现客户订单和生产过程的信息交流？(　　)

A. 快速查询技术　　B. 检查可承诺量

C. MRP 报告中预计库存量　　D. 以上都不对

9. 在客户订单录入过程中，对于客户订单的每个物料行必须输入哪些信息？(　　)

A. 只有物料代码和客户订单号

B. 只有客户订单号、订购数量和客户要求的日期

C. 只有物料代码、客户订单号、客户要求的日期和承诺日期

D. 物料代码、客户订单号、订购数量、客户要求的日期、承诺日期

10. 用实际的客户订单减少预测的活动称为什么？(　　)

A. 可承诺量　　B. 订单集成　　C. 需求兑现　　D. 预测冲销

# 第7章

# ERP的计划管理——企业运营的核心

## 7.1 » 计划管理的意义和常见的问题

计划是企业管理的首要职能，只有具备强有力的计划功能，企业才能指导各项生产经营活动顺利进行。

当前，企业所面临的市场竞争越来越激烈。在这种情况下，企业要生存和发展就必须面对市场很好地计划自己的资源和各项生产经营活动。观察分析那些世界级的企业，我们会发现这些企业的一个最显著的特点是它们都有一个以计算机为工具的有效的计划与控制系统。可以肯定地说，一个以计算机为工具的有效的计划与控制系统是现代企业生存和发展的必要条件。ERP 就是这样一个有力工具。

那么，缺乏这样的工具会如何呢？下面的现象在很多企业中是常见的。

库房管理人员手中的数据是上周六的，而今天已经是周四了，而且他们不知道这几天来库存的变化。

采购人员按月制订采购计划，但他们不知道本月有多少物料已收到或已从供应商那里发出，或供应商将发出而在本月收到。采购部门需要生产部门向他们提供准确的需求信息，以便向供应商发放采购订单。

销售预测按季度进行，但和实际的销售额有很大差别。

生产部门按周安排生产计划，已经有几个产品的生产计划已过期，但尚未调整。

所接到的客户订单总要在几天之后才能录入到系统中。

销售部门认为有许多产品存放在成品库中，但是，企业的许多客户却不能按时得到发货。实际上常常把同一批货承诺给多个客户。

企业最大的客户要求从今天开始在一周内向他们发运某种产品 300 件，企业已经对客户作出了承诺，答应按时发货，但是没有人保证一定能做到。

财务部门要求销售、库存和生产部门提供关于未来半年的详细计划，以便确定企业能否满足其今年的财务计划。

每个人都有自己的一套数据来为自己的工作辩护，而把抱怨推向别人或别的部门，甚至抱怨客户或供应商。

在企业高层领导的会议上，对于所讨论的产品和生产线竟然没有一个人掌握必要的和足够的信息和数据。

企业高层领导在这样的环境中指挥企业的运作如同盲人骑瞎马，企业的绩效肯定不会好。而那些和这样的企业做着生意的客户，又有谁愿意长期地忍受这一切呢？所以，长此下去企业必然失去客户，失去市场，使企业难以生存。

上述现象的出现，主要是因为企业缺乏有效的计划和控制过程。通过有效的计划和控制可以解决或缓解这些问题。

## 7.2 » 制造业的生产计划方式

制造业的不同生产计划方式对企业生产管理基本数据的设定和对管理功能的要求均有所不同。一般来说，制造业有 4 种生产计划方式：面向订单设计、面向订单生产、面向订单装配和面向库存生产。

### 1. 面向订单设计

面向订单设计(engineer-to-order，ETO)方式是指接受客户订单以后，将客户需求进行定义并设计产品。首先定义产品规格，然后开发物料清单，订购所需物料并保留生产能力。整个交货提前期包括设计时间、物料采购时间和生产时间。这种生产计划方式主要用于高度客户化的订单，如大型发电机组、流程设备、特种机床等。

### 2. 面向订单生产

在面向订单生产(make-to-order，MTO)的方式中，产品的设计工作已经完成，而生产用的物料尚未订购。在此环境中销售量通常较小，而客户则必须等待进货和生产所需的时间。全部交货提前期包括物料采购时间和生产时间。

### 3. 面向订单装配

面向订单装配(assemble-to-order，ATO)是指在生产的最后阶段，用库存的通用零部件装配满足客户订单需求的产品。这些通用的零部件是在客户订货之前就计划、生产并储存入库的。收到客户订单后，就把它们装配成最终产品。当产品有许多可选特征，而客户又不愿等备料及生产所需的时间时，就可以采用这种生产计划方法。

### 4. 面向库存生产

面向库存生产(make-to-stock，MTS)指的是在收到客户订单以前，已经开始生产。典型的情况是，产品放在仓库里等待客户订单。这种情况下，交货提前期短，通常销售量也很大。

生产计划方式决定了如何组织操作数据。

每种计划方式都有与产品生产计划的时间和方式有关的特点。产品的复杂性、客户愿意等待的时间以及销售量，决定了哪种生产计划方式最合适。

一个企业可能存在几种不同的生产计划方式。事实上，每种产品都可能有不同的计划方式。对于同一个企业和同一种产品，生产计划方式也可能随时间而变化。今年采用面向订单生产方式的企业，明年就可能转成面向订单装配方式。

## 7.3 » ERP 计划层次

由第 2 章图 2.4 可以看到，ERP 主要包括 5 个计划层次，即经营规划、销售与运营规划、主生产计划、物料需求计划和能力需求计划。这 5 个层次的计划实现了由宏观到微观、由战略级到战术级、由粗到细的深化过程。越接近顶层的计划，对需求的预测成分越大，计划内容也越粗略和概括，计划展望期也越长。越接近底层的计划，需求由估计变为现实，因而计划的内容也就越具体详细，计划展望期也越短。

在 5 个计划层次中，经营规划和销售与运营规划具有宏观的性质，主生产计划是宏观向微观的过渡性计划，物料需求计划是主生产计划的具体化，能力需求计划把物料需求转化为能力需求，而车间作业计划和采购作业计划则是物料需求计划和能力需求计划的执行阶段。

供需矛盾是企业最基本的矛盾。ERP 系统正是紧紧抓住这个最基本的矛盾，用模拟的手段进行计划和调整，充分利用信息反馈，实现供需平衡。每一层计划都回答如下问题：需要生产什么？用什么来生产？现在有什么(包括物料和能力)？还应该得到什么？

在 ERP 系统中，上层计划是下层计划的依据，下层计划不能偏离上层计划的目标，从而整个企业遵循的是一个统一的计划。

## 7.4 » 经营规划

ERP 计划管理是从长远规划开始的，这个计划层次通常称为经营规划(business plan)。经营规划是企业的战略规划，在这个层次上要确定企业的经营目标和策略，如产品开发、市场占有率、质量标准、技术改造和企业扩充、职工培训和队伍建设、销售收入和利润等，为企业的发展，特别是在财务和经济效益方面作出规划。经营规划以货币单位表述，是企业的总体目标，是各层计划的依据。以后的各个计划层次都是对经营规划的进一步细化，不能偏离经营规划。

经营规划在企业高层领导主持下会同销售、市场、工程技术、生产、物料和财务各部门负责人共同制定。若执行过程中有新的情况，下层计划只有反馈信息的义务，而无变更经营规划的权力，变更经营规划只能是企业高层领导的职权。

## 7.5 » 销售与运营规划

### 7.5.1 销售与运营规划概述

在 ERP 系统中，销售与运营规划有两个基本的目的。一是在企业的经营规划与详细计划和执行过程之间起到关键的连接作用，把战略级的经营规划与主生产计划连接起来，并协调市场、销售、工程技术、计划、生产、物料和财务等职能部门，形成企业共同的计划目标。二是管理所有的下层计划，包括主生产计划和更详细的计划。

销售规划和生产规划是密切关联、相互制约的。从长远来说，企业的生产应当满足市场的需求，因此销售规划驱动生产规划。从短期来说，企业的生产率是由企业的生产能力来确定的，因此销售规划要受到生产规划的制约。

销售与运营规划的对象是产品族，例如，不同型号的电脑可以构成一个产品族，不同型号的自行车也可以构成一个产品族。在制定销售与运营规划的过程中，企业首先从产品族级别上对市场需求和企业的资源，包括生产能力，进行平衡，生成与企业资源相匹配的销售规划以及支持销售规划的生产规划。

制定销售与运营规划是企业高层领导的职责。为什么要把企业的产品划分产品族？这正是为了便于企业高层领导的决策和管理，使他们所面对的计划和管理的对象不至于太多。销售与运营规划既体现了企业高层领导对 ERP 系统的输入，也是企业高层领导控制和管理企业的操纵杆。换言之，管理好销售与运营规划，就抓住了对整个企业控制和管理的关键。

## 7.5.2　制定销售与运营规划

在制定销售与运营规划的过程中，人的判断和决定是极其重要的。有效的判断和决定是不能由计算机作出的，计算机只能在此过程中向人提供支持信息，而不能由计算机自动地生成销售与运营规划。

没有关于制定销售与运营规划的算法。但是，大多数成功的企业都使用类似的报告格式及约定俗成的计算和类比；并通过类似的管理方针和规程，来满足对计划的检查、分析和评估要求。

销售与运营规划的制定涉及两个相关的过程，即对每个产品族制定销售规划的过程和制定生产规划的过程。

销售与运营规划会议应每月召开一次，这是制定和完善销售与运营规划的关键。会议由企业高层领导主持，讨论协调市场、销售、工程技术、计划、生产、物料和财务等各方面的问题，形成一致接受的方案。

制定销售与运营规划要涉及企业的生产计划方式。这里，我们只对两种最基本的生产计划方式，即面向库存生产和面向订单生产进行讨论。前者是一种在接到客户订单之前产成品已经完成的生产环境，客户订单由库存直接满足，而生产订单是为了补充库存。后者是一种在接到客户订单之后才完成产品生产的生产环境，其最终产品通常要由客户的特定需求来确定。

销售规划是对产品族总需求的预测。在有些情况下，通过求产品族中的每个产品的销售预测之和来得到销售规划。在另外一些情况下，则把销售规划加以分解，从而得到产品族中每个产品的销售预测。例如，如果产品族的销售规划是 1 000，根据销售的历史数据，某产品占产品族的 10%，于是得到此产品的销售预测为 100。

不管如何得到这些数字，销售规划和单项产品销售预测之和必须一致。例如，如果在一个产品族中有 5 项产品，其单项预测之和为 1 100，而产品族的销售规划是 1 000，那么二者之一必须进行修改。

生产规划是为每个产品族建立适当的生产率。根据产品的不同，生产率的表述也不同，可以是每周 2 000 辆小轿车，每月 15 台机器，或每 3 个月 1 台机器等。但是，生产率不为单项产品指明具体的生产批量和时间。由于把产品划分成产品族，使得必须由高层领导检查和批准的产品分组不会太多。

一般来说，生产规划有以下典型特征：

① 计划展望期至少为 12 个月，定期更新，例如每月或每季度进行更新。

② 计划对象为产品族。

③ 需求是浮动的或季节性的。

④ 在计划展望期内，工厂的设备和能力保持不变。

⑤ 要满足多项管理目标，如低库存、生产的高效率、高水平的客户服务和良好的员工关系等。

制定生产规划的依据包括销售规划、供应商和企业的生产能力限制以及企业的生产计划方式。

在面向库存生产的情况下，制定生产规划要考虑开始库存量和计划展望期末希望达到的库存量。把这些信息与预期发货信息、分销仓库需求、企业内厂际订单等信息结合起来建立关于产品族的生产率。所得到的生产率必须根据供应商供货能力、企业生产能力和物料限制进行检查之后才能得到批准。

在面向订单生产的情况下，制定生产规划要考虑期初未交付的客户订单量和期末预期未交付的客户订单量信息。把这些信息和订货计划、分销仓库需求、企业内厂际订单等信息结合起来建立关于产品族的生产率。所得到的生产率也必须根据供应商交货能力、企业生产能力和物料限制进行检查之后才能得到批准。

对于那些既包括面向库存生产又包括面向订单生产的产品族，生产规划则应考虑库存和未交付客户订单两方面的信息。

有两个简单的公式可以帮助建立生产规划。其中的销售规划量和生产规划量都是指在计划展望期内的总量。

在面向库存生产的情况下，生产规划根据当前的和所希望的库存水平来控制生产率。可用以下公式表述：

$$\text{生产规划量}=\text{销售规划量}+\text{期末库存量}-\text{期初库存量}$$

在面向订单生产的情况下，生产规划根据当前的和所希望的未交付客户订单量来控制生产率。可用以下公式表述：

$$\text{生产规划量}=\text{销售规划量}+\text{期初未交付客户订单量}-\text{期末未交付客户订单量}$$

两个公式是类似的，可以统一表示为：

生产规划量＝销售规划量＋对库存量或未交付的客户订单量的调整

按照以上的公式，可以确定计划展望期内生产规划总量。但是，生产规划经常会和销售规划有所不同。例如，生产规划可以在一个销售波峰期之前积累库存；或者为了使提前期更具竞争力，生产规划可以减少未交付的客户订单；或者生产规划可以通过提高一种产品的未交付客户订单量来增加用于其他产品的资源，以利于捕捉意义重大的市场机会。因此，生产规划可以有不同的策略。基本的生产规划策略有三种，即追逐策略、均衡策略和混合策略。

(1) 追逐策略

追逐策略(chase strategy)是指在任何时候都按照市场需要的产品数量来生产。生产量随需求而变化，而库存水平保持不变，如图 7.1 所示。

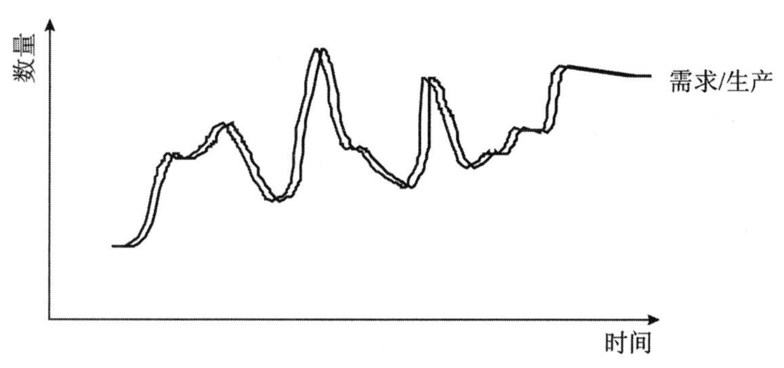


图 7.1　追逐策略

在某些行业，追逐策略是唯一可遵循的策略。例如，农场在农作物生长的季节必须按需耕作；邮局不管邮件的旺季或淡季都必须按需处理邮件；餐馆必须按客户需求提供饮食服务。这些行业不能将其产品或服务提前储备，它们必须在需求发生时满足需求。

在采用追逐策略的情况下，企业必须拥有足够的能力来满足高峰期的需求，虽然这些能力在低谷期可能会闲置。有些公司不得不在高峰期雇用新的员工，而在高峰期过后又不得不解雇他们；有时他们不得不增加额外的班次，而有时劳力又要闲置。所有这些变化都会增加企业的运营成本。

追逐策略的优点是，库存量能够维持在一个最低水平上。没有产品积压，可以减少库存管理的成本。

(2) 均衡生产策略

均衡生产策略(production leveling strategy)是依据市场的平均需求，持续地生产同样数量的产品，如图 7.2 所示。在这种情况下，有时市场需求低于所生产的数量，库存量就会增加；有时市场需求高于所生产的数量，库存量就会减少。

均衡生产策略的优点是，避免了改变生产规模所涉及的成本。公司不再需要储备额外的能力来满足高峰期的市场需求。公司也不需要在高峰期雇用新员工，而高峰期过后又解雇他们，从而公司能够建立一支稳定的员工队伍。

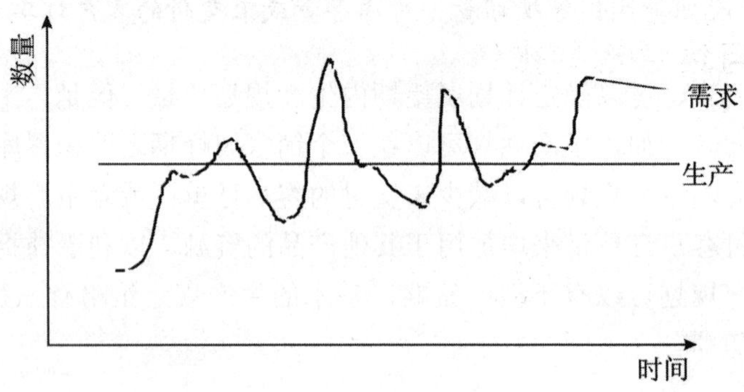


图 7.2　均衡生产策略

均衡生产策略的缺点是，在需求低谷期库存量会增加，因而增加库存管理的成本。

一种特殊形式的均衡生产策略是产品外包策略(subcontracting)。企业始终按市场的最低需求来组织生产，通过产品外包来满足市场的额外需求，如图 7.3 所示。

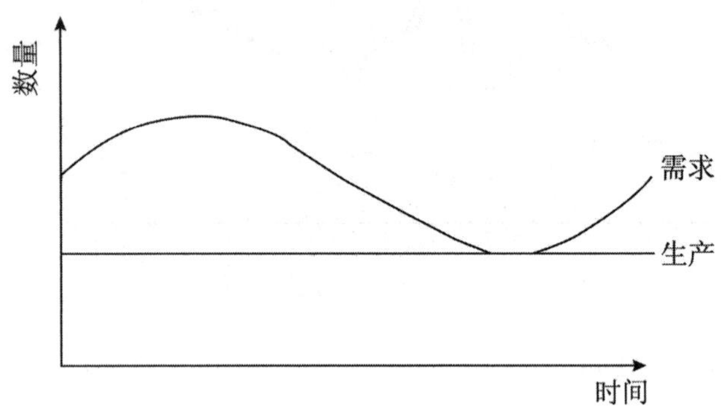


图 7.3　产品外包策略

产品外包策略的主要优点在于避免了与多余能力相关的成本。由于生产均衡，也没有与改变生产规模相关的成本。产品外包策略的主要缺点在于转包成本(包括产品成本、采购、运输及检验成本)有可能会高于企业自己制造产品所发生的成本。

(3) 混合策略

以上两种策略都是单纯的策略。每种策略都有本身的成本要素，如设备、员工队伍的稳定性、加班、库存和外包等。有时企业必须使用使生产总成本最小的混合策略(hybrid)，如图 7.4 所示，使得既能提供所期望的服务水平，生产上也表现出相对的均衡。

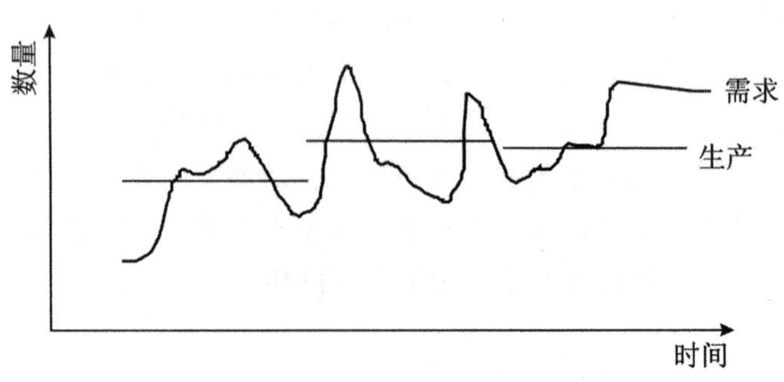


图 7.4　混合策略

### 7.5.3　销售与运营规划报告

销售与运营规划报告提供关于销售规划、生产规划以及它们的基本比较的信息，从而使得销售与运营规划可以得到有效的管理。报告中应当显示销售规划和实际的销售量、生产规划和实际的生产量、当前和计划的库存量以及当前和计划的未交付客户订单。

销售与运营规划报告包括历史信息和未来的计划。绩效度量是销售和生产规划的重要组成部分。通过比较销售规划和实际订单可以评估销售规划的实现情况，通过比较生产规划和实际的生产完成情况，可以度量生产规划。通过比较计划的和实际的库存量或未交付的客户订单可以反映企业的绩效。

大多数企业在报告中至少显示三个月的历史信息，某些企业会显示 6～12 个月的历史信息。对于运行一个有效的销售与运营规划来说，三个月的信息量是最少的必要历史信息量。在产品销售呈季节性变化的企业中，可能需要更多的信息。

为了运行销售与运营规划，至少应有一年的计划展望期。这个展望期是滚动的，即随着时间的推移，要把新的时区加在计划展望期末。

销售与运营规划报告一般由三部分构成，即销售规划、生产规划以及库存或未交付订单计划。

销售规划部分一般包括两类信息，即计划需求和实际订货信息和按承诺的发货日期列出的客户订单信息。

这两类信息对于销售规划过程是很重要的，而且要通过对它们进行监控来实现对销售规划的有效控制。计划需求和实际订货信息提供早期的报警机制，通过预测需求，然后监控实际的订单可以尽早地发现某种趋势，以便有时间采取有效措施。如果订货比预期的少，则可以有几种选择：修订市场计划，建立促销程序，改变价格，加快引入新产品的步伐，培训销售人员加快销售步伐。如果订货比预期的多，对生产的影响可以提前发现，从而可以采取必要的权衡措施，例如，增加未交付的客户订单(或减少库存)，或调整能力、投放资金支持另外的销售，调整价格等。

按所承诺的发货日期列出客户订单可以对未来的产品发货、财务状况与当前计划的比较以及预期收入提供有用的信息。例如，如果大部分的客户订单安排在比较远的未来，那么，企业可能在满足最近月份的发货目标上存在问题。由于预先看到了问题，则可以修订计划按所希望的水平维护发货计划。

生产规划部分包括计划生产率，对于过去的时区，还包括实际的生产率和计划生产率的比较。生产规划是能力分配的基础，并且是计算库存水平和未交付客户订单量的依据。

销售与运营规划报告的第三部分提供有关信息，用来评估和管理关于产品族的库存和未交付的客户订单。

库存计划表明过去的库存情况以及未来预期的库存增加或减少。对过去的每个时区，可以把计划库存量与实际库存量进行比较；对于未来的时区，可以根据生产规划和预期发货量来计算计划库存量：

计划库存量＝现有库存量－销售规划量＋生产规划量

未交付客户订单计划表明过去的未交付客户订单情况以及未来的计划。对过去的每个时区，可以把计划的未交付客户订单和实际情况进行比较；对未来的时区，可以根据订货计划和预期发货量来计算计划的未交付的客户订单：

计划未交付客户订单＝当前未交付客户订单＋销售规划量－生产规划量

表 7.1 和表 7.2 分别给出了关于面向库存生产的产品族和面向订单生产的产品族的销售与运营规划报告的例子。

**表 7.1　销售与运营规划报告——面向库存生产的产品族：手推式剪草机**

产品族：M350　　当前日期：1/2/2016

变量单位：台

当前库存量：435

**销售规划**

| 日　期 | 9/11 | 10/10 | 11/07 | 12/05 | 1/02 | 1/30 | 2/27 | 3/26 | 4/23 |
|---|---|---|---|---|---|---|---|---|---|
| 计划需求量 | 420 | 450 | 480 | 500 | 550 | 550 | 550 | 550 | 550 |
| 实际需求 | 455 | 495 | 500 | 550 | | | | | |
| 偏差 | +35 | +45 | +20 | +50 | | | | | |
| 累计偏差 | 35 | 80 | 100 | 150 | | | | | |
| 到期的客户订单 | 455 | 495 | 500 | 550 | | | | | |
| 实际发货量 | 455 | 495 | 500 | 550 | | | | | |

**生产规划**

| 日　期 | 9/11 | 10/10 | 11/07 | 12/05 | 1/02 | 1/30 | 2/27 | 3/26 | 4/23 |
|---|---|---|---|---|---|---|---|---|---|
| 计划 产量 | 500 | 500 | 500 | 500 | 550 | 550 | 550 | 550 | 550 |
| 实际产量 | 450 | 450 | 460 | 470 | | | | | |
| 偏差 | -50 | -50 | -40 | -30 | | | | | |
| 累计偏差 | -50 | -100 | -140 | -170 | | | | | |

**库存计划**

| 日　期 | 9/11 | 10/10 | 11/07 | 12/05 | 1/02 | 1/30 | 2/27 | 3/26 | 4/23 |
|---|---|---|---|---|---|---|---|---|---|
| 计划库存量 | 685 | 735 | 755 | 755 | 435 | 435 | 435 | 435 | 435 |
| 实际库存量 | 600 | 555 | 515 | 435 | | | | | |
| 偏差 | -85 | -180 | -240 | -320 | | | | | |

**表 7.2　销售与运营规划报告——面向订单生产的产品族：载重卡车**

产品族：M0138　　　　　　　　　　　　　　　　　当前日期：1/2/2016

变量单位：辆

当前未交付订单：448

**销售规划**

| 日　期 | 9/11 | 10/10 | 11/07 | 12/05 | 1/02 | 1/30 | 2/27 | 3/26 | 4/23 |
|---|---|---|---|---|---|---|---|---|---|
| 计划订货量 | 300 | 300 | 300 | 300 | 300 | 300 | 300 | 300 | 300 |
| 实际订货量 | 300 | 290 | 305 | 303 | | | | | |
| 偏差 | 0 | - 10 | +5 | +3 | | | | | |
| 累计偏差 | 0 | - 10 | - 5 | - 2 | | | | | |
| 到期的客户订单 | 300 | 300 | 300 | 300 | 300 | 148 | | | |
| 实际发货量 | 300 | 300 | 300 | 300 | | | | | |

**生产规划**

| 日　期 | 9/11 | 10/10 | 11/07 | 12/05 | 1/02 | 1/30 | 2/27 | 3/26 | 4/23 |
|---|---|---|---|---|---|---|---|---|---|
| 计划产量 | 300 | 300 | 300 | 300 | 150 | 150 | 150 | 150 | 150 |
| 实际产量 | 300 | 300 | 300 | 300 | | | | | |
| 偏差 | 0 | 0 | 0 | 0 | | | | | |
| 累计偏差 | 0 | 0 | 0 | 0 | | | | | |

**未交付订单计划**

| 日　期 | 9/11 | 10/10 | 11/07 | 12/05 | 1/02 | 1/30 | 2/27 | 3/26 | 4/23 |
|---|---|---|---|---|---|---|---|---|---|
| 计划未交付订单 | 450 | 450 | 450 | 450 | 598 | 748 | 898 | 1 048 | 1 198 |
| 实际未交付订单 | 450 | 440 | 445 | 448 | | | | | |
| 偏差 | 0 | - 10 | - 5 | - 2 | | | | | |

## 7.5.4　销售与运营规划的评估——资源计划

一个企业在制定生产规划的时候，一定会关注资源的可用性。人工、物料、机器设备、加工或存储空间等都是资源。根据企业的产品和生产过程不同，还可以有许多其他的资源。一旦知道了生产所需要的所有资源，就必须检查其是否有足够。表 7.3 是一份简单的资源清单。资源清单是面对产品族的，它要指出每单位的产品族对关键资源的需求。

**表 7.3　一份简单的资源清单**

| 产　品　族 | 钢材/吨 | 人工/标准工时 |
|---|---|---|
| 自行车 | 0.0029 | 0.24 |
| 三轮车 | 0.0047 | 0.39 |
| 四轮车 | 0.0057 | 0.63 |

有了资源清单就可以把销售与运营规划转变成资源计划了。例如，假定销售与运营规划表明在某个季度要生产 10 000 辆自行车、5 000 辆三轮车和 10 000 辆四轮车，那么，通过资源清单就可以得到需要钢材和工时的数量，如表 7.4 所示。

表 7.4　资源计划

| 产品族 | 产量 | 钢材需求量/吨 | | 人工需求量/标准工时 | |
|---|---|---|---|---|---|
| | | 单位需求量 | 批需求量 | 单位需求量 | 批需求量 |
| 自行车 | 10 000 | 0.0029 | 29 | 0.24 | 2 400 |
| 三轮车 | 5 000 | 0.0047 | 23.5 | 0.39 | 1 950 |
| 四轮车 | 10 000 | 0.0057 | 57 | 0.63 | 6 300 |
| 资源需求总量 | | 109.5 | | 10 650 | |

以上的资源计划只考虑了所需要的钢材数量和工时数量。有些企业还会有更重要的资源。例如，有些企业需要大量的电能，有些企业则需要好的废料处理能力。在这些情况下，资源清单还要指明每单位产品族需要电能和废料处理能力。例如，指明每单位产品族需要 5 千瓦的电能，90 升的废料处理能力等。而资源计划也要特别指明关于这些关键资源的需求量。

另外，经常会有某项设备被认为是瓶颈，在制定资源计划的时候应当对其特别关注，因为瓶颈工作中心的能力限制了企业的最大生产量。

在确定是否有足够的资源可用的时候，能力的利用率、能源消耗水平等是很重要的。高层管理人员要对它们作出适当的决定，然后，主生产计划员和物料计划员才可以根据可行的生产规划来制定产品或最终项目的主生产计划。

如果资源计划表明存在资源的短缺，那么，在批准销售与运营规划之前，必须解决这一问题，或者增加资源，或者调整销售与运营规划。如果必须调整销售与运营规划以协调资源短缺，那么，这种调整一定要反映在最后的销售与运营规划中。如果能满足经营规划的目标就不必调整生产总量。通常，在满足市场目标时留有一定的余地(如± 20%)。同样，在批准销售和运作规划之前，应确认对可用资源所作的调整。

最关键的一点是销售与运营规划必须满足经营规划的目标。如果销售与运营规划和经营规划不一致，经营规划将不能完成，销售与运营规划或经营规划就必须加以修改。然后，销售与运营规划才能作为主生产计划的基础。

## 7.6 » 主生产计划

### 7.6.1　什么是主生产计划

主生产计划是一个重要的 ERP 计划层次。粗略地说，主生产计划是关于“将要生产什么”的一种描述。它起着承上启下、从宏观计划向微观计划过渡的作用。

人们首先容易想到，主生产计划是生产部门的工具，因为它指出了将要生产什么。

然而，同时还应看到，主生产计划也是市场销售部门的工具，因为它指出了将要为用户生产什么。一份有效的主生产计划包含了企业为了迅速、准确地处理客户问题所需要的最重要的信息，是做好客户服务工作的最好的工具。所以，主生产计划又是联系市场销售和生产制造的桥梁，使生产活动符合不断变化的市场需求，又向销售部门提供生产和库存的信息，起着沟通内外的作用。

## 7.6.2　为什么要制订主生产计划

我们知道 ERP 有 5 个计划层次，即经营规划、销售和运营规划、主生产计划、物料需求计划和能力需求计划。企业应当有有效的计划过程，这个观点是人们容易接受的。但对于为什么要有主生产计划往往存有疑问。例如，为什么要先有主生产计划，再根据主生产计划来制订物料需求计划？直接根据生产规划、销售预测和客户订单来制订物料需求计划不行吗？产生这样的想法和疑问的原因在于不了解 MRP 的计划方式。首先，生产规划是按产品族来计划生产率的，必须先把关于产品族的生产率信息分解成关于产品的生产率信息，才能据以运行 MRP。其次，概括地说，MRP 的计划方式就是追踪需求。如果直接根据销售预测和客户订单的需求来运行 MRP，那么，得到的计划将在数量和时间上与预测和客户订单需求完全匹配。但是，预测和客户订单是不稳定、不均衡的，根据它们直接安排生产将会出现忽而加班加点也不能完成任务，忽而设备闲置很多人没有活干的现象，这将给企业带来灾难性的后果。而且企业的生产能力和其他资源是有限的，这样的安排也不是总能做得到的。

加上主生产计划这一层次，通过人工干预，均衡安排，使得在一段时间内主生产计划量和预测及客户订单在总量上相匹配，而不要求在每个具体时刻上均与需求相匹配。在这段时间内，即使需求发生很大变化，但只要需求总量不变，就可以保持主生产计划不变，从而得到一份相对稳定和均衡的生产计划。由于关于产品或最终项目(独立需求项目)的主生产计划是稳定和均衡的，据此所得到的关于非独立需求项目的物料需求计划也将是稳定的和均衡的。

主生产计划能够将有效地管理产品的生产、库存、销售所需的全部数据显示在一个屏幕上，对每行数据都用统一的格式，时区的选择也是一致的。从而，各个部门都可从中得到所需的信息，而且避免了信息的不一致。

主生产计划以周或天作为计划时区，从而可以及时地对多变的市场和不准确的预测作出反应。

主生产计划使用关键的时界，即计划时界和需求时界，使得既便于计划的维护，又可避免被不可能满足的客户需求所驱使。

以物料单位表示的主生产计划很容易转换成以货币单位表示的成本信息，因此，很容易形成财务计划。

主生产计划极大地提高了物料管理人员的工作效率。它把人从繁琐的数据收集、检查和计算中解放出来，使得他们可以去做好更重要的管理工作，即库存管理和计划，以确保使客户最大限度地满意。

### 7.6.3 主生产计划的对象

主生产计划把生产规划制定的产品族的生产率分解为每一种产品或“最终项目”的生产率，所谓最终项目即具有独立需求的物料，对它的需求不依赖于对其他物料的需求。主生产计划不一定总是针对产品的，在许多情况下，要以最终项目作为主生产计划的对象。但根据生产计划方式的不同，最终项目的含义也不完全相同。

在面向库存生产的环境下，最终项目指产品、备品备件等独立需求项目。

在面向订单生产的环境下，又有两种情况：如果产品是标准设计或专项设计，最终项目一般就是产品；如果产品是一个系列，结构基本相同，都是由若干基本组件和一些通用件组成，每项基本组件又有多种可选件从而可形成一系列多种规格的变型产品，在这种情况下，最终项目指的是基本组件和通用件。编制计划时，先根据历史资料确定各基本组件中各种可选件占需求量的百分比，并以此安排生产，保持一定库存储备；一旦收到正式订单，只要再编制一个总装配计划(final assembly schedule，FAS)，规定从接到订单开始，核查库存、组装、测试检验、包装到发货的进度，都可以选装出各种变型产品，从而缩短交货期，满足客户需求。这种生产计划方式即是面向订单装配。

### 7.6.4 将生产规划转换成主生产计划——计划物料清单

如前所述，生产规划是关于产品族的计划，而具体的生产过程是无法按照产品族的计划来进行的。还必须把产品族的计划转换成产品(或最终项目)的计划，才能用来指导生产，也就是说必须要把生产规则转换成主生产计划。这就要用到计划物料清单，虽然计划物料清单的形式和普通的物料清单是一样的，但是有三点本质的区别。

(1) 计划物料清单的目的不是用于制造，而是用于计划。

(2) 计划物料清单中出现的父项和子项都不是普通的物料，而分别是产品族和产品(或最终项目)。

(3) 子项的数量不是指明构造父项所用的数量，而是指明产品(或最终项目)在产品族中所占的百分比。因此，计划物料清单也称为百分比物料清单。

图 7.5 给出了一个计划物料清单的例子。其中，圆珠笔产品族由三种产品组成，即普通圆珠笔、中档圆珠笔和高档圆珠笔。根据历史数据确定，市场对圆珠笔的需求有 50%是普通圆珠笔，20%是中档圆珠笔，30%是高档圆珠笔。在计划物料清单中显示了这些百分比。

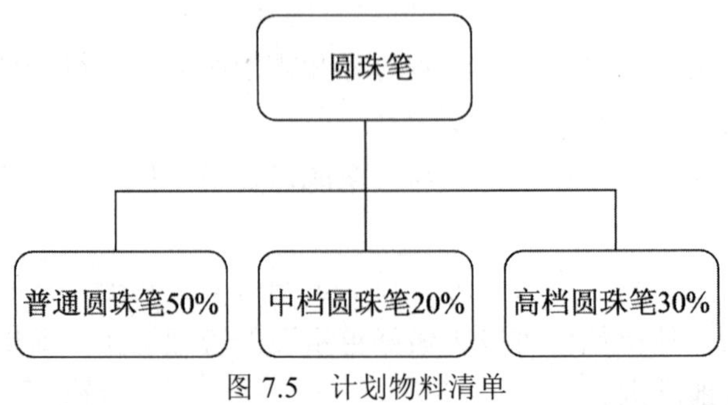


图 7.5 计划物料清单

用计划物料清单分解产品族的生产规划所得到的结果称为具体产品(或最终项目)生产预测，按照图 7.5 所示，假定对圆珠笔产品族在某个特定时区的生产规划量是 300 支，那么计划员将通过计划物料清单得到每种圆珠笔的生产预测如下：

普通圆珠笔=300×50% = 150 支

中档圆珠笔=300×20% = 60 支

高档圆珠笔= 300×30% = 90 支

这里，使用计划物料清单对产品族的生产规划做了展开，这个展开过程类似于 MRP 的需求展开过程，目的是把对于产品族的生产规划量分解到具体的产品中。

在计划物料清单中，所有产品的百分比之和应当等于 100%。

### 7.6.5 订单及其生命周期

在前面的讨论中，我们已经多次按照直观的理解使用订单的概念。但是，从主生产计划开始，对各类订单的管理和控制将趋于精细。因此，我们有必要对订单及其生命周期的概念作比较详细的介绍。

任何一个制造企业都要处理三类订单，即客户订单、生产订单和采购订单。主生产计划和物料需求计划都是围绕这三类订单展开的。实际上，企业的全部生产经营活动都是围绕这三类订单展开的。

客户订单反映市场的实际需求。生产订单反映为满足客户需求所必须完成的产品和其他自制项目及其数量和日期。采购订单则反映为保证生产和客户需求所必须外购的零部件和原材料及其数量和日期。

一份订单从产生到完成的过程构成它的生命周期。通常把订单的生命周期划分为 4 个阶段，即计算机计划订单、确认的计划订单、已下达的订单和完成的订单。任何一个 ERP 商品软件系统都至少包括这 4 个订单阶段，在不同阶段使用不同的处理方法。

#### 1. 计算机计划订单

计算机计划订单是 ERP 系统对计划人员提出的建议，是由 ERP 系统生成的而不是由计划人员生成的。ERP 系统根据需求数量和日期、预先确定的批量和提前期，生成计划订单，确保物料的生产或采购能够满足需求。ERP 系统可以随时根据操作数据的变化而修改这类订单的数量和日期。

#### 2. 确认的计划订单

确认的计划订单是指计划人员确认了该订单的数量和日期，ERP 系统不能再自动修改其数量和日期。如果 ERP 系统认为需要修改，则只能给出建议，然后由计划人员来修改。

#### 3. 已下达的订单

已下达的订单是一种授权。已下达的生产订单启动了生产过程，指明可以开始组织生产，把物料、人工和设备用于制造指定的产品或物料。

已下达的采购订单启动了采购过程，可以把采购订单发给供应商，可以进行物料接收。

对于已下达的生产订单和采购订单，ERP 系统都不能再自动修改其数量和日期，如果认为需要修改，则只能给出建议，然后由计划人员来修改。

至于客户订单，在接到时即处于下达阶段，可以向客户发运货物。

**4. 完成的订单**

当一份订单所指明的物料已完工入库、接收入库或已完成向客户发货时，则成为完成订单。完成订单的数量反映在库存的增减中，其本身不再出现在计划中，而是存入备查的数据库文件中，直至最后删除。

## 7.6.6 主生产计划矩阵

主生产计划矩阵是一个二维的表格，通过时间和活动的类型来定义计划活动。计划活动分成两大类，即供应和需求。

**1. 计划时区**

每个计划时区(简称时区)可以是 1 天或 1 周。在实际的软件系统中，时区如果不是一天，通常使用一个时区的开始日期来标记一个时区，例如，12/5/2016，12/12/2016 等。系统显示的时区数取决于 MRP 软件系统和公司的计划展望期。

**2. 需求部分**

需求是主生产计划的依据。从前面的讨论可知，对于面向库存生产的产品和单纯面向订单生产的产品来说，它们的需求相对简单，分别只有需求预测和客户订单。但是，随着竞争形势的发展，这种单纯的产品形式在现实世界中越来越少。因此，下面的讨论是按更复杂的情况来进行的，即主生产计划矩阵的需求部分既包括需求预测也包括实际的需求，即客户订单。此外，还包括未消耗的预测和总需求。这些名词的具体含义在下面介绍。

1) 需求预测

需求预测可以是来自生产规划的生产预测，也可以是市场预测。如果企业的产品很多，划分成产品族进行管理且对产品族作市场预测，则使用生产预测。否则，也可以直接对主生产计划的对象作市场预测。

生产预测用于指导主生产计划的编制，使得主生产计划员在编制主生产计划时能够遵循生产规划的目标。它是某产品族的生产规划总生产量中预期分配到该项产品的部分，其计算通常使用计划物料清单来分解生产规划。

2) 实际需求

实际需求是指已经接到客户的订单，并作出了发货承诺，但尚未发货的订单量。主生产计划员必须按客户、数量和所承诺的交货日期跟踪每一份客户订单，确保客户将按照所得到的承诺收到所需要的产品。实际需求包括预测的客户订单和增加的客户订单。

前者是预测的实现，每逢接到预测的客户订单，则冲销相应的预测量。而后者是出乎预料的需求，不是预测的实现，不冲销预测，而是要增加总需求。增加的客户订单有时反映了一种新的商机，所以要加以区分。

3) 未冲销的预测

未冲销的预测是指尚未被实际的客户订单冲销的预测量。它指出在不超过预测的前提下，对主生产计划的对象还可以期望得到多少客户订单。一般来说，它的计算方法是某时区的预测量减去同一时区的预测的客户订单量。

4) 总需求

总需求是指未冲销的预测和实际需求之和。

### 3. 供应部分

1) 主生产计划

这一行所表示的是主生产计划员和计算机系统在各个时区所投放的用来满足需求的供应订单量。每份订单所出现的时区是该订单的完成日期。

2) 预计可用量

预计可用量(projected available balance，PAB)指物料在某个时区的预计库存数量，计算公式如下：

某时区预计可用量=上时区预计可用量+该时区计划接收量-该时区毛需求量

主生产计划员使用预计可用量来验证预测和主生产计划之间的平衡程度。如果预计可用量出现负值(或在使用安全库存的情况下在安全库存之下)，则说明主生产计划量偏低。如果预计可用量随着时间的推移而越来越高，则说明主生产计划量偏高。

3) 可承诺量

可承诺量(available to promise，ATP)用于支持客户订单承诺。它告诉销售部门，在不改变主生产计划的前提下还可以满足多少客户需求。这是一条非常有用的信息，因为它指出可靠的客户承诺是什么。每一个录入客户订单的人员都应当搞清 ATP 的概念和作用。

ATP 是库存量和主生产计划量中尚未承诺给客户订单的部分。ATP 的计算方法如下：

① 第一个时区的 ATP 是初始库存量加上主生产计划量再减去下一次出现主生产计划量之前所有时区中未交付的客户订单之和。

② 对于以后的时区，如果在该时区设置了一个主生产计划量，则 ATP 是这个主生产计划量减去在这个时区以及直到下一个主生产计划量出现之前的各个时区上所有的客户订单得到的差。对于主生产计划为零的时区，ATP 亦为零。

表 7.5 给出了一个计算 ATP 的例子。

**表 7.5　主生产计划和 ATP(初始库存量 30)**

| 时区/周 | 1 | 2 | 3 | 4 | 5 | 6 |
|---|---|---|---|---|---|---|
| 客户订单 | 20 | 15 | 5 | 10 | 10 | 0 |
| 主生产计划 | 0 | 40 | 0 | 40 | 0 | 40 |
| ATP | 10 | 20 | 0 | 20 | 0 | 40 |

### 7.6.7 主生产计划的编制

编制主生产计划一般要经过以下步骤：

(1) 根据生产规划和计划清单确定对每个主生产计划对象即最终项目的生产预测。

(2) 根据生产预测、已收到的客户订单、配件预测以及该最终项目作为非独立需求项的需求数量，计算总需求。

(3) 根据总需求量和事先确定好的订货策略和批量，以及安全库存量和期初库存量，计算各时区的主生产计划量和预计可用量。这里可以使用如下公式从最初时区推算：

第 K+1 时区的预计可用量=第 K 时区预计可用量+第 K+1 时区主生产计划量-第 K+1 时区的总需求量(K=0，1，…)

第 0 时区的预计可用量=期初可用量

在计算过程中，如预计可用量为正值，表示可以满足需求量，不必再安排主生产计划量；如预计库存量为负值，则在本时区就计划一个批量作为主生产计划量。从而给出一份主生产计划的备选方案。

(4) 用粗能力计划评价主生产计划备选方案的可行性，模拟选优，给出主生产计划报告。

### 7.6.8 主生产计划的维护和控制

虽然经营规划、预测和生产规划可为主生产计划的编制提供合理的基础，但随着情况的变化，主生产计划的改变仍是不可避免的。主生产计划员负责维护主生产计划，这是一项艰巨而重要的工作，准确性和时间性极其重要。主生产计划不准确将使整个 ERP 系统产生的信息失去意义。

为了说明需求量的计算依据、变动计划的限制条件、难易程度以及付出的代价，从而谋求一个比较稳定的主生产计划，提出了时界与时域的概念，向生产计划人员提供一个控制计划的手段。

在计划展望期内最近的计划期，称为第 1 个时域，其跨度等于或略大于最终产品的总装配提前期；稍后的计划期，称为第 2 时域，其跨度加上第 1 时域的跨度等于或略大于最终产品的累计提前期；第 2 时域以后的计划期称为第 3 时域。

第 1 时域和第 2 时域的分界线称为需求时界(demand time fence，DTF)，它提醒计划人员早于这个时界的主生产计划，即第 1 时域的主生产计划，已在进行最后总装，不宜再作变动，否则要付出很大的代价。所以，第 1 时域也称为冻结时域。在这个时域中，主生产计划的改变要经过企业高层领导的批准。

第 2 时域和第 3 时域的分界线称为计划时界(planning time fence，PTF)或确认计划时界(firm planned time fence)，它提醒计划人员在这个时界和需求时界之间的主生产计划，即第 2 时域的主生产计划，已经确认，主生产计划的变化要付出一定的代价，所以不允许系统自动改变，必须由主生产计划员来控制。通常，这个时域称为尚有灵活性的时域。

在计划时界以后的时域，即第 3 时域，主生产计划还没有经过确认，系统可以改动。通常，第 3 时域称为自由时域。

两种时界向计划人员提供一种控制手段。不难看出，提前期愈短，留给系统排进度的余地愈大。为了提高计划的应变能力，应当努力提高生产率，缩短提前期。

### 7.6.9　主生产计划的评估——粗能力计划

对主生产计划的改变进行有效的管理是ERP系统中最富挑战性的和最困难的工作之一。有效的方法是正确地评估计划改变可能产生的影响并找出问题所在。这是通过制订粗能力计划(rough cut capacity planning，RCCP)来实现的。粗能力计划的处理过程是将主生产计划转换成对相关的工作中心的能力需求。粗能力计划要忽略某些基本信息，以便简化并加快能力计划的处理过程。

粗能力计划使用某些有代表性的工艺路线，是一个近似的能力计划。通常，企业要根据与粗能力计划相关的主要资源的情况来批准主生产计划。

根据主生产计划来运行粗能力计划，这对于评估主生产计划的变化是一个有价值的工具。此外，在某些企业中，备用件构成企业全部资源的重要部分。因此，当评估对主生产计划的改变所产生的影响时，备用件的需求应包括在粗能力计划中。

粗能力计划所用的代表工艺路线把主生产计划项目和生产它们所需的关键工作中心联系起来。代表工艺路线应当包括工作中心标识符、所需工时数、模具数以及主生产计划中指出的完成日期的差异。

由主生产计划通过代表工艺路线按日期产生粗能力需求。以周或月为时区把这些粗能力需求汇总，并显示粗能力计划图。

粗能力计划为评估或主生产计划所产生的能力需求提供了一个粗略的方法。如果一份计划是不现实的，或一项变化对资源或关键设备产生重大超量需求，则都能从粗能力计划中清楚地反映出来。

粗能力计划的报告格式和能力需求计划报告的格式相同，要表明资源代码及描述、时区日期、在一个时区内总的能力需求以及总的能力可用量。

为了有效地解决粗能力计划的问题，需要提供一种方法来识别能力需求的来源，最简单的方法是提供一个报告或屏幕显示，表明在每个时区引起粗能力计划需求的具体的产品族或主生产计划订单。

如果粗能力计划的计算表明存在能力或资源的短缺，那么，在批准主生产计划之前，必须解决这一问题，或者增加能力或资源，或者调整主生产计划。如果必须调整主生产计划以协调资源短缺，那么这种调整一定要反映在最后的主生产计划中。

### 7.6.10　关于主生产计划员的一个案例

星期三上午，11：50，C 电器设备公司的主生产计划员朱女士正准备去吃午饭，电话铃响了，是公司主管销售的副总裁。

“朱女士，你好。我刚刚接到我们浙江的销售代表的电话，他说，如果我们能够比D公司交货更快，就可以和一家大公司做成A3系统的一笔大生意。”

“这是一个好消息。”朱女士回答，“一套A3系统可以卖100万呢！”

“是的。”副总裁说，“这将是一个重要的新客户，一直由D公司控制着。如果我们这第一步走出去了，以后的生意会接踵而来的。”

朱女士知道，副总裁打电话给她绝不仅仅是告诉她这个好消息。“如果我们能够比D公司交货更快”才是打电话的原因。作为主生产计划员，她意识到副总裁下面还有话说，她全神贯注地听着。

“你知道，朱女士，交货是销售中的大问题。D公司已经把他们的交货期从原来的5周缩短到4周。”副总裁停顿了一下，也许是让朱女士做好思想准备。然后接着说：“如果我们要做成这笔生意，我们就必须做得比D公司更好。我们可以在3周之内向这家公司提供一套A3系统吗？”

朱女士在今天上午刚刚检查过A3系统的主生产计划。她知道，最近几周生产线都已经排满了，而且A3系统的累计提前期是6周，看来必须修改计划。“是3周以后发货吗？”朱女士问道。

“恐怕不行，3周就要到达客户的码头。”副总裁回答。朱女士和副总裁都清楚，A3系统太大，不能空运。

“那我来处理这件事吧。”朱女士说，“两小时之后我给您回电话。我需要检查主生产计划，还需要和有关人员讨论。”

副总裁去吃午饭了。朱女士继续工作、解决问题。她要重新检查A3系统的主生产计划，有几套A3系统正处于不同的生产阶段，它们是为其他客户做的。她需要考虑当前可用的能力和物料；她要尽最大的努力，使销售代表能够赢得这个重要的新客户；她还必须让其他老客户保持满意。尽一切可能把所有这些事情做好，这是她的工作。

下午1：50，朱女士给销售副总裁打了电话：“您可以通知您的销售代表，从现在开始3周，一套A3系统可以到达客户的码头……”

“太好了！朱女士。您是怎么解决的呀？”副总裁高兴地问道。

“事情是这样，我们有一套A2系统正在生产过程中。我请您的助手给这套A2系统的客户代表打了电话，请他和客户联系，能否推迟2周交货。我们答应这家客户，如果他们同意推迟两周交货，我们将为他们延长产品保修期。他们同意了，我们的财务部门也批准了。我可以修改计划，利用现有的物料和能力把A2系统升级为A3系统，就可以按时交货了。但是还有一个问题，如果能解决，那就可以为您浙江的销售代表开绿灯了。”

“什么问题？”副总裁有点担心。

“您的广东销售代表有一份A3系统的单子正在生产过程中。如果我们按刚说的那样来改变计划，这份订单就得推迟3~4天，您看可以吗？”

球又回到了副总裁手里。他清楚，对原有计划的任何即使是精心的修改也往往要付出一些代价。“好吧，我来处理。”副总裁说。

问题终于解决了。朱女士看看表，14：15，她感到了饥饿。

这个案例清楚地说明，在主生产计划制订和执行的过程中，主生产计划员处于一个非常关键的位置上。他(她)的任务是和企业组织中的其他人一起工作来协调希望做和能够做的事情。ERP 软件系统的主生产计划功能为主计划员提供了一个工具，主生产计划员必须用好这个工具。主生产计划员必须具有关于企业的丰富知识，知道什么可以做，什么不可以做，知道销售人员所面临的问题。他(她)不但要精通计划的机制，还要了解企业的整体业务，要了解公司的客户、产品、产品的生产过程以及供应商，以便于协调市场销售部门和生产部门以及其他有关部门的工作。所以，做主生产计划，绝不仅仅是向主生产计划矩阵里面填写数字。

在这个案例中，主生产计划员利用 MPS 软件工具得到关于 A3 系统的生产、能力和物料信息，在此基础上，她要精心考虑，如何重新作出安排，既要实现本公司的目标，又要让客户满意。她的关于产品和产品生产过程的知识，使她清楚如何把 A2 系统升级为 A3 系统。她具有组织和沟通的能力，和公司的其他人员，包括销售、市场、工程技术、财务以及高层管理层人员协同工作，找到了一个需要公司各个方面共同支持的解决方案。

# 7.7 » 物料需求计划

物料需求计划(MRP)过程是一个模拟过程。它根据主生产计划、物料清单和库存记录，对每种物料进行计算，指出何时将会发生物料短缺，并给出建议，以最小库存量来满足需求并避免物料短缺。本节，我们将从 MRP 的输入信息、计算过程、运行方式和主要输出信息等 4 个方面对 MRP 进行详细的介绍。

## 7.7.1　MRP 的输入信息

MRP 系统的输入信息源包括主生产计划、来自厂外的零部件订货、作为独立需求项目的需求量预测、库存记录文件和物料清单等。

主生产计划是 MRP 系统的主要输入信息源。因为 MRP 系统要根据主生产计划中的项目逐层分解，得出各种零部件的需求量，而其他的输入信息只是为 MRP 分解主生产计划提供帮助信息。

厂外零部件订货系指备品备件订货、厂际协作订货、来自专门采购其他厂家零部件组装产品的厂家的订货以及其他任何与常规生产计划无关的特殊订货。此外，零部件订货还可能用于实验、破坏性试验、推销、设备维修等。MRP 系统在处理这类订货时，只是在相应物料的毛需求量中加上这类订货的数量。

MRP 系统是将对零部件的独立需求预测所得到的结果作为毛需求量来对待的，即对于那些部分属于独立需求，部分属于非独立需求的物料，只要将独立需求的预测量加到毛需求量上即可。

库存记录文件是由各项物料的库存记录组成的，这些记录中含有用来决定需求量状态的数据。库存记录文件必须通过各种库存事务处理来随时加以更新。每项库存事务处理(入库、出库、报废等)都将改变相应物料的状态数据。库存事务处理更新了各项物料的状态数据，而这些状态数据又在计算需求量的过程中被引用。

物料清单中所包含的产品结构信息，则作为需求分解的依据。

## 7.7.2 MRP 的计算过程

在本书第 2 章，我们介绍了在物料清单的一个层次上计算物料的过程。但那只是 MRP 需求分解过程的一部分，是横向的过程。下面介绍最终项目的一项需求按 BOM 引起对下属各层物料的毛需求和净需求的纵向计算过程以及物料需求计划的全过程。

为了确定 BOM 中一个较低层次(层次越低编号越大)的物料项目的净需求量，不仅需要考虑这类项目在本层的需求数量，还要考虑该项目在其父项物料以及父项物料的父项物料中的需求数量。计算净需求量的过程可以用下面的一个例子来说明(见图 7.6)。

|  |  |  |
|---|---|---|
| 第 0 层 | X | 产品(卡车) |
| 第 1 层 | A | 总成(传动器) |
| 第 2 层 | B | 组件(齿轮箱) |
| 第 3 层 | C | 零件(齿轮) |
| 第 4 层 | D | 零件半成品(锻坯) |

图 7.6　父项物料与子项物料的关系

**【例 7.1】**　假定要生产 100 辆卡车，库存情况如下(库存量和已订货量之和)。

|  |  |
|---|---|
| 传动器 | 2 |
| 齿轮箱 | 15 |
| 齿轮 | 7 |
| 齿轮锻坯 | 46 |

现在来计算上述各项物料的净需求量：

|  |  |
|---|---|
| 需要生产的卡车数量 | 100 |
| 传动器毛需求量 | 100 |
| 传动器库存量和已订货量 | 2 |
| 传动器的净需求量 | 98 |
| 生产 98 台传动器对齿轮箱的毛需求量 | 98 |
| 齿轮箱库存量和已订货量 | 15 |
| 齿轮箱净需求量 | 83 |
| 生产 83 台齿轮箱对齿轮的毛需求量 | 83 |
| 齿轮库存量和已订货量 | 7 |
| 齿轮净需求量 | 76 |
| 生产 76 个齿轮对齿轮锻坯的毛需求量 | 76 |
| 齿轮锻坯库存量和已订货量 | 46 |
| 齿轮锻坯净需求量 | 30 |

下面对齿轮锻坯的净需求量核实一下。卡车生产数量为 100，齿轮锻坯的总需求量，即以下 5 项之和亦应为 100：

| | |
|---|---:|
| 齿轮锻坯的库存量和已订货量 | 46 |
| 含有齿轮锻坯的齿轮的库存量和已订货量 | 7 |
| 含有齿轮的齿轮箱的库存量和已订货量 | 15 |
| 含有齿轮箱的传动器的库存量和已订货量 | 2 |
| 齿轮锻坯的净需求量 | 30 |
| 总计 | 100 |

净需求量的计算是根据产品结构自上而下逐层进行的。这个计算过程把隐蔽在较高层次的物料项目传动器、齿轮箱、齿轮中的齿轮锻坯都找了出来，并加以计算。净需求量是通过一层一层地把库存量和已订货量分配给各个相应层次上的毛需求量而逐步求得的。只有在确定了父项物料的净需求量以后，才能确定子项物料的净需求量。

有一点应当注意的是，毛需求量是为了满足父项物料的订货要求而产生的，而不是最终产品所消耗的数量。这两个量不一定相同。

在例 7.1 中，要生产 100 辆卡车，每一辆卡车含有一个齿轮锻坯，因此齿轮锻坯的总需要量是 100。这个数字虽然在成本核算等方面很有用处，但对于物料需求计划则没有意义。因为我们关心的不是与产品一起出厂的组件的数量，而是需求采购或制造的最小数量，即净需求量。在例 7.1 中算出的齿轮锻坯的毛需求量是 76，净需求量是 30。只有在上层物料(齿轮、齿轮箱、传动器)中库存为 0 时，齿轮锻坯的毛需求量才可能是 100。在物料需求计划里，子项物料的毛需求量取决于父项物料的净需求量，而不是取决于最终产品或主生产计划最终项目的需求量。

物料需求计划的全过程，即是在展望期内把最终项目的独立需求从主生产计划开始向下逐层分解为各个零部件需求的过程。在此过程中，一个关键的问题是父项物料记录和子项物料记录之间的衔接问题：对一项物料的计划订货的下达就同时产生了其子项物料的毛需求，它们在时间上完全一致，在数量上有确定的对应关系。此过程沿 BOM 的各个分支进行，直到所有的分解路线都达到外购件(零部件或原材料)为止。

表 7.10 对处于相邻层次的三个物料项目的需求分解过程作了说明。它们的提前期均为 2。

在此例中，假定物料项目 B 和 C 没有多个父项，即它们不是通用件。然而，实际情况却往往不是如此。它们很可能有着多个父项，尤其是处于 BOM 低层的项目更是这样。在这种情况下，如果沿 BOM 各分支分别分解，然后再把对通用件的多项需求相加，则造成计算的重复，降低了数据处理的效率。

获得数据处理高效率的标准技术称为逐层处理法，一般 MRP 软件系统均采用这种方法。做法是先对所有 BOM 算出第一层上所有物料项目的计划订货，把这些结果按通用件相加，用来确定第二层项目的毛需求。依此类推，直至外购件。

表 7.10　需求量的分解

第一层项目：A

| 时　　区 | | 1 | 2 | 3 | 4 | 5 | 6 | 7 | 8 | 9 |
|---|---|---|---|---|---|---|---|---|---|---|
| 毛需求量 | | 10 | | 15 | 10 | 20 | 5 | | 10 | 15 |
| 预计入库量 | | | | 14 | | | | | | |
| 库存量 | 12 | 2 | 2 | 1 | -9 | -29 | -34 | -34 | -44 | -59 |
| 计划订货下达 | | | 9 | 20 | 5 | | 10 | 15 | | |

第二层项目：B

| 时　　区 | | 1 | 2 | 3 | 4 | 5 | 6 | 7 | 8 | 9 |
|---|---|---|---|---|---|---|---|---|---|---|
| 毛需求量 | | | 9 | 20 | 5 | | 10 | 15 | | |
| 预计入库量 | | | | | | | | | | |
| 库存量 | 28 | 28 | 19 | -1 | -6 | -6 | -16 | -31 | -31 | -31 |
| 计划订货下达 | | 1 | 5 | | 10 | 15 | | | | |

第三层项目：C

| 时　　区 | | 1 | 2 | 3 | 4 | 5 | 6 | 7 | 8 | 9 |
|---|---|---|---|---|---|---|---|---|---|---|
| 毛需求量 | | 1 | 5 | | 10 | 15 | | | | |
| 预计入库量 | | | | | | | | | | |
| 库存量 | 8 | 7 | 2 | 2 | -8 | -23 | -23 | -23 | -23 | -23 |
| 计划订货下达 | | | 8 | 15 | | | | | | |

在这个过程中，物料的低层代码起到非常重要的控制作用。一项物料可以出现在多个 BOM 中。所以，每项物料都要有一个低层代码，用来指明在包括该项目的所有 BOM 中，该项目所处的最低层次。于是，在逐层分解计算需求量的过程中，对该项目的处理便被延迟到其出现的最低层次上进行。从而所有较高层次上可能出现的对该项目的毛需求都能在此之前确定。因此，每项物料的记录只需处理一次，避免了重复检索和处理，提高了效率。

## 7.7.3　MRP 的运行方式

MRP 系统有两种基本的运行方式：重生成式和净改变式。

在使用重生成方法时，主生产计划中所列的每一个最终项目的需求都要加以分解；每一个 BOM 文件都要被访问到；每一个库存状态记录都要经过重新处理；系统输出大量的报告。

重生成式运行是通过批处理作业完成的。因此，只能按一定时间间隔定期进行。在两次批处理之间发生的所有变化及计划因素的变化等，都要累计起来，等到在下一次批处理作业中一起处理。所以，计划重排结果报告的生成常有时间延迟，这就使得系统反映的状态总是在某种程度上滞后于现实状态。

从数据处理的角度看，重生成方式效率比较高。但由于每次更新要间隔一定周期，通常至少也要一周，所以不能随时反映出系统的变化。

净改变方式采用局部分解的作业方式，对计划进行连续的更新，取代以较长时间间隔进行全面分解的作业方式。净改变方式可以对系统进行频繁的，甚至是连续的更新，但从数据处理的角度看，效率不高。

以上两种方式的主要输出是一样的，因为不论以何种形式执行 MRP 系统，对同一个问题只能有一个正确的答案。两种方式最主要的区别在于计划更新的频繁程度以及引起计划更新的原因。在重生成方式中，计划更新是由主生产计划的变化引起的，在净改变方式中，计划更新是由库存事务处理引起的。

通常，ERP 软件系统都提供两种运行方式可供选择，在实际应用中，企业一般的做法是，每月第一次运行 MRP 系统采用重生成方式，然后每天运行 MRP 系统则采用净改变方式。

### 7.7.4　MRP 的主要输出信息

MRP 的主要输出信息如下。

(1) 未来一段时间的计划订单。

(2) 下达计划订单的建议信息。

(3) 要求提前或推迟已下达订单的完工日期的建议信息。

(4) 撤销订单的建议信息。

(5) 关于未来的库存量预报和库存状态信息。

(6) 数据错误报告。

(7) 需求反查报告。

(8) 各种例外信息报告等。

MRP 系统的输出信息成为其他计划和控制子系统的有效输入信息。这些子系统包括能力需求计划、车间作业管理、采购作业管理等。

## 7.8 » 能力需求计划

物料需求计划的对象是物料，物料是具体的、形象的和可见的。能力需求计划(capacity requirements planning，CRP)的对象是能力，能力是抽象的，且随工人效率、人员出勤率、设备完好率等变化。CRP 把 MRP 的物料数量转换为标准负荷小时，把物料需求转换为能力需求。它把 MRP 的计划下达生产订单和已下达但尚未完工的生产订单所需的负荷小时，转换为每个工作中心各时区的能力需求。

### 7.8.1　工厂日历

能力需求计划所使用的日期标识要使用工厂日历。这是因为常规日历的月份天数参差不齐，假日也不规则，不便于计划安排。工厂日历则只对工作日连续编号，周六、周日以及节假日不进行编号。因此，当人们使用工厂日历来确定或标识日程计划时，只用简单的加减法就可以了。表 7.12 是一份工厂日历。其中的工作日编号从 391 到 412。

表 7.12　一份工厂日历(8 月份)

| 星期日 | 星期一 | 星期二 | 星期三 | 星期四 | 星期五 | 星期六 |
|---|---|---|---|---|---|---|
| 1 | 2　391 | 3　392 | 4　393 | 5　394 | 6　395 | 7 |
| 8 | 9　396 | 10　397 | 11　398 | 12　399 | 13　400 | 14 |
| 15 | 16　401 | 17　402 | 18　403 | 19　404 | 20　405 | 21 |
| 22 | 23　406 | 24　407 | 25　408 | 26　409 | 27　410 | 28 |
| 29 | 30　411 | 31　412 | | | | |

## 7.8.2　能力需求计划的输入

输入数据是 CRP 过程的第一步。输入的数据包括已下达的生产订单、MRP 计划订单、工艺路线文件、工作中心文件、工厂日历。

## 7.8.3　编制工序计划

当收集了必要的数据之后，就可以编制工序计划了。

首先以倒序排产的方法编制工序计划。即从订单交货期开始，减去传送、加工、准备和排队时间来确定工艺路线上各工序的开工日期。如果得到一个已过期的开工日期，那么为了按预定的交货期完工，则应重新计划订单并压缩提前期。如果这是不可能的，那就只好将交货期推迟。

编制工序计划首先要从生产订单、工艺路线和工作中心文件中得到有关信息。

从已下达订单文件得到订货量和交货期。例如，部件 A 订单订货量是 60，交货期是工厂日历第 420 天。

从工艺路线文件中获得工序次序、工作中心号、准备时间和加工时间。部件 A 订单需要在两个工作中心(分别是 1 号工作中心和 2 号工作中心)上加工两道工序(工序 10 和工序 20)，如表 7.13 所示。

表 7.13　工序、工作中心、准备时间和加工时间

| 加工次序 | 工作中心 | 准备时间/小时 | 单件加工时间/小时 |
|---|---|---|---|
| 工序 10 | 1 | 12 | 1 |
| 工序 20 | 2 | 6 | 0.5 |

从工作中心文件获得 1 号工作中心的排队时间和传送时间均为 1 天，2 号工作中心

的排队时间和传送时间分别为 2 天和 1 天。

然后计算每道工序和每个工作中心的负荷。方法是用从订单中得到的生产数量乘以从工艺路线文件中得到的单个零件每道工序的定额工时，对每道工序再加上标准准备时间。

例如，部件 A 订单计算如下：

工序 10 加工时间　　60×1 小时=60 小时

工序 20 加工时间　　60×0.5 小时=30 小时

将准备时间加到加工时间上，就可确定在每个工作中心上每道工序的负荷。

工序 10——工作中心 1：60 小时+12 小时=72 小时

工序 20——工作中心 2：30 小时+6 小时=36 小时

再计算每道工序的交货日期和开工日期。为了编排部件 A 的订单，使之在第 420 天完成，应该从交货日期减去传送、加工、准备和排队时间所需天数，从而得到订单到达加工该部件第一道工序的工作中心的工作日期。

为了编制工序计划，可以把平均加工时间和准备时间以天为单位存储在工艺路线文件中。将每天计划工时乘以工作中心利用率和效率得到每天可用标准工时数。假设一天 8 小时，利用率是 0.85，效率是 0.88，计算如下：

$$8\times0.85\times0.88=6\text{ 标准工时/天}$$

工序 10：

$$\text{加工时间(天)}=\frac{60\text{ 标准工}}{6\text{ 标准工时/天}}=10\text{ 天}$$

$$\text{准备时间(天)}=\frac{12\text{ 标准工时}}{6\text{ 标准工时/天}}=2\text{ 天}$$

工序 20：

$$\text{加工时间(天)}=\frac{30\text{ 标准工时}}{6\text{ 标准工时/}}=5\text{ 天}$$

$$\text{准备时间(天)}=\frac{6\text{ 标准工时}}{6\text{ 标准工时/}}=1\text{ 天}$$

该例以第 420 天作为工序 20 的完工日期，减去传送、加工、准备和排队时间得到抵达工作中心 2 的日期是第 411 天。这时，第 411 天就成为工序 10 的计划交货日期。重复以上过程计算工序 10 的开工日期，如表 7.14 所示。

表 7.14 工序计划

| 工序号 | 工作中心 | 到达工作中心日期 | 排队时间/天 | 准备时间/天 | 加工时间/天 | 传送时间/天 | 完工日期 |
|---|---|---|---|---|---|---|---|
| 10 | 1 | 397 | 1 | 2 | 10 | 1 | 411 |
| 20 | 2 | 411 | 2 | 1 | 5 | 1 | 420 |

### 7.8.4 编制工作中心负荷报告

当对所有的订单都编制了工序计划之后，就可以对各个工作中心按时区累计负荷，产生所有工作中心的负荷报告。工作中心的负荷报告显示在一定的时区内计划订单和已下达订单的能力需求。

为了按时区累计工作中心负荷，要对每个工作中心将所有订单所需的全部负荷定额工时加在一起。

例如，在工作中心 2 由前面的计算可知部件 A 的订单需要 30 小时加工时间和 6 小时准备时间，即共 36 小时负荷。在工作中心 1，该订单需要 60 小时加工时间和 12 小时准备时间，即共 72 小时负荷。

为了制定工作中心 2 的负荷图，按时区将计划在工作中心 2 上加工的全部下达订单和计划订单的准备时间及加工时间加在一起。最终得到为满足生产计划所需的总设备工时或劳动力工时。表 7.15 是工作中心负荷报告的例子。在表 7.15 中，已下达负荷工时表示由已下达订单产生的负荷。计划负荷工时表示由 MRP 计划订单产生的负荷，总负荷工时是已下达负荷工时和计划负荷工时之和。

表 7.15 工作中心的负荷报告

工作中心号：2　　工作中心描述：机床

劳动能力：180 小时/时区　　设备能力：200 小时/时区

| 项　目 | 时区/周 | | | | | 总负荷 |
|---|---|---|---|---|---|---|
| | 1 | 2 | 3 | 4 | 5 | |
| 已下达负荷工时 | 75 | 100 | 120 | 90 | 100 | 485 |
| 计划负荷工时 | 150 | 0 | 40 | 50 | 140 | 380 |
| 总负荷工时 | 225 | 100 | 160 | 140 | 240 | 865 |
| 可用能力 | 180 | 180 | 180 | 180 | 180 | |
| 能力负荷差异 | -45 | 80 | 20 | 40 | -60 | |
| 能力利用率/(%) | 125 | 56 | 89 | 78 | 133 | |

工作中心能力=180 小时。因劳动能力小于设备能力，所以工作中心能力即劳动能力。

$$能力负荷差异=能力-总负荷$$

$$能力利用率=总负荷/能力\times 100\%$$

工作中心负荷报告多以直方图的形式给出，所以也称为负荷图。如表 7.15 的负荷报告可以用图 7.8 的形式表示。

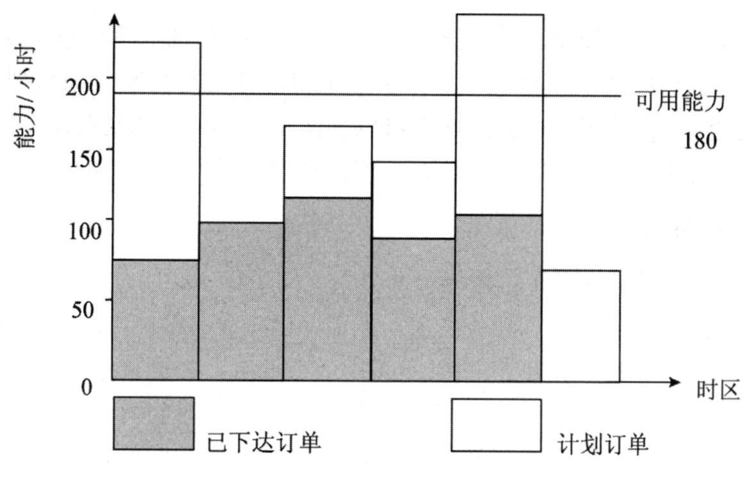


图 7.8　工作中心的负荷图

## 7.8.5　分析结果并反馈调整

超负荷和负荷不足都是应该解决的问题。如果超负荷，则必须采取措施解决能力问题。否则不能实现能力计划。如果负荷不足，则作业费用增大。对于流程工业来说，设备不易关闭，负荷不足则问题更显得严重。因此，必须对负荷报告进行分析，并反馈信息，调整计划。

根据工作中心负荷报告或负荷图，可以对工作中心的负荷和能力进行对比分析。如果有很多工作中心表现为超负荷或负荷不足，那么，能力就不平衡了。在进行校正之前，必须分析其原因。

引起能力不平衡的原因可能是主生产计划的问题，也可能是其他问题。

在制订主生产计划的过程中，已通过粗能力计划从整体的角度进行了能力分析和平衡。因此，在制订能力需求计划之前就会发现主要问题。但对计划进行详细的能力检查时，还会发现有些在粗能力计划中不曾考虑的因素在起作用。例如，主要的维修件订单未反映在主生产计划中；忽略了拖期订单；粗能力计划没有包括所有的关键工作中心等。

如果在主生产计划中忽略了一项影响能力的因素而造成能力不平衡，首先应做的事情就是调整负荷或能力以满足主生产计划对能力的需求，而不是修改它。只有完全必要时，即没有办法满足能力需求时，才需修改主生产计划。其他因素，如提前期，也可引起能力问题。例如，在能力需求计划中考虑了提前期，而在粗能力计划中不曾考虑；提前期增大影响到负荷的分布。

如果在消除了以上各种因素之后，能力和负荷仍不能平衡，那么就要调整能力或负荷。

### 1. 调整能力的措施

(1) 调整劳力。如果缺少劳力，则根据需要增加工人。如果劳力超出当前需要，则可安排培训，提高工人技术水平。或重新分配劳力，把负荷不足的工作中心的劳力分配到超负荷的工作中心。

(2) 安排加班。加班只能是一种应急措施，经常加班绝不是一种好方法。

(3) 重新安排工艺路线。一旦某个工作中心承担的任务超负荷，则可把一部分订单安排到负荷不足的替代工作中心上去。而且可以使两个工作中心的负荷水平都得到改善。

(4) 转包。如果在相当长的时间超负荷，可以考虑把某些瓶颈作业转包给供应商。

**2. 调整负荷的措施**

(1) 重叠作业。为了减少在工艺路线中两个相连的工作中心的总加工时间，可以在第一个工作中心完成整个批量的加工任务之前，把部分已完成的零件传给第二个工作中心。

(2) 分批生产。将一份订单的批量细分成几个小批量，在同样的机器上同时安排生产。这种调度方法不能降低负荷，而是将负荷集中在更短的时间内。

(3) 减少准备提前期。将准备过程规范化，可以减少准备时间，从而降低负荷。于是可以把节省下来的能力用于实际的加工过程。

(4) 调整订单。考虑可否把一份订单提前或拖后安排；或者可否先完成一份订单的一部分，其余部分拖后安排；有些订单是否可以取消等。

## 7.8.6 能力需求计划的控制

控制能力是为了发现现实的问题并预见潜在的问题，以便采取措施。为了保证能力计划的执行，必须做好日常的能力检查。主要包括三方面的报告，即投入/产出报告、劳力报告和设备性能记录。

投入/产出报告是一种计划和控制报告，它显示出各工作中心计划投入和产出与实际投入和产出的偏差，从而可以对能力需求计划进行度量。可以发现能力需求计划在何处未得到执行以及为什么未得到执行。利用投入/产出报告可以在工作中心上的问题明显暴露之前就发现它们，在它们严重地影响计划之前解决掉。投入/产出报告包含以下信息：

① 计划投入——安排到工作中心的计划订单和已下达的订单。

② 实际投入——工作中心实际接收的任务。

③ 计划产出——要求完成的任务。

④ 实际产出——实际完成的任务。

⑤ 与计划的偏差——投入偏差和产出偏差。

⑥ 允许范围——允许的偏差程度。

表 7.16 是一份投入/产出报告。

**表 7.16 投入/产出报告**

| 周 | 1 | 2 | 3 | 4 |
|---|---|---|---|---|
| 计划投入 | 260 | 260 | 260 | 260 |
| 实际投入 | 260 | 255 | 260 | |
| 累计偏差 | 0 | -5 | -5 | |
| 计划产出 | 260 | 260 | 260 | 260 |
| 实际产出 | 255 | 250 | 240 | |
| 累计偏差 | -5 | -15 | -35 | |

投入/产出报告中，必须对比计划的投入产出和实际的投入产出。表 7.16 显示出计划投入和计划产出从第 1 周到第 4 周都是 260 标准工时，从第 1 周到第 3 周，实际投入比计划少 5 标准工时；而实际产出连续减少，累计负偏差达到 35 标准工时。这样，报告可以提前发出关于能力问题的警报。假设允许的累计产出偏差为±20 标准工时，第 4 周则需要采取纠正措施。

劳力报告要反映出勤情况、加班情况和劳动状况。因为人力的利用率和工作效率在一定程度上影响着现有能力。所以要通过劳力报告加以反映并进行分析，以便发现问题。

(1) 出勤记录。缺席多，必定影响能力；人员流动大，效率必定降低；生产人员被安排做非生产工作，能力也会减少。

(2) 加班。大量或长期的加班，会降低生产率，从而产生能力问题。

(3) 劳动状况。实际效率是否符合计划的需求？

劳力和设备是生产能力的基础。所以除了对劳力通过劳力报告进行控制和分析之外，还应对设备性能加以检查和记录，并定期进行分析，以便发现潜在的问题。应检查和记录的项目可有以下几项。

(1) 维修历史。记录维修机器的原因和时间。特别应分析非计划维修，找出潜在的原因。

(2) 停机时间所占的比例。停机时间过长说明机器或机器的检修有问题。

(3) 预防性维修规程。检查预防性维修规程，保证适当的维修。设备越陈旧，维修应越频繁，否则往往会增加停机时间。

## 思考题

1. 举例说明一个企业缺乏有效的计划会出现什么现象？
2. 制造业有哪些不同的生产计划方式？
3. ERP 系统有哪些计划层次？
4. 什么是经营规划？
5. 什么是销售和运作规划？如何制定销售与运营规划？
6. 销售与运营规划报告的内容是什么？如何评估销售与运营规划？
7. 什么是主生产计划？为什么要有主生产计划？
8. 如何制订主生产计划？如何维护主生产计划？
9. MRP 有几种运行方式？各有什么特点？
10. 什么是能力需求计划？如何编制工作中心负荷报告？
11. 如何进行能力控制？
12. 简述 MRP 的功能。
13. MRP 的主要输入信息有哪些？
14. 在 MRP 计划展开的过程中，如何确定一个子项的毛需求？
15. 毛需求量和其消耗在最终产品中的数量有什么不同？

16. 什么是物料的低层代码？低层代码的作用是什么？
17. MRP 的主要运行方式有哪几种？各有什么特点？
18. 在实践中一般如何采用这些不同的运行方式？
19. MRP 的主要输出信息有哪些？
20. 能力需求计划的输入数据有哪些？
21. 如何编制工序计划？
22. 如何编制工作中心负荷报告？
23. 如何进行生产能力和负荷的调整？
24. 如何控制能力需求计划？
25. 什么是投入/产出报告？它的作用是什么？

## 习题

1. 在下面关于销售规划和生产规划的陈述中，哪一项是正确的？(　　)
   A. 生产规划必须总是与销售规划完全一致
   B. 生产规划不必总是与销售规划完全一致
   C. 生产规划应当比销售规划多 10%
   D. 生产规划与销售规划是相互无关的
2. 下面哪项活动属于生产规划活动？(　　)
   A. 确定产品价格　　B. 确定产品族的生产率
   C. 维护产品技术信息的准确性　　D. 维护产品成本
3. 制定生产规划的目的是什么？(　　)
   A. 确定客户服务水平　　B. 确定毛销售量
   C. 为制定经营规划作准备　　D. 确定产品族生产率
4. 资源需求计划的作用是什么？(　　)
   A. 检查生产规划的合理性　　B. 代替能力需求计划
   C. 用于大批量重复生产的公司　　D. 用于能力计划的详细分析
5. 下面哪一项是销售与运营规划的计划对象？(　　)
   A. 单项物料　　B. 子项行物料　　C. 产品族　　D. 维修件
6. 下面哪一项用于评估销售与运营规划的合理性和可行性？(　　)
   A. 物料需求计划　　B. 资源需求计划　　C. 主生产计划　　D. 经营规划
7. 为编制生产规划，需求预测的对象是什么？(　　)
   A. 产品族　　B. 单项产品　　C. 最终项目　　D. 库存单位

8. 在一个面向库存生产的制造企业中编制生产规划，已知期初库存量=2 000，全年预测需求量=13 000，预期的期末库存量=1 000。基于以上数据，全年生产规划量是多少？(　　)

   A. 10 000　　B. 12 000　　C. 13 000　　D. 19 000

9. 一个面向订单生产的公司，打算把它的未完成订单量从 4 个月减少到 2 个月。如果全年需求 1 200 件产品，全年的生产规划量应当是多少？(　　)

A. 1 000　　B. 1 200　　C. 1 400　　D. 1 600

10. 根据下表的销售预测，如下哪一项表示了均衡生产策略所要求的月生产量？(　　)

期初库存量=200　　期末库存量=200

| 月 | 1 | 2 | 3 | 4 | 5 |
|---|---|---|---|---|---|
| 销售预测 | 200 | 300 | 200 | 400 | 300 |

A. 220　　B. 240　　C. 280　　D. 340

11. 资源需求计划用来检查如下哪一项计划的可行性？(　　)

A. 物料需求计划　　B. 生产规划

C. 主生产计划　　D. 车间作业计划

12. 主生产计划是 (　　)。

A. 关于生产什么产品或最终项目的计划

B. 确定未来客户订单的计划

C. 确定长期的生产设施的计划

D. 管理层用于决定购买生产设备的工具

13. 下面哪项关于主生产计划的陈述是最准确的？(　　)

A. 主生产计划由销售预测来确定

B. 主生产计划由销售订单来确定

C. 主生产计划由企业的物料及生产能力来确定

D. 主生产计划要满足客户需求，但不能超越物料和能力可用性

14. 下述哪一项不是主生产计划的输入信息？ (　　)

A. 销售计划　　B. 生产规划　　C. 客户订单录入　　D. 库存记录

15. 可承诺量和预计可用量之间的区别是 (　　)。

A. 可承诺量是主生产计划量与客户订单量的差，而预计可用量是主生产计划量与总需求的差

B. 可承诺量度量预测与主生产计划量之间的平衡程度，而预计可用量度量预测的准确度

C. 可承诺量是累计量，而预计可用量不是

D. 可承诺量仅仅用于客户订单录入，而预计可用量仅仅应用于制定主生产计划

16. 如下哪一项用于支持对客户订单作出承诺？(　　)

A. 预计可用量　　B. 可承诺量　　C. 安全库存　　D. 预测需求

17. 粗能力计划用来评估如下哪一个层次的计划？(　　)

A. 战略计划　　B. 经营规划　　C. 主生产计划　　D. 物料需求计划

18. 对于下表所示的主生产计划，第5时区的预计可用量是什么？(　　)

提前期：2　批量：30　现有库存量：15　需求时界：3　计划时界：7　安全库存：6

| 时区 | 1 | 2 | 3 | 4 | 5 |
|---|---|---|---|---|---|
| 预测 | 10 | 22 | 20 | 24 | 28 |
| 客户订单 | 5 | 26 | 15 | 6 | 30 |
| 预计可用量　15 | | | | | |
| 可承诺量 | | | | | |
| 主生产计划 | | | | | |

注：在需求时界之前，毛需求量取客户订单量，在需求时界之后，毛需求量取预测量和客户订单量之大者。

A. 30　B. 35　C. 5　D. 7

19. 根据如下表中的信息，在哪个时区将出现第1个主生产计划接收量？(　　)

现有库存量：20　提前期：7　需求时界：2　计划时界：7　批量：30　安全库存：5

| 时区 | 1 | 2 | 3 | 4 | 5 | 6 | 7 | 8 | 9 |
|---|---|---|---|---|---|---|---|---|---|
| 预测 | 20 | 20 | 20 | 20 | 20 | 20 | 20 | 20 | 20 |
| 客户订单 | 18 | 15 | 27 | 10 | 10 | 8 | 6 | 5 | 5 |
| 预计可用量　20 | | | | | | | | | |
| 可承诺量 | | | | | | | | | |
| 主生产计划 | | | | | | | | | |

注：在需求时界之前，毛需求量取客户订单量，在需求时界之后，毛需求量取预测量和客户订单量之大者。

A. 时区1　B. 时区2　C. 时区13　D. 不确定

20. 在如下哪种环境下，公司应当采取面向库存生产的策略？(　　)

A. 需求不可预测

B. 所要求的交货提前期短于制造产品所需要的时间，且存在多种产品选项

C. 需求量很大的成熟产品

D. 客户要求特殊的设计

21. 下面哪一项计划提供了关于产品或最终物料项目的详细的供应信息？(　　)

A. 销售和运营计划　B. 主生产计划　C. 能力计划　D. 市场计划

22. 如下哪一项陈述最好地表示了时界的作用？(　　)

A. 对计划展望期特定时域内的计划改变进行控制

B. 控制关于生产的供应计划信息

C. 在动态的处理过程中避免过量的库存

D. 计划展望期基于分销系统中每个分销中心的毛需求

23. 在主生产计划展望期的哪个时域对客户需求变化的响应最为困难？(　　)

A. 危险时域　B. 冻结时域　C. 自由时域　D. 半冻结时域

24. 根据下表中的信息制订主生产计划，在第 5 时区的预计可用量将是多少？(　　)

现有库存量：20　提前期：7　需求时界：2　计划时界：7　批量：30

| 时区 | 1 | 2 | 3 | 4 | 5 | 6 | 7 | 8 | 9 |
|---|---|---|---|---|---|---|---|---|---|
| 预测 | 20 | 20 | 20 | 20 | 20 | 20 | 20 | 20 | 20 |
| 实际订单 | 18 | 15 | 27 | 10 | 10 | 8 | 6 | 5 | 5 |
| 预计可用量　20 | | | | | | | | | |
| 可承诺量 | | | | | | | | | |
| 主生产计划 | | | | | | | | | |

注：在需求时界之前，毛需求量取客户订单量，在需求时界之后，毛需求量取预测量和客户订单量之大者。

A. 21　　B. 17　　C. 10　　D. 5

25. 根据下表中的主生产计划信息，第 4 时区的可承诺量将是什么？(　　)

提前期：2　批量：30　现有库存量：20　需求时界：3　计划时界：7

| 时区 | 1 | 2 | 3 | 4 | 5 |
|---|---|---|---|---|---|
| 预测 | 10 | 22 | 20 | 24 | 28 |
| 客户订单 | 5 | 26 | 15 | 6 | 23 |
| 预计可用量　20 | | | | | |
| 可承诺量 | | | | | |
| 主生产计划 | 30 | | | 30 | |

注：在需求时界之前，毛需求量取客户订单量，在需求时界之后，毛需求量取预测量和客户订单量之大者。

A. 22　　B. 4　　C. 15　　D. 1

26. 根据下表所示的主生产计划，第 1 时区的可承诺量是多少？(　　)

物料：X　提前期：0　现有库存量：15　订货批量：20　安全库存：3　计划时界：7　需求时界：4

| 时区 | 1 | 2 | 3 | 4 | 5 | 6 | 7 |
|---|---|---|---|---|---|---|---|
| 预测 | 10 | 10 | 15 | 10 | 10 | 5 | 10 |
| 客户订单 | 5 | 2 | 1 | | | | |
| 预计可用量 | 25 | 15 | 20 | 10 | 20 | 15 | 5 |
| 可承诺量 | | | | | | | |
| 主生产计划 | 20 | | 20 | | 20 | | |

A. 20　　B. 27　　C. 28　　D. 30

27. 下表是正在制订过程中的主生产计划，主生产计划员应当在第 7 时区投放的主生产计划量是多少？(　　)

提前期：0　现有库存量：15　订货批量：20　安全库存：3　计划时界：7　需求时界：0

| 时区 | 1 | 2 | 3 | 4 | 5 | 6 | 7 |
|---|---|---|---|---|---|---|---|
| 预测 | 10 | 10 | 15 | 10 | 10 | 10 | 10 |
| 客户订单 | 5 | 2 | 1 | | | | |
| 预计可用量　15 | 25 | 15 | 20 | 10 | 20 | 10 | 20 |
| 可承诺量 | | | | | | | |
| 主生产计划 | 20 | | 20 | | 20 | | 20 |

注：在需求时界之前，毛需求量取客户订单量，在需求时界之后，毛需求量取预测量和客户订单量之大者。

A. 20　　B. 14　　C. 10　　D. 0

28. 下面哪一项不是企业可以采用的生产计划方式？(　　)

A. 面向库存装配　　B. 面向库存生产

C. 面向订单设计　　D. 面向订单生产

29. 下面哪类需求不应当作为主生产计划的输入？(　　)

A. 最终项目的客户订单　　B. 备用件需求

C. 对最终项目的预测　　D. 非独立需求

30. 根据下表，计算第 4 周的预计可用量是多少？(　　)

| 周 | 1 | 2 | 3 | 4 |
|---|---|---|---|---|
| 预测 | 200 | 200 | 200 | 200 |
| 预计可用量　100 | | | | |
| 主生产计划量 | 300 | | 300 | 300 |

A. 0　　B. 100　　C. 200　　D. 300

31. 物料需求计划是 (　　)。

A. 一种关于生产加工的新的管理方法

B. 一种用来计划物料需求和详细生产活动的正规的计算机辅助方法

C. 仅仅适用于面向库存生产的公司

D. 管理层用于作出生产管理决定的工具

32. 下面哪些是运行 MRP 系统的前提条件？(　　)

A. 每项物料都有唯一确定的物料代码、物料清单

B. 每项物料都有唯一确定的物料代码、主生产计划

C. 每项物料都有唯一确定的物料代码、主生产计划、物料清单

D. 每项物料都有唯一确定的物料代码、主生产计划、物料清单、完整的库存记录

33. 下列元素中的哪一项不是 MRP 系统的输入？(　　)

A. 主生产计划　B. 物料清单　　C. 库存记录　　D. 工艺路线

34. 下列哪种说法是正确的？(　　)

A. 物料清单低层次上的物料的毛需求产生高层次上的物料的计划订单

B. 一个时区的预计库存量是上个时区的预计库存量加上本时区生产量减去本时区实际需求量

C. 预计库存量是从毛需求减去未完成订单量得到的结果

D. 物料清单高层次上的物料的计划订单产生低层次上的物料的毛需求

35. 关于预计库存量的计算，下面哪项陈述是正确的？(　　)

A. 在每个时区，将未完成订单减去毛需求

B. 在每个时区，将毛需求减去未完成订单

C. 在每个时区，将毛需求减去未完成订单加上到期的计划订单

D. 在每个时区，将上个时区的预计库存量减去本时区的毛需求加上在本时区到期的计划订单

36. 如下哪一项陈述最准确地表达了物料清单在运行 MRP 系统过程中的作用？(　　)

A. 提供从毛需求到净需求的计算基础　　B. 指导物料需求展开的过程

C. 指导产品开发　　D. 提供批量信息

37. 根据如下的缩排式物料清单，为了生产一个单位的A，需要几个单位的零件C？(　　)

| 层　次 | 零　件 | 每单位父项所用的数量 |
|---|---|---|
| 0 | A | |
| 1 | B | 2 |
| 2 | C | 2 |
| 2 | E | 2 |
| 1 | C | 4 |
| 1 | G | 4 |

A. 2　　B. 4　　C. 6　　D. 8

38. 下图是卡车的物料清单的一个分支。其中，所有子项与父项的数量比均为 1∶1。已知各子项的库存量如下：传动器为 5，齿轮箱为 16，齿轮为 8，齿轮锻坯为 45。如果要生产 100 辆卡车，那么对齿轮锻坯的净需求是多少？(　　)

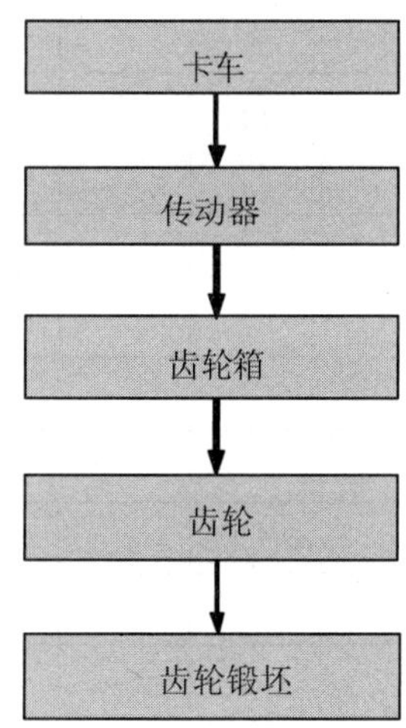


A. 100　　B. 83　　C. 75　　D. 26

39. 根据下表信息，在第 1 时区开始时的现有库存量是多少？(　　)

固定订货批量：1000　　提前期：3

| 时　区 | 1 | 2 | 3 | 4 | 5 | 6 | 7 | 8 |
|---|---|---|---|---|---|---|---|---|
| 毛需求 | 250 | 500 | 200 | 350 | 400 | | | |
| 计划接受量 | | 1000 | | | | | | |
| 预计可用量 | 300 | 800 | 600 | 250 | 850 | | | |
| 净需求 | | | | | 150 | | | |
| 计划订单接受 | | | | | 1 000 | | | |
| 计划订单下达 | | 1 000 | | | | | | |

A. 250　　B. 300　　C. 550　　D. 1 000

40. 在下表中，第 1 时区的计划订单下达 100 属于如下哪一项？(　　)

提前期：2　低层代码：2

| 时　区 | 1 | 2 | 3 | 4 | 5 | 6 | 7 | 8 |
|---|---|---|---|---|---|---|---|---|
| 毛需求 | 200 | 250 | 100 | 120 | | | | |
| 计划接受量 | | 200 | | | | | | |
| 预计可用量　370 | 170 | 120 | 20 | | | | | |
| 净需求 | | | | 100 | | | | |
| 计划订单下达 | 100 | | | | | | | |

A. 计划订单　　B. 计划接受量　　C. 确认的计划订单　　D. 已分配量

41. 在下表中，制造 1 单位 A，使用 1 单位 B。物料 B 的计划订单下达是(　　)。

A.　时区 2：1；时区 4：10；时区 5：15

B.　时区 1：5；时区 2：10；时区 4：15

C.　时区 3：3；时区 4：10；时区 5：15

D.　时区 3：5；时区 4：10；时区 5：15

A

| 时　区 | 1 | 2 | 3 | 4 | 5 | 6 | 7 | 8 | 9 |
|---|---|---|---|---|---|---|---|---|---|
| 毛需求 | 10 | | 15 | 10 | 20 | 5 | | 10 | 15 |
| 计划接收量 | | | 14 | | | | | | |
| 预计可用量　15 | | | | | | | | | |
| 计划订单下达 | | | | | | | | | |

B

| | | | | | | | | | |
|---|---|---|---|---|---|---|---|---|---|
| 毛需求 | | | | | | | | | |
| 计划接收量 | | | | | | | | | |
| 预计可用量　30 | | | | | | | | | |
| 计划订单下达 | | | | | | | | | |

注：物料 A 和物料 B 的提前期都是 2。

42. 工作中心的负荷是由什么确定的？(　　)

A. 销售计划或预测

B. 把所有已经下达的生产订单的工艺路线中所指出的能力需求按时区累加

C. 把所有已经下达的和计划的生产订单的工艺路线中所指出的能力需求按时区累加

D. 关键工作中心前的排队数量

43. 控制工作中心负荷的最好的方法是什么？(　　)

A. 生产派工单　　B. 投入/产出报告

C. 新订单下达的报告　　D. 车间主任的建议

44. 某工作中心共有 4 台机器，每周工作 5 天，每天 1 班，每班 8 小时，效率为 90%，利用率为 90%。实际产出如下：第 1 周产出 160 标准小时，第 2 周产出 140 标准小时，第 3 周产出 150 标准小时，第 4 周产出 150 标准小时。那么，下面哪一项关于表现能力的表述是正确的？(　　)

A. 130 标准小时　B. 144 标准小时　C. 150 标准小时　D. 160 标准小时

45. 一个工作中心由两台机器组成，每天工作 8 小时，每周工作 5 天，利用率为 80%，效率为 90%，每周的额定能力是多少(用整数小时表示)？(　　)

A. 80 小时　B. 58 小时　C. 40 小时　D. 30 小时

46. 如下哪条术语表示了工作中心产生的标准小时与实际工作小时的比率？(　　)

A. 效率　B. 有效性　C. 利用率　D. 可承诺量

47. 根据下面的工艺路线，计算第 561 号生产订单的完成日期，不足一天的按一天算。假定每周工作 7 天，每天工作 8 小时，那么下面列出的完成日期哪一个是对的？(　　)

生产订单号：561　生产数量：100　物料代码：375　开始日期：4/15

| 序号 | 工序 | 工作中心 | 单件加工工时 | 加工总工时 | 开始日期 | 完成日期 |
|---|---|---|---|---|---|---|
| 1 | 10 | 250 | 0.24 | 24 | | |
| 2 | 20 | 329 | 0.10 | | | |
| 3 | 30 | 505 | 0.36 | | | |

A. 4/24　B. 5/5　C. 4/20　D. 4/28

48. 下面哪一项是 CRP 的输出？(　　)

A. 工艺路线数据　B. 工作中心负荷报告

C. 预防性维修计划　D. 派工单

49. 如下哪一项是关于无限负荷排产的正确陈述？(　　)

A. 在排产过程中，不允许累计的负荷超过能力

B. 无限负荷排产支持向前排产，但是不支持向后排产

C. 无限负荷排产比有限负荷排产更复杂

D. 在每个时区对工作中心累计负荷，而不考虑工作中心的能力

50. 一道工序的准备时间是 2 小时，每件加工时间 10 分钟，该工序加工 100 件需要多长时间？(　　)

A. 130 分钟　B. 1 000 分钟　C. 1 100 分钟　D. 1 120 分钟

# 第8章 采购作业管理——增值从这里开始

按 ERP 的逻辑流程，采购作业管理属计划执行层。

主生产计划给出了最终产品或最终项目的生产计划，经过物料需求计划按物料清单展开得到零部件直到原材料的需求计划。其中，关于外购件的计划采购订单要通过采购作业管理来实现。

制造业的一个共同特点就是必须购进原材料才能进行加工，必须购进配套件、标准件才能进行装配。生产订单的可行性在很大程度上要靠采购作业来保证。企业生产能力的发挥，在一定程度上也要受采购工作的制约。为了按期交货满足客户需求，第一个保证环节就是采购作业。采购提前期在产品的累计提前期中占很大的比例，不可轻视。

一个管理得好的 ERP 系统可以极大地提高采购工作的效率。过去，大多数采购人员的时间花在了在短于提前期的时间内采购物料，对已经过期的采购订单催货，把已经发出的采购订单日期修改提前等活动上。使用一个有效的 ERP 系统，这些时间都可以节省下来去做更有意义的工作。原因在于有了一份有效的采购计划，催货将成为一种例外情况，而不再是日常工作。这使得采购人员可以把采购工作做得更高效，从而可以有时间和精力做好商务谈判、价值分析、降低成本等工作。

## 8.1 采购作业管理的工作内容

### 1. 货源调查和供应商评审

建立供应商档案(供应商主文件)，记录有关信息，其中包括：

(1) 供应商代码、名称、地址、电话、状态(已得到批准或试用)、联系人；

(2) 商品名称、规格、供方物料代码；

(3) 价格、批量要求、折扣、付款条件、货币种类；

(4) 发货地点、运输方式；

(5) 供应商信誉记录，包括按时交货情况、质量及售后服务情况；

(6) 供应商技术水平、设备和能力。

### 2. 选择供应商和询价

查询档案记录，选择适当的供应商，并就商品价格、技术和质量条件和供应商进行洽谈。

### 3. 核准并下达采购订单

(1) 根据 MRP 所产生的计划采购订单，核准采购的必要性和采购条件的正确性。

(2) 与供应商签订供货协议、确定交货批量和交货日期；确定收货地点、运输和装卸方式、明确责任；确定付款方式、地点、银行账号。

4. 采购订单跟踪

采购员的一项职责就是订单跟踪，以确保供应商能够按时发货。根据与供应商的关系以及供应商执行供应商计划状况的不同，跟踪的程度会有很大不同，有的可能需要跟踪得很细，有的也许完全不需要跟踪。如果需要跟踪，可以在供应商计划中设置一个跟踪日期。对于采购订单上的每个行物料设置一个跟踪日期。到了这个日期，系统会对采购员或供应商计划员给出提示信息。如果还需要再次跟踪，那么采购员或供应商计划员应当重新设置这个日期。

抽检货品质量，控制进度，安排运输。

5. 到货验收入库

到货验收入库包括验收报告登录、库存事务处理、退货、退款、补充货品、返工处理。

6. 采购订单完成

采购订单完成包括采购订单费用结算、费用差异分析、供应商评价并登录、维护采购提前期数据、维护订货批量调整因素。

## 8.2 » 采购工作的重要性

采购物料的价值和费用在很大程度上影响着产品成本和企业利润。

如果客户和供应商能够很好地合作，他们就能找到使双方都能获益的合作方案。许多年前形成的一条经验至今仍是采购活动中的一条真理，即从与明智的客户——供应商合作中可以获得更大的利润，这是任何订货批量公式都不可能做到的。

企业卖出价值 1 元的产品，企业能得到 0.15～0.20 元的税前利润已经是很不错了。但是采购中每节约 1 元，企业所得到的税前利润就是 1 元。在有些企业里，采购成本是直接劳力成本的数倍。由此可见，采购活动对获取利润可以起到重要的作用。

**【例 8.1】** 某制造业公司产品成本利润结构如图 8.1 所示，即每 100 万元的销售收入的采购成本是 60 万元，生产成本和销售费用 35 万元，利润 5 万元。在这种情况下，如果能够把采购成本降低 5%，将会如何？销售成本将会降低到 57 万元，生产成本和销售费用不变，于是利润变成了 8 万元，增加 60%。如果成本结构不变，要想获得 8 万元的利润，就必须再增加 60 万元的销售额。这显然要吃力多了。

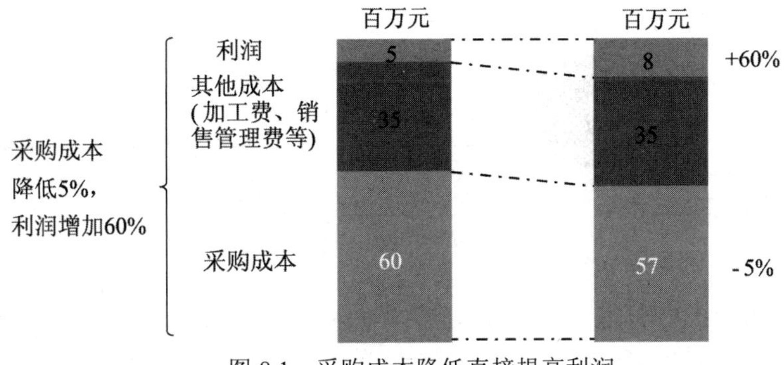


图 8.1　采购成本降低直接提高利润

## 8.3 供应商计划

按现代企业的经营观点，企业同供应商的关系不再是讨价还价的关系，而是一种合作伙伴关系，双方建立比较长期的供求协定，互惠互利，按照滚动计划的方法，近期的采购条件比较具体详细，远期的条件可以比较笼统。但有一个控制范围，把长期协定(半年至一年)和短期合同(月)结合起来，一次签约，分期供货。这就是所谓采购计划法，也称供应商计划。

供应商计划和车间计划一样，也是 ERP 执行系统的一部分。车间计划是车间控制系统的一部分，用来维护生产订单的日期。供应商计划是采购系统的一部分，用来维护采购订单的有效日期。

使用 MRP，能很容易地向供应商提供一份 6 个月到一年的采购计划。而且，在 MRP 环境下，定期更新这些计划从而保持这些计划的有效性也是不成问题的。

即使一个企业不做供应商计划，它的供应商也要做超出它所报的提前期的计划。只不过这样的计划基本上是基于预测，可能很不准确。有了供应商计划，供应商可以提前看到尚未下达的计划采购订单。这使得供应商可以提前做好物料和能力的准备，一旦订单下达，则可以更好地履行计划。可以把供应商计划的展望期分为三个时域。

(1) 在最近的第 1 时域中，是已经下达的采购订单。

(2) 在稍远一些的第 2 时域中的订单，在数量和日期上可能还会有些微调。

(3) 在第 3 时域中的计划订单仅仅向供应商提供参考信息。

三个时域的划分对于不同的公司、不同的供应商和不同的物料都会很有很大的不同，但是基本的思想是一样的。

如果没有供应商计划及相应的工作环境，那么当提前期发生变化时就要出现问题。例如，一项物料的提前期从 10 周变为 15 周，那么 5 周的订单已经来不及下达了。供应商也无法对这些订单按时发货。如果使用供应商计划，供应商可以预先知道客户的需求，如果它的提前期改变，则应当提前对供货计划作出安排。

在有些情况下，甚至可以为供应商做能力需求计划，特别是在供应商本身没有 ERP 系统的情况下，这样做是很有用的。但是，对于供应商来说，如果客户有的提供能力需求计划信息，有的不提供，就很难有效地使用这些信息。

一份采购计划可以如图 8.2 所示。

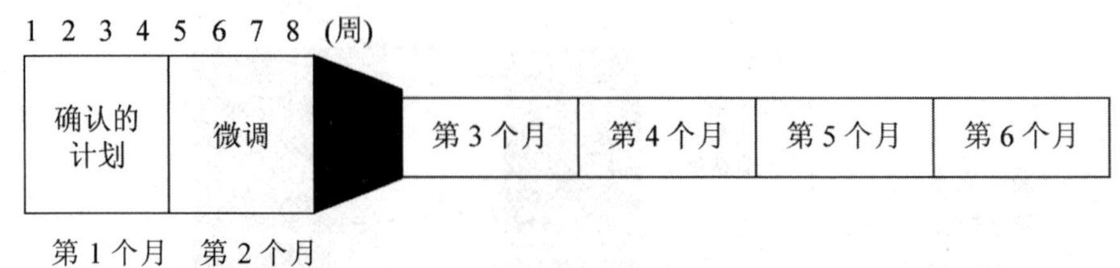


图 8.2 采购计划

其中，最初的一个月(第 1 时域)以周为时区，其数量已经确定。供应商要确保每周提供这些物料。

第 2 个月(第 2 时域)仍以周为时区，其数量还可以有细微的调整，但不能取消。对任何取消物料需求的计划改变，供应商将不承担所造成的损失。

以后的 4 个时区(第 3 时域)按月表示，每个月包括 4 周，在这些时区内，采购员仅要求供应商确认有能够满足采购需求的物料和能力。

这份逐步按周展开的计划可以看作一个采购订单的发放计划。其中包括了已经向供应商下达的采购订单，而且向前看，超出供应商所报的提前期，显示了未来的计划采购订单。这使得供应商能够看到未来的需求，从而可以提前做好准备。

采购订单是一份合同连同执行合同的计划。合同无须频繁改变，计划至少按周检查以保持与实际的需求一致。

如果使用这种方法来处理和供应商之间的业务联系，那么，当供应商声明提前期从 6 周增加到 8 周时，则无须向供应商提供新的信息。因为已经提供了 6 个月甚至更长的采购计划，远远超过了供应商所报的提前期。

## 8.4 » 供应商谈判

使用了 ERP 系统，对采购工作来说，最大的改善将出现在供应商谈判、价值分析和降低采购成本方面。在没有 ERP 系统的公司里，关于采购作业的准确信息既不容易获取，也不容易更新。有了 ERP 系统，这样的信息则随时可以得到。MRP 系统所产生的计划采购订单信息说明了应当采购什么以及什么时候采购，而每次运行 MRP，这些信息都会得到更新。这些信息可以作为供应商谈判、价值分析和降低采购成本等工作的基础。通常的做法是把这些信息提取出来，做成一份供应商谈判报告。报告中显示未来一个季度、半年或一年的计划采购订单。根据这样的报告，采购员可以更好地关注采购费用多的物料以及价格差异大的物料。表 8.1 是一份供应商谈判报告。报告中显示了下个季度应当下达的计划采购订单。报告中按一年中的最大采购费用列出采购物料项目。

表 8.1　供应商谈判报告——未来 12 周内要下达的采购订单

报告日期：4/2/2016

| 物料号 | 计划订单量 | 年计划订单总量 | 计划订单下达日期 | 成本/元 | 差异金额/元 | 预计年采购费用/元 | 预计年差异金额/元 |
|---|---|---|---|---|---|---|---|
| G391 | 3 000 | 30 000 | 4/29/2013 | 60.00 | 9.00 | 1 800 000 | 270 000 |
| K392 | 1 500 | 12 000 | 5/3/2013 | 70.00 | 3.00 | 840 000 | 36 000 |
| L138 | 10 000 | 100 000 | 4/7/2013 | 8.00 | 0.50 | 800 000 | 50 000 |

## 思考题

1. 采购作业管理的工作内容是什么？
2. 什么是供应商计划？它的基本内容和作用各是什么？
3. 什么是供应商谈判报告？它可以为采购人员提供什么帮助？

## 习题

1. 下面哪一项陈述是正确的？(　　)

   A. 制造业的一个共同特点是必须购进原材料才能进行加工

   B. 生产计划的实现要受到采购作业的约束

   C. 采购物料的价值和采购费用在很大程度上影响产品的成本和企业的利润

   D. 以上说法都对

2. 如下哪一项关于供应商计划的陈述是不正确的？(　　)

   A. 和供应商建立长期的合作关系，互惠互利

   B. 供应商计划近期的采购信息比较具体，远期的采购信息比较概括

   C. 便于催货或改变采购计划

   D. 便于建立供应链

3. 如下哪一项不属于采购作业管理的工作内容？(　　)

   A. 货源调查和供应商评审

   B. 采购订单跟踪

   C. 到货验收入库

   D. 制订采购计划

4. 下面哪一项关于供应商计划的陈述是正确的？(　　)

   A. 供应商计划的展望期分为三个时域。在最近的第 1 时域中，计划订单仅仅向供应商提供参考信息。在稍远一些的第 2 时域中的订单，在数量和日期上可能还会有些微调。在第 3 时域中是已经下达的采购订单

   B. 供应商计划的展望期分为两个时域。在近期的第 1 时域中，是已经下达的采购订单。在远期的第 2 时域中的计划订单仅仅向供应商提供参考信息

   C. 供应商计划的展望期分为三个时域。在最近的第 1 时域中，是已经下达的采购订单。在稍远一些的第 2 时域中的订单，在数量和日期上可能还会有些微调。在第 3 时域中的计划订单仅仅向供应商提供参考信息

   D. 供应商计划的展望期分为两个时域。在近期的第 1 时域中的计划订单仅仅向供应商提供参考信息。在远期的第 2 时域中，是已经下达的采购订单

# 第9章 生产活动控制——增值在这里实现

按 ERP 的逻辑流程，生产管理或称生产活动控制(production activity control，PAC)，属计划执行层。

主生产计划给出了最终产品或最终项目的生产计划，经过物料需求计划按物料清单展开得到零部件直到原材料的需求计划，即对自制件的计划生产订单和对外购件的计划采购订单。然后，则通过生产活动控制和采购作业管理来执行计划。生产活动控制的方法随生产类型的不同而不同。

## 9.1 制造业生产类型

关于制造业生产过程的组织方式和技术，从大的方面来说可以分为两类，即流程型生产和离散型生产。例如，化工、制药均属流程型生产。离散型生产又分为车间任务型生产和大批量重复生产，后者用连续的或流水线的方式制造离散零件和装配件。

### 9.1.1 车间任务型生产

车间任务型生产(job shop manufacturing)的特点是，每项生产任务仅要求整个企业组织的一小部分能力和资源。另一特点是，将功能类似的设备按空间和行政管理的方便建成一些生产组织(车间、工段或小组)，如车、铣、磨、钻和装配等。在每个部门，工件从一个工作中心到另一个工作中心进行不同类型的工序加工。常常基于主要的工艺流程来安排生产设备的位置，以使物料的传输距离最小。对于车间任务型生产的组织方式，其设备的使用是灵活的，工艺路线也可以是灵活的。在以车间任务型方式组织生产时，生产计划的编制和管理必须处理大量的生产任务。常通过订单的编制、发放和监控来组织车间任务的生产，订单是按确定的批量、生产提前期、物料清单及库存状态制定的。在这种生产组织方式中，库存管理包括了原材料、外购件、在制品、成品、半成品的管理，是最复杂的。计划并保证生产物料的可用性是管理的关键。生产各种类型产品的机械制造厂属于这种类型。

### 9.1.2 重复生产

重复生产(repetitive manufacturing)指的是大批量生产。重复生产的特点是：

(1) 客户订单批量大，且有重复性。

(2) 对一个特定产品的生产，所需的加工能力和工装设备是专门设定的。

(3) 工艺路线是固定的。工作中心或设备按加工的先后顺序排列，通常表现为生产线。

(4) 加工的零部件以流水方式通过生产线。

(5) 各个工作中心之间生产率的平衡比车间任务型生产更为重要，因为它将确保流水生产的顺利进行。各个工作中心的生产率通常是设计所需生产设备时所要考虑的一个重要因素。

(6) 排队和等待时间短。

(7) 与车间任务型的生产方式相比，在制品库存也比较少。

## 9.1.3 流程型生产

一般来说，离散制造业以离散的子项单位来制造产品，而这些子项又是以离散单位采购来的，子项和产成品都有它们自己的不同形状。流程制造业(process manufacturing)则不同，它以不同的成分来制造产品，这些成分可能是液体、气体或粉末，它们没有自己的固定形状，而是取容器的形状。产成品也可能取容器的形状。

离散制造业和流程制造业的基本区别主要体现在以下 3 个方面。

### 1. 生产过程中增值的方法不同

离散制造业通过机械加工、制造和装配零件达到产品增值的目的。通常是所有的物料在制造过程开始时备齐。这个过程生成一个输出单位，亦即一个完整的子装配件或产成品。

流程制造业通过能源、设备、和其他资源来混合或分离各种成分并引起化学反应，从而达到增值的目的。生产的过程由多个步骤或阶段组成。每个阶段都可以要求输入某些成分或资源，流程制造业的产品结构是发散的，即在目标产品产出之前的每个阶段上都可以有多项产出，例如，联产品、副产品、废料以及可循环使用的物料等，如图 9.1 所示。

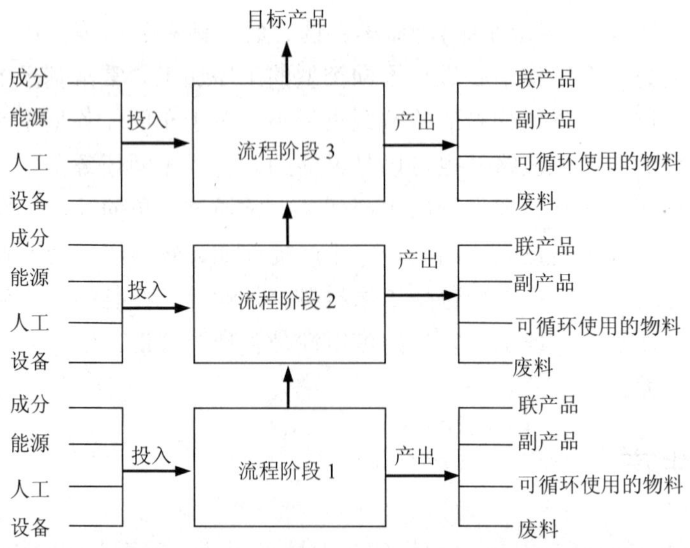


图 9.1 多阶段生产的流程模型

联产品是两个或多个近似等值且一同产生的产品。通常，联产品之一被标识为生产过程的目标产品，而这种选择则经常是任意的。副产品是在生产过程中附带产生且有某些残留价值的产品。在鸡类加工厂中，鸡腿、鸡翅和鸡胸是联产品，而羽毛则是副产品。

具有联产品、副产品以及其他产出的复杂、多阶段的过程难以用离散 ERP 软件包中的物料清单和工艺路线文件来描述。对于这样的过程，要求不同的数据结构。这个数据结构必须把物料清单(在流程工业中，通常称为公式或配方)和多阶段的过程集成在一起。这个数据结构必须能够表示与生产过程的不同阶段相关联的投入和产出。

#### 2. 增加生产能力的灵活性

在离散制造业中，通常可有多种增加能力的方法。例如，雇用更多的工人，购买或租赁更多的机器，或把某些作业转包给外部供应商。由于这种灵活性，在 ERP 软件包中提供无限能力计划的功能，对于离散制造业是可以接受的。

与此不同的是，流程制造业必须在固定能力的限制下工作。除了建立另外的工厂，一个流程制造企业几乎没有办法来增加能力。从非常实际的意义上说，离散制造业出卖产品，而流程制造业出卖能力。因此，流程制造企业要求有限能力计划和排产功能来对其固定的能力的使用进行优化。例如，对一组在同一条生产线上生产的产品，应有计算其最优调度序列的功能。

#### 3. 生产过程中所使用的物料的效能一致性

离散制造企业所使用的原材料和采购件具有准确和一致的规格。因此，离散 ERP 软件包中的库存控制模块只需要按物理单位处理库房中物料的数量即可。

而流程制造企业则经常使用自然资源作为原材料，所使用的物料可能覆盖一个相当宽的规格范围，难以控制成分的一致性。对于食品和饮料工业尤其如此。因此，对于流程制造业来说，库存控制模块必须存储物料的物理单位和效能单位两种信息，如表 9.1 所示。

表 9.1　物料的物理单位和效能单位

| 物　　料 | 效能/% | 物理单位/千克 | 效能单位/千克 |
| --- | --- | --- | --- |
| 批号 A | 20 | 1 000 | 200 |
| 批号 B | 25 | 1 000 | 250 |

在表 9.1 中，批号 A 和批号 B 的物理单位同样多，但是，批号 B 的效能单位却比批号 A 多 50 千克(效能单位是效能百分比与物理单位量的乘积)。如果一个配方要求 100 个效能单位的物料，那么仓库保管员可以提供 500 个物理单位的批号 A 物料，也可以提供 400 个物理单位的批号 B 物料。于是，库存分配逻辑必须考虑每批物料的效能，并告诉仓库保管员应当发放多少物理单位。

# 9.2 车间作业管理

车间作业管理根据零部件的工艺路线来编制工序排产计划。在车间作业控制阶段要处理相当多的动态信息。在此阶段，反馈是重要的工作，因为系统要以反馈信息为依据对物料需求计划、主生产计划、生产规划以至经营规划作必要的调整，以便解决好企业的基本方程，实现供需平衡。

## 9.2.1 车间作业管理的工作内容

车间作业管理的工作内容包括以下 5 个方面。

### 1. 检查计划生产订单

MRP 为计划生产订单指定了物料代码、数量和计划下达日期，再经过能力需求计划，则进一步指明了加工工序、工序完成日期、工作中心和标准工时。

例如，表 9.2 是一份生产订单。加工对象是物料代码为 80021 的定位栓。需求日期是第 412 个工作日。这是由物料需求计划根据其上层物料项目的需求来确定的。

表 9.2 生产订单

生产订单号：18447

物料代码：80021(定位栓)

数量：500　　需求日期：412　　下达日期：395

| 工 序 | 部 门 | 工 作 中 心 | 说 明 | 准 备 工 时 | 单 件 工 时 | 标 准 工 时 | 完 成 日 期 |
|---|---|---|---|---|---|---|---|
| 10 | 08 | 1 | 下料 | 0.5 | 0.010 | 5.5 | 402 |
| 20 | 32 | 2 | 粗车 | 1.5 | 0.030 | 16.5 | 406 |
| 30 | 32 | 3 | 精车 | 3.3 | 0.048 | 27.3 | 410 |
| 40 | 11 | | 检验 | | | | 412 |

表 9.2 所表示的这些信息是存储在计算机中的，这些计划的完工日期并不出现在发向车间的文档材料中。因为物料需求计划尚需不断地检查这些需求日期，看看是否发生变化。例如，定位栓的父项物料还需要某种铸件才能构成，而铸件的质量出了问题，最早于第 422 个工作日才能得到一批新的铸件。于是必须改变主生产计划来指明这一点，在计算机中关于定位栓的生产订单也将给出一个新的完成日期，即 422，而工序 30 的完工日期改为 420，工序 20 的完工日期改为 416。所以，在计划生产订单正式下达投产之前，还必须检查物料、能力、提前期和工具的可用性，并解决可能出现的物料、能力、提前期和工具的短缺问题。

### 2. 执行生产订单

执行生产订单的工作是从得到计划人员下达的生产订单开始。下达生产订单就是指明这份生产订单已经可以执行了。具体来说，就是这份订单的完工日期、订货数量已经确定，并指明了零件的加工工序和标准工时，可以打印订单和领料单，可以领料，可以下达派工单，也可以做完工入库的登记了。

当多份生产订单需要在同一时区内在同一工作中心上进行加工时，必须要向工作中心指明这些订单的优先级，说明各生产订单在同一工作中心上的优先级是工作中心派工单的作用。稍后我们将分别讨论确定工序优先级的方法和派工单。

执行生产订单的过程，除了下达生产订单和工作中心派工单之外，还必须提供车间文档，其中包括图纸、工艺过程卡片、领料单、工票、某些需要特殊处理的说明等。

#### 3. 收集信息，监控在制品生产

如果生产进行得很正常，那么这些订单将顺利通过生产处理流程。但十全十美的事情往往是极少数，所以必须对工件通过生产流程的过程加以监控，以便了解实际上正在发生什么情况。为此要做好以下工作：

(1) 通过投入/产出报告显示能力计划的执行情况。

(2) 监控工序状态、完成工时、物料消耗、废品率。

(3) 控制排队时间、投料批量和在制品数量。

(4) 预计是否出现物料短缺或拖期现象。

#### 4. 采取调整措施

根据监控的结果，如果认为将要出现物料短缺或拖期现象，则应采取措施，如重新调整不同订单的工序优先级，或通过加班、转包或分解生产订单来调整能力及负荷，以满足最后交货日期的要求。

如经过努力发现仍然不能解决问题，则应给出反馈信息，要求修改物料需求计划，甚至修改主生产计划。

#### 5. 生产订单完成

统计实耗工时和物料、计算生产成本、分析差异、执行产品完工入库事务处理。

### 9.2.2　工序优先级的确定

多项物料在同一时区分派在同一个工作中心上加工，需要确定这些物料的加工顺序，即工序之间相对的优先顺序。实质上这是一个核实是否有足够提前期的问题。下面介绍几种确定优先级的常用方法。

#### 1. 紧迫系数

紧迫系数(critical ratio，CR)的公式如下：

$$CR=\frac{\text{需用日期}-\text{今日日期}}{\text{剩余的计划提前期}}$$

公式将剩余时间与需要加工的时间(计划提前期)对比，可出现 4 种情况：

(1) CR=负值　　说明已经拖期

(2) CR=1　　剩余时间恰好够用

(3) CR>1　　剩余时间有余

(4) CR<1　　剩余时间不够

很明显，CR 值小者优先级高。一项物料的加工完成后，其余物料的 CR 值会有变化，要随时调整。

**2. 最小单个工序平均时差**

时差也称缓冲时间或宽裕时间，最小单个工序平均时差(least slack per operation，LSPO)的公式如下：

$$\text{LSPO}=\frac{\text{加工件计划完成日期}-\text{今日日期}-\text{尚需加工时间}}{\text{剩余工序数}}$$

式中，尚需加工时间指剩余工序的提前期之和。很明显，LSPO 值越小，也即剩余未完工序可分摊的平均缓冲时间越短，优先级越高。

**3. 最早订单完工日期(earliest due date)**

要求完工日期越早的订单优先级越高。使用这条规则时，对处于起始工序的订单要慎重，有必要用 LSPO 规则复核。本规则比较适用于判断加工路线近似的各种订单，或已处于接近完工工序的各种订单。

但是，前两种方法不如第三种方法明确。有时按正确的相对优先级工作着(最紧迫的先做，然后做紧迫程度稍低的)，并不意味着满足完成日期。一个工作中心可能在以正确的相对优先级工作着，但实际上它所做的工作已经落后于计划一周了。所以，不但要指明相对优先级，还要指明要满足的完成日期。

在一份生产订单经过每个工序的过程中，如果它已经落后于计划，这将使得这份订单将以高优先级出现在派工单中。于是这份订单将会被加快处理。这有助于弥补已经落后于计划的时间。但是，如果一份计划已经落后于计划 5 天，而且应当明天入库，那么，车间人员应当通知计划人员，这份生产订单是不能按时完成，以便于计划员采取相应的措施。

确定工序优先级的规则很多，但必须简单明了，便于车间人员使用。

## 9.2.3 派工单

指导车间执行能力需求计划要通过派工单来实现。使用派工单，可以按部门或者按工作中心和工序来显示车间计划，而不仅仅是显示生产订单及其日期。派工单是车间调度最有用的形式，为在计划员和车间之间就优先级进行交流提供了一种方法。

派工单就是按优先级顺序排列的生产订单一览表。当生产订单下达后，订单信息进入车间订单文件。车间订单文件记录了所有已下达但尚未完成的生产订单。每天的派工单，列出要在每个工作中心或部门加工的作业，也列出未来几天将要到达工作中心的作业单。

派工单中列出工序的开始日期和完成日期以及作业订单完成日期。工序开始日期用来确定作业的加工顺序。工序完成日期和订单完成日期都是非常重要的信息。这些日期都是车间管理人员要满足的。

有些公司的派工单是按部门而不是按工序描述的。在这种情况下，派工单中应列出部门的开始日期和完成日期以及生产订单完成日期。这对于在一个部门中连续完成几道工序而每道工序的加工时间都很短的情况，是更适当的。这种情况的一个例子是制药公司。在制药公司，混合、溶解、成颗粒等工序是在一个部门里同一天内发生的。另一个例子是木器家具制造公司，刨平、打磨、粘合等所有工序可在几个小时里完成。

根据车间文件和工艺路线信息以及所使用的调度原则，每天由计算机为每个工作中心生成一份派工单，说明各生产订单在同一工作中心上的优先级，利用硬拷贝或计算机屏幕显示方式，在每个工作日一开始送达车间现场，向工长指明正确的作业优先级。

在派工单中包括生产订单的优先级、物料存放地点、数量及能力需求的详细信息，所有这些信息都是按工序排列的。另外，派工单也向车间人员提供了对照计划度量生产过程的手段。表 9.3 是一个派工单的例子。

表 9.3　派工单

工作中心：3001，冲压

今天日期：395

优先级：工序完成日期

| 物料号 | 订单 | | 工序 | | 工序日期 | | 工时 | | 剩余数量 | 上道工序 | | 下道工序 | |
|---|---|---|---|---|---|---|---|---|---|---|---|---|---|
| | 号 | 完成日期 | 号 | 描述 | 开始 | 完成 | 准备 | 加工 | | 号 | 工作中心 | 号 | 工作中心 |
| 已经到达此工作中心的作业 | | | | | | | | | | | | | |
| L930 | 1 326 | 405 | 10 | 冲压 | 391 | 393 | 0 | 4.0 | 1 500 | | | 20 | 4 510 |
| K421 | 2 937 | 403 | 5 | 冲压 | 392 | 393 | 2.0 | 6.0 | 2 000 | | | 10 | 3 888 |
| D430 | 2 566 | 401 | 10 | 冲压 | 397 | 398 | 1.0 | 1.0 | 500 | 5 | 3 000 | 20 | 4 566 |
| N862 | 3 752 | 402 | 20 | 冲压 | 399 | 400 | 0.5 | 3.5 | 1 000 | | | 30 | 4 000 |
| 在未来 3 天内将要到达此工作中心的作业 | | | | | | | | | | | | | |
| K319 | 2 597 | 403 | 15 | 冲压 | 397 | 398 | 1.0 | 3.0 | 800 | | | 20 | 4 510 |
| B422 | 3 638 | 412 | 20 | 冲压 | 398 | 399 | 2.0 | 20.0 | 10 000 | 10 | 3 000 | 30 | 9 500 |

表 9.3 中的派工单给出了物料号、生产订单号、工序号以及每项作业的加工数量、生产准备工时和加工工时等信息。其中，生产准备工时指一个工作中心从生产一种项目转换到生产另一种项目所需的时间；加工工时指实际加工生产指定数量的物料项目所需的时间。另外，还提供了上道工序和下道工序的信息。

# 9.3 » 重复生产管理

重复生产是车间任务型生产的一种特殊形式。其主要特点是产出率均衡、工艺路线固定。重复生产管理的特点如下：

(1) 物料移动采用拉式，即下道工序需用物料时向上道工序领取。

(2) 物料消耗的统计则采用倒冲(back flush)法，即在完成成品总装或组件分装以后，根据父项的完成数量及物料清单计算出每种子项物料的使用量，并从库存记录中减除。但对于价值比较高的零部件仍然采取领料的方法，即凭领料单领料同时减除库存记录，然后再使用。

(3) 生产线上生产率最低的工作中心确定了生产线的生产率。

(4) 只在生产线的某些关键点上报告反馈信息，而不要求生产线上的每个操作工都给出反馈信息。

## 9.4 流程制造业生产管理

### 9.4.1 流程制造业生产管理的特性

与离散性制造业相比较，流程制造业生产管理具有如下特性。

(1) 流程制造业是连续的流动生产，即一系列批量紧跟着加工，物料流经一系列阶段。其所有产品的工艺路线类似。在增值的计划过程中，流程和能力起决定作用。

(2) 流程制造业面向库存，根据预测组织产品的生产。

(3) 流程制造业产品的生产呈阶段性，产品的结构呈发散性，在产品生产的任何阶段上都可以有能源、机械以及原材料的投入，也可以有副产品、联产品以及中间形态产品的产出。

(4) 流程制造业可以以排产计划作为授权生产的依据，而不必使用生产订单。

排产的计算可以使用处理能力优先的排产过程或物料计划优先的排产过程。

处理能力优先的排产过程是指首先按照设备的处理能力排产，然后检查相应于排产的产出量是否在事先指定的最大值和最小值范围之内，如果突破了事先指定的范围，则对排产进行调整。

物料计划优先的排产过程在逻辑上类似于离散制造业的排产过程。首先作出物料需求计划，然后检查是否有和物料计划相匹配的足够的处理能力，如果没有足够的处理能力，则应相应地调整物料计划。

还可以使用向后排产、向前排产或混合排产方法为流程队列作排产计划。

### 9.4.2 流程制造业 ERP 系统功能特性

由于流程制造业与离散制造业的区别，它所需要的 ERP 功能也有很多不同。

#### 1. 和物料管理相关的功能

(1) 批号跟踪，且把效能和批号相联系。

由于所使用的基础原料的规格的不一致，物料的管理既要使用物料的物理单位又要使用物料的效能单位两种信息，如前面表 9.1 所表示的。所以，物料分配逻辑必须通过批号跟踪技术区分每批物料的效能，并根据物料效能分配物料的数量。

(2) 根据效能终止日期的早晚分配物料。

物料的效能常有一个终止日期，必须在这个日期之前使用这种物料。

(3) 防止在一个特定日期之前使用某种物料。

在流程制造业中，常有这样的情况，某种物料在产出之后必须在某种条件下搁置一段时间才可以使用。这时，就必须为这种物料制定一个可用日期。

(4) 为每项物料定义存储要求(温度、相对湿度等)。

(5) 为存储罐定义高度和物料数量的转换。

在流程制造业中，物料常装在存储罐内，而存储罐的截面大小有时上下不一致。在盘点过程中，测得罐中物料的高度是比较容易的，但是如何把这个高度转换成为由物料的计量单位表示的数量，则需要另外的计算。所以这种转换功能很重要。

### 2. 和生产管理相关的功能

(1) 定义物料的兼容性代码。

通过这种代码可以确定哪些产品可以存放在同一个容器内，或在同一条生产线上生产而不必清洗存储罐或流程导管。

(2) 为物料定义度量单位转换因子。

(3) 有限能力计划和排产。

一般来说，流程制造业必须在固定能力的限制下工作。因此，流程制造业要求有限能力计划和排产功能，对其固定能力的使用进行优化，特别是对于瓶颈资源。

(4) 计算最优调度序列。

对于在同一生产线上产出的一组产品计算最优调度序列的功能，这个序列使得产品更换成本最小。

(5) 根据流程导管的限制，确定批量。

(6) 实时控制数据接口。

将过程控制条件和生产流程相联系。直接记录流程处理数据，如温度、压力、时间等。在流程制造业中，很多时候不但对所使用的原材料和设备有严格要求，而且对温度、压力和处理时间等环境条件指标也有严格的要求。

(7) 库存“前冲”接收。

即虽然目标产品的生产过程尚未完成，但是可以根据某个生产阶段的完成，自动地接收这个阶段所产生的联产品和副产品入库的功能。

(8) 分析和跟踪流程各个阶段的产出量。

在流程的各个阶段上把实际产出量和计划产出量进行对比和分析。

### 3. 和成本核算相关的功能

(1) 计算生产过程产出的副产品、联产品以及可循环使用物料的价值。

(2) 计算生产过程产出的废料的处理成本。

### 4. 和销售订单承诺相关的功能

在对客户订单进行承诺时，不但要考虑可承诺量(ATP)，还要考虑可承诺能力(capable to promise，CTP)。因为对于流程制造业来说，能力的限制比离散制造业更为重要。

## 思考题

1. 制造业有哪些生产类型？
2. 流程型生产和离散性生产各有什么特点？
3. 流程型生产和离散性生产的主要区别是什么？
4. 车间任务型生产和重复生产各有什么特点？
5. 如何判断企业的生产类型？
6. 车间作业管理包括哪些工作内容？
7. 什么是派工单？它的作用是什么？
8. 当多项物料在某一时区分配到同一工作中心上加工时，应当如何确定作业的优先级？
9. 重复生产的物料移动方式和物料消耗统计采用什么方法？
10. 流程制造业所需要的 ERP 功能和离散制造业的有什么不同？

## 习题

1. 下面哪一项活动关注生产过程中最短期的计划？(　　)

   A. 生产规划　　B. 主生产计划

   C. 物料需求计划　　D. 生产活动控制

2. 下面关于车间任务型生产、重复生产和流程型生产的陈述，哪一个是正确的？(　　)

   A. 车间任务型生产通过能源、设备和其他资源来混合或分离各种成分并引起化学反应，从而达到增值的目的。重复生产的加工能力和设备是专门设定的，工艺路线是多变的。流程制造业将功能类似的设备按空间和管理的方便组成车间或小组，工艺路线是固定的

   B. 车间任务型生产通过化学反应得到产品，工艺路线是固定的。重复生产的加工能力和设备是专门设定的，工艺路线是多变的。流程制造业通过机械加工达到增值的目的，加工的零部件以流水方式通过工作中心

   C. 车间任务型生产将功能类似的设备按空间和管理的方便组成车间或小组，工艺路线是多变的，每项生产任务仅要求企业组织的部分资源。重复生产的加工能力和设备是专门设定的，工艺路线是固定的，加工的零部件以流水方式通过流水线。流程制造业通过能源、设备和其他资源来混合或分离各种成分并引起化学反应，从而达到增值的目的

D. 车间任务型生产的加工能力和设备是专门设定的，工艺路线是固定的，加工的零部件以流水方式通过流水线。重复生产将功能类似的设备按空间和管理的方便组成车间或小组，通过化学反应达到增值的目的。流程制造业通过能源、设备和其他资源来进行机械加工，每项生产任务仅要求企业组织的部分资源

3. 流程型生产和离散型生产的区别在于(　　)。
   A. 流程型生产是面向订单装配的，离散型生产是面向库存生产的
   B. 生产过程中增值的方法不同，增加生产能力的灵活性不同，物料的效能一致性不同
   C. 生产过程中成本核算的方法不同，增值的方法不同，物料的效能一致性不同
   D. 离散型生产过程中可以出现联产品和副产品，流程型生产过程中只出现在制品
4. 派工单是(　　)。
   A. 车间领料单
   B. 按优先级顺序排列的生产订单一览表，每天发到工作中心，指明生产订单的优先级、要加工的物料数量及能力需求的详细信息
   C. 生产订单
   D. 详细描述一项物料制造过程的文件，包括要进行的加工及其顺序、涉及的工作中心以及准备和加工所需的工时定额
5. 确定工序优先级的方法有哪些？(　　)
   A. 面向库存生产、面向订单生产、面向订单装配
   B. 订货点法、按需订货、经济订货批量
   C. 毛需求、净需求、安全库存
   D. 紧迫系数法、最小单个工序平均时差法、订单的最早完成日期法

# 第10章 财务管理和成本管理

## 10.1 » 财务管理

### 10.1.1 财务管理业务概述

#### 1. 企业经营活动循环

企业是以盈利为目的的经济组织，它的全部活动就是利用所占有的资源来获得最大的回报。为了达到这样的目的，企业先要获得所需要的资本，资本来源于所有者的投资以及向债权人的举债。

在获得了所需的资本以后，企业会利用这些资本采购所需的设备和原材料，因而要向供应商支付现金(包括银行存款)，或者形成应付账款，在以后用现金偿还。企业还要雇用人力，为此需要向员工支付工资。这个过程是周而复始、不断重复的，从而构成一个循环，即采购付款循环。

企业利用购入的设备、原材料和雇用的人力资源来生产产品，这个过程是一边消耗资源，一边形成产品的过程。这个过程也是周而复始的循环过程，即生产循环。

企业生产出产品后，要想方设法把它们卖出去，以获得利润。企业卖出产品会收到现金，或形成应收账款，在以后以现金的形式收回。这也是一个不断循环的过程，即销售收款循环。

企业的全部经营活动实际上就是这几个循环的不断重复，它们又构成了一个大循环，称之为企业的经营活动循环。

#### 2. “会计凭证→会计账簿→财务报表”循环

企业的经营活动离不开财务管理活动。和企业的经营活动相融合，企业的财务管理活动构成一个“会计凭证→ 会计账簿→ 财务报表”循环，而 ERP 系统财务管理的功能就是这个循环的模拟。为了了解 ERP 系统财务管理的功能，就要先了解财务管理的“会计凭证→会计账簿→财务报表”循环。

在企业的经营活动中，每一项经济业务都必须有原始凭证。原始凭证审核无误则可作为编制记账凭证的依据， 然后根据记账凭证将经济业务活动记入相应的账目。虽然通过所有的账目已经记录了所有经济业务的发生和完成情况，但是还不能直观地从中获取有关的信息，来满足投资者、债权人、银行、供应商等企业外部的利害关系集团和个人以及企业管理者了解企业财务状况、经营成果和经济效益需求。为此，必须编制财务报告。为了改善企业的经营状况，还要进行财务分析。

1) 会计凭证

会计凭证的收集、制作和管理是财务管理工作的重要内容。凭证分为原始凭证和记账凭证。

(1) 原始凭证。原始凭证，又称原始单据，是经济业务发生或完成时取得或填制的，用以记录、证明经济业务已经发生或完成的原始证据，是进行会计核算的原始资料。原始凭证记载着大量的经济信息，与记账凭证相比，具有更强的法律效力。原始凭证按其形成的方式，分为外来原始凭证和自制原始凭证。前者如购货时取得的发票，后者如原材料入库时由仓库保管人员填制的入库单、商品销售时由销售部门开出的提货单等。

(2) 记账凭证。记账凭证是会计人员根据审核后的原始凭证进行归类、整理，并确定会计分录而编制的凭证，是据以登录账目的依据。记账凭证记载的是会计信息。从原始凭证到记账凭证是经济信息转换成会计信息的过程，是一种质的飞跃。记账凭证要根据原始凭证所反映的经济业务，按规定的会计科目和复式记账方法编制会计分录，用来指明经济业务应当归类的会计科目和记账方向，作为记账的依据。

记账凭证分为收款凭证、付款凭证和转账凭证。收款凭证是用以反映货币资金收入业务的记账凭证，根据货币资金收入业务的原始凭证填制而成。付款凭证是用以反映货币资金支出业务的记账凭证，根据货币资金支出业务的原始凭证填制而成。转账凭证是用以反映与货币资金收付无关的转账业务的凭证，根据有关转账业务的原始凭证或记账凭证填制而成。

2) 根据凭证记账

(1) 记账。从原始凭证到记账凭证，按照一定的会计科目和复式记账法，大量的经济活动信息转化为会计信息记录在记账凭证上。但是，这些记录在会计凭证上的信息还是分散的、不系统的。为了把分散在会计凭证中的大量核算信息加以集中归类反映，为经营管理提供系统、完整的核算资料，并为编制会计报表提供依据，就必须设置和登记账簿。记账以记账凭证为依据，按照时间的顺序，既要记入总账，又要记入明细账。根据复式记账法的要求，借贷的规则是有借必有贷，借贷必相等。为了保证账簿记录和会计报表数字真实可靠，必须定期对账和结账。

(2) 对账。对账就是在有关经济业务入账以后，进行账簿记录的核对。对账分为日常对账和定期对账两种。日常对账是指会计人员在编制会计凭证时对原始凭证和记账凭证的核对以及在登记账簿时对账簿记录和会计凭证的核对。定期对账是指在期末结账前，对凭证和账簿记录的核对。做到账证相符、账账相符、账实相符。

(3) 结账。结账就是在会计期末计算并结转各账户的本期发生额和期末余额。

各会计期间内所发生的经济业务，于该会计期间全部登记入账并对账以后，就可以通过账簿记录来了解经济业务的发生和完成情况了。但是，管理上需要掌握各会计期间的经济活动情况及其结果，并编制各会计期间的财务报表。而根据会计凭证将经济业务记入账簿后，还不能直观地从中获取所需的各种信息资料，必须通过结账的方式把各种账簿记录结算清楚，提供所需的各项信息资料。

会计期间一般实行日历制。月末进行计算，季末进行结算，年末进行决算。结账于各会计期末进行，所以可以分为月结、季结和年结。

3) 财务报告

财务报告是会计核算工作的结果，是反映会计主体财务状况、经营成果和财务状况变动情况的书面文件，也是会计部门提供会计信息的重要手段。因此，财务报表必须数字真实、计算准确、内容完整、编报及时。

(1) 编制财务报告的意义。财务报告所提供的会计信息，是投资者、债权人、银行、供应商等会计信息使用者了解企业的财务状况、经营成果和经济效益，进而了解投资风险和投资报酬，贷款或借款能否按期收回等情况的主要来源；是投资者进行投资决策、贷款者进行贷款决策、供应商决定销售策略的重要依据；也是国家经济管理部门制定宏观经济管理政策和经济决策的重要信息来源。

财务报告所提供的会计信息，还是企业内部管理人员了解企业经营状况和经营成果的重要经济信息来源。企业决策者可以根据报告所反映的情况总结经验，制定改善经营管理的措施，不断提高企业的经济效益。

(2) 财务报告的组成。财务报告主要包括对外报送的财务报表和财务情况说明书。

对外报送的财务报表有主表、附表和报表附注三部分组成。其中，主表包括资产负债表、损益表和现金流量表。附表根据各行业的特点编制，工业企业的附表包括利润分配表和主营业务收支明细表；商品流通企业的附表包括利润分配表和商品销售利润明细表。报表附注是为了帮助会计报表阅读者理解报表的内容而对表内有关项目和一些表外项目所作的解释。

财务情况说明书是为了解和评价企业财务状况和经营成果所提供的书面资料。主要说明企业的生产经营状况、利润实现和分配状况、资金增减和周转情况、纳税情况以及主要的会计处理方法等。

(3) 主要财务报表

资产负债表是反映企业在某一个特定日期资产、负债和所有者权益构成情况的财务报表。它根据“资产=负债 + 所有者权益”这一基本公式，依照一定的分类标准和次序，把企业在某一个特定日期的资产、负债和所有者权益项目予以适当的排列编制而成。

损益表是反映企业在一定会计期间内的经营成果的会计报表，根据“收入－费用=利润”这一公式，依据一定的标准和次序，把企业一定时期内的收入、费用和利润情况项目予以适当的排列编制而成。

现金流量表是反映企业一定期间经营活动、投资活动与筹资活动现金流入和现金流出的会计报表，从动态上反映现金的变动情况。通过现金流量表能评估企业未来取得现金流入的能力和偿还负债的能力，以及企业财务管理水平和制定运营资金计划、加强财务管理和用好企业的运营资金的能力。

4) 财务分析

财务分析的对象是财务报表，主要是资产负债表和损益表。从这两种财务报表中着重分析公司的收益性、安全性、成长性和周转性 4 个方面的内容。

(1) 公司的获利能力。公司利润的高低、利润额的大小，是企业是否有活力、管理效能优劣的标志。作为投资者，首先要考虑选择利润丰厚的公司进行投资。所以，分析财务报表，先要着重分析公司当期投入资本的收益性。

(2) 公司的偿还能力。分析公司的偿还能力目的在于确保投资的安全性。具体从两个方面进行分析：一是分析其短期偿债能力，看其有无能力偿还到期债务。这要从检查分析公司资金流动状况来下判断。二是分析其长期偿债能力的强弱。这要通过分析财务报表中不同权益项目之间的关系、权益与收益之间的关系以及权益与资产之间的关系来进行检测。

(3) 公司扩展经营的能力。分析公司扩展经营的能力，即进行成长性分析，这是投资者进行长期投资决策时最为关注的重要问题。

(4) 公司的经营效率。分析公司的经营效率主要是分析财务报表中各项资金周转速度的快慢，以检测公司各项资金的利用效果和经营效率。

### 10.1.2 ERP 系统财务管理功能概述

财务管理是 ERP 系统的重要组成部分。ERP 系统中的财务部分一般分为财务管理和会计核算两方面的功能。会计核算是财务管理的基础。作为 ERP 软件系统的一部分，财务模块通过和其他模块之间的接口，将生产活动、采购活动和销售活动输入的信息自动过入财务模块，更新总分类账和明细分类账中的数据，进而更新会计报表。从而实现生产、采购和销售活动与财务管理活动的集成，实现物流、资金流和信息流的集成。

#### 1. 总账模块

总账模块的功能是处理记账凭证录入，输出日记账、明细账以及总分类账，编制主要会计报表。总账模块是财务管理的核心，应收账、应付账、固定资产核算、现金管理、工资核算等模块都是以总账模块为核心来传递信息的。为了适应企业集团会计核算的需求，还提供了合并报表的功能。

#### 2. 应收账模块

应收账款是企业由于销售商品或提供服务而产生的应当向客户收取的款项。在 ERP 系统中，应收账模块包括了以应收账款为主的所有应收款项，包括了发票管理、客户信息管理、收款管理、账龄分析等功能。该模块和客户订单、发票处理业务相联系，在相关的事务处理中自动生成记账凭证，导入总账。

#### 3. 应付账模块

应付账款是企业由于购买商品和服务而应当付给供应商的款项。在 ERP 系统中该模块包括了以应付账款为主的所有应付款项。其功能包括发票管理、供应商信息管理、支票管理、账龄分析等。该模块和采购模块、库存管理模块集成，从采购模块和库存管理模块中取得数据。

#### 4. 现金管理模块

现金管理模块的主要功能是对现金流的控制以及零用现金和银行存款的核算，包括票据管理和打印、付款维护、银行存款清单打印、付款查询、银行查询、支票查询等和现金有关的功能。此外，该模块应和应收账、应付账、总账等模块集成，可以自动生成凭证，导入总账。

#### 5. 固定资产核算模块

固定资产核算模块对固定资产的增减变动以及折旧的计提和分配进行核算。其功能包括登录固定资产卡片和明细账，计提折旧，编制报表以及自动编制转账凭证，并转入总账。该模块应和应付款、成本、总账模块集成。

#### 6. 工资核算模块

该模块处理对企业员工的工资结算、分配、核算以及各相关费用的计提。其功能包括工资登录、打印工资清单以及各类汇总报表，计提各项与工资有关的费用，生成凭证，导入总账。这一模块应当和总账模块、成本模块集成。

#### 7. 成本核算模块

成本核算模块依据物料清单、工作中心、工艺路线、采购管理等方面的信息对产品的成本进行核算。本章 10.2 节将集中讨论成本管理的问题。

### 10.1.3 ERP 系统中财务管理业务流程

ERP系统深刻地把握了企业经营活动的本质，有效地实现了财务管理和生产管理、采购管理、销售管理、库存管理功能的集成，将数据的采集延伸到生产、采购、销售和库存管理等环节。ERP 系统是一个以计划为主导的信息系统，它的计划和控制功能是伴随着企业的生产经营活动而展开的，这是一个循环往复的过程，ERP 系统的计划执行过程，就伴随着企业的物流和资金流过程。ERP 系统的计划与控制就是通过对信息流的控制，实现对物流和资金流的控制。

ERP系统的执行过程是从采购活动开始的。采购部根据物料需求计划采购物料，物料采购回来以后，经质检部门验收入库，录入库存系统。此时，库存增加，同时应付账款也增加(或现金减少)。通过 ERP 系统的会计界面，生成会计凭证，过账后在总账系统中同时更新应付账款和存货账户。从而在采购付款循环中实现了物流和资金流的统一。

通过 ERP 系统的会计界面生成会计凭证，过入总账，更新相应的会计科目数据。加工完成，生产出可以向客户销售的产品并入库，通过 ERP 系统的会计界面，生成会计凭证，过入总账，减少总账模块中生产成本账户的金额，增加存货账户的金额，实现了生产循环中物流和资金流的统一。

销售部门接到客户的订单，通知仓库按照订单向客户发货，库存减少的同时，应收款增加。通过 ERP 系统的会计界面，生成会计凭证，过账后即可更新应收账款和存货有关账户的金额。以后收到客户付来的货款， 通过 ERP 系统的会计界面，生成收款凭证并过账，总账系统中的现金和应收账款两个科目的数据同时得到更新。从而在销售和付款循环中实现了物流和资金流的统一。

利用 ERP 系统的财务管理功能进行对账和结账，以及编制财务报告，比起传统的手工操作来，大大提高了效率，可以更准确、及时地完成这些重要的财务活动。

图 10.1 说明了 ERP 系统是一个集成系统。

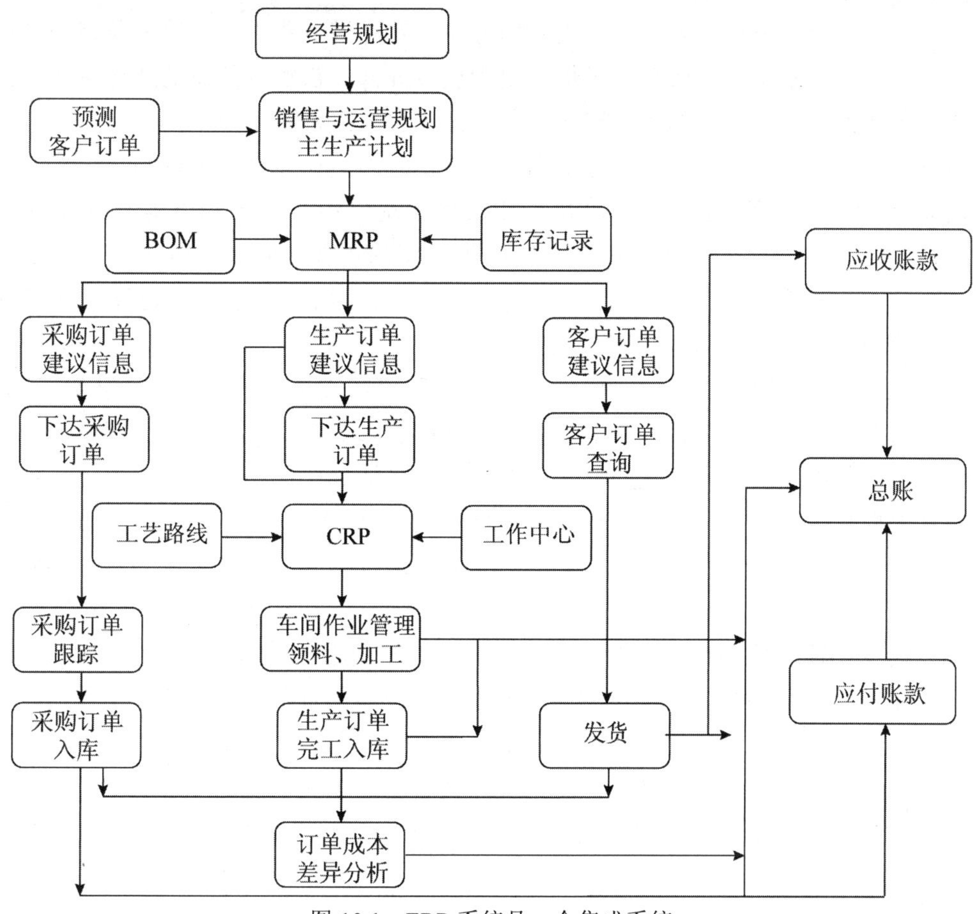


图 10.1　ERP 系统是一个集成系统

## 10.2 » 成本管理

产品成本是生产过程中各种资源利用情况的货币表示，是衡量企业技术和管理水平的重要指标。企业要使自己的产品占领市场，就必须对其成本进行控制，否则就会失去市场竞争力，从而影响到企业的生存和发展。所以，成本控制是每个企业都必须关心的事情。企业通过对成本的计划、控制和分析，来优化资源的利用，降低成本，提高效益。

ERP 为企业的成本管理提供了工具，把财务和成本管理纳入到系统中来，是 ERP 发展过程中的一个重要标志。ERP 系统的成本管理功能对于企业是非常重要的。因此必须了解 ERP 系统中的成本计算方法和相关的概念。

## 10.2.1 成本管理的基本概念

### 1. 财务会计和管理会计

会计是以货币作为反映方式，采用专门方法，对经济业务进行核算和监督的一种管理活动或经济信息系统。现代会计学把主要为企业外部提供财务信息的会计事务称为财务会计，而把主要为企业内部提供财务信息的会计事务称为管理会计。

财务会计的主要目的在于为企业外部的利害关系集团和个人(国家经济管理部门、股东、领导部门等)提供全面反映企业财务状况、经营成果和财务状况变动的信息。这些信息高度综合，但详细程度不能满足决策的需要。时间范围可有月、季、年的不同规定，所报告的信息反映已经发生的情况。所遵循的约束条件是外部强制的标准、会计原则、方法及程序。

管理会计是20世纪50年代发展起来的一门新学科，是现代管理学的重要组成部分。管理会计的主要目的在于为企业内部各级管理部门和人员提供进行经营决策所需的各种经济信息。这些信息要满足特定的要求，详细到可供计划、控制和决策使用。提供信息的范围可根据需要而有极大的伸缩性(时间单位可从小时到年)。所提供的信息既有历史信息，也有预测信息。所遵循的约束条件是以满足成本/效益分析的要求为准，无外部的强制约束。

ERP的成本管理是按照管理会计的原理，对企业的生产成本进行预测、计划、决策、控制、分析与考核。有些人认为引进的ERP软件的成本管理部分不符合中国国情，其原因之一就是未能区分上述两种不同的会计范畴。人们所想到的往往是成本管理模块的功能不符合上级机关要求的报表格式，而较少想到它所提供的功能是一个非常有力的管理工具。随着会计制度的改革和ERP的进一步发展和应用，其优越性将会变得更加明显。

### 2. 标准成本体系

标准成本体系是20世纪早期产生并被广泛应用的一种成本管理制度。标准成本体系的特点是事前计划，事中控制，事后分析。ERP采用的是标准成本体系。

在成本发生前，通过对历史资料的分析研究和反复测算，制定出未来某个时期内各种生产条件(如生产规模、技术水平、能力利用等)处于正常状态下的标准成本。标准成本是进行成本控制的依据和基础。

在成本发生过程中，将实际发生的成本与标准成本进行对比，记录产生的差异，并作适当的控制和调整。

在成本发生后，对实际成本与标准成本的差异进行全面的综合分析和研究，发现问题，解决问题，并制定新的标准成本。

传统的手工管理的成本会计往往局限于事后算账。标准成本体系则将成本的计划、控制、核算、分析和改进有机地结合，形成一个成本管理的科学过程。

### 3. 责任会计制

管理会计的重要内容之一是责任会计制。而建立责任中心则是体现责任会计制的主要内容。责任中心即企业内部负有特定管理责任的部门或单位。按所负责任和控制范围的不同，分为成本中心、利润中心和投资中心。其中成本中心和利润中心是制造业的主要责任中心。

(1) 成本中心。成本中心是以达到最低成本为经营目标的组织单位，它是成本的积累点。企业的分厂、业务部门、车间、班组、工作中心，甚至个人，只要发生费用支出的，都可以根据需要定义为成本中心。几个成本中心可以形成成本中心组。

(2) 利润中心。利润中心是以获得最大利润为经营目标的组织单位，它有权对影响利润的因素作出决策，如选择市场或货源。利润中心必须是独立核算、有收入来源的部门或单位，如分厂、事业部等。一个企业可有多个利润中心，利润中心之下还可以设立一个或多个小规模的利润中心。

#### 4. 成本计算方法

产品成本的计算方法按其所包括的范围可区分为完全成本法、变动成本法和制造成本法。

完全成本法，也称为吸收成本法，是指在计算产品成本和存货成本时，把所消耗的直接材料、直接工资、制造费用、管理费用等全部包括在内的计算方法，它是财务会计一般的做法，也是我国传统上所采用的成本计算方法。

变动成本法，也称为直接成本法，是指在计算产品成本和存货成本时，只包括产品在生产经营过程中的变动费用(如直接材料、直接工资、变动的制造费用等)，而把固定制造费用全数以“期间成本”计入本期损益，作为产品销售利润的减除项目。

制造成本法与完全成本法不同。使用制造成本法计算产品成本和存货成本时，只包括直接材料、直接工资和制造费用，而把管理费用、销售费用、财务费用作为期间费用处理，在发生期内全数列入当期损益，作为产品销售利润的扣除。

制造成本法与变动成本法也有不同，制造成本法不要求把制造费用再区分为变动制造费用和固定制造费用，而是将制造费用按照一定分配标准计入产品成本和存货成本。

我国企业会计准则规定，企业应当采用制造成本法。也就是改革传统的成本核算办法，由完全成本法改为制造成本法，产品成本核算到制造成本为止，销售费用、管理费用、财务费用不再摊入产品成本，而是作为期间费用直接计入当期损益。

#### 5. 成本项目的分类

成本项目的分类要根据管理上的要求来确定。一般可分为直接材料费、直接人工费和制造费用。

(1) 直接材料费。直接材料费是指直接用于产品生产，构成产品实体的原料、主要材料、外购半成品以及有助于产品形成的辅助材料和其他直接材料所产生的费用。直接材料费的计算方法有如下几种。

① 移动加权平均法。每当有材料入库时，就重新计算一次材料存货的价格。公式如下：

$$材料价格=\frac{(最近库存材料金额+本次购进材料金额)}{(最近库存材料数量+本次购进材料数量)}$$

② 先进先出法(FIFO)。假定先入库的材料先出库使用。所以，材料的价格是最先入库的材料价格。

③ 后进先出法(LIFO)。假定后入库的材料先出库使用。所以，材料的价格是最后入库的材料价格。

④ 个别认定法，又称批量法，一般用于物料的批次管理。

(2) 直接人工费。直接人工费是指直接参加生产的工人工资以及按生产工人工资总额和规定的比例计算提取的职工福利费。

(3) 制造费用。制造费用是指企业各生产单位为组织和管理生产而发生的各项间接费用，包括管理人员工资和福利费、车间房屋建筑和机器设备的折旧费、租赁费、修理费、办公费、水电费、燃料费、动力费、机物料消耗、劳动保护费等。

直接材料费和直接人工费都是直接成本，它们可以根据材料费用和人工费用发生的原始凭证加以汇总和分配后直接计入各成本对象的成本中。而制造费用是一种间接成本，当制造成本发生时，一般无法直接判定它所属的成本计算对象，因而不能直接计入所生产的产品成本中去。通常的做法是，先按费用发生的地点进行归集，再采用一定的方法在各成本计算对象间进行分配，然后才能计入各成本计算对象的成本中。

在制造费用中，与产量有直接关系的称为可变制造费用，如燃料与动力消耗、机物料消耗等；与产量无直接关系的称为固定制造费用，如管理人员工资、办公费、修理费、折旧费、采暖费、照明费等。

#### 6. ERP 系统中的 4 种基本的成本类型

为了便于计划、监控、分析和维护产品成本，在 ERP 软件系统中通常设置 4 种基本的成本类型。

1) 标准成本

标准成本(standard cost)是成本管理中的计划成本，是经营的目标和评价的尺度，反映了在一定时期内要达到的成本水平，有其科学性和客观性。标准成本在计划期(如会计年度)内保持不变，是一种冻结的成本，作为预计企业收入、物料库存价值及报价的基础。

制定标准成本时，应充分考虑到在有效作业状态下所需要的材料和人工数量、预期支付的材料和人工费用以及在正常生产情况下所应分摊的制造费等因素。标准成本的制定，应有销售、生产、计划、采购、物料、劳动工资、工艺、车间、会计等有关部门的人员参加，共同商定。标准成本制定后，企业要定期进行评价和维护。

2) 现行标准成本

现行标准成本(current standard cost)也称为现行成本，类似于人们常说的定额成本，是一种当前使用的标准成本，或者将其看作标准成本的执行成本。现行成本反映的是生产计划期内某一时期的成本标准。在实际生产过程中，产品结构、加工工艺、采购费用和劳动生产率等因素会发生变化，因而也会导致成本数据发生变化。为了使标准成本数据尽量接近实际，可对现行标准成本定期(如 3～6 个月)进行调整，而标准成本保持不变。

现行标准成本的制定方式与标准成本类似，只是有些数据采用的是现行的成本数据。

3) 模拟成本

ERP 系统的特点之一就是运用其模拟功能，回答“如果……将会……”的问题。例如，有时想要知道产品设计变更、结构变化或工艺材料代用所引起的成本变化，则可通过 ERP 的模拟功能来实现。为了在成本模拟或预定过程中不影响现行数据，所以设置模拟成本(simulated cost)。这对于产品设计过程中进行价值分析也是有用的。

在制定下一个会计年度的标准成本之前，先把修订的成本项目输入模拟成本系统，经过多次模拟运行比较，审定后再转换到标准成本系统。

模拟成本的制定方式与标准成本类似。现行标准成本和模拟成本均可在标准成本的基础上通过拷贝和转换来建立。在拷贝、转换后进行必要的修改，这样可以大大减少重复的工作量。

4) 实际成本

实际成本是在生产过程中实际发生的成本，主要来自各部门的反馈信息，如工票、领料单、采购发票等。

### 10.2.2　ERP 系统中的成本计算

ERP 成本计算的基本数据包括采购成本、材料定额、工时定额以及各种费率等。它们分别记录在物料主文件、物料清单、工作中心和工艺路线等文件中。

这些基本数据有些是数量性数据，如工时定额、材料定额；有一些是价格性数据，如材料价格和各种费率。这些基本数据的准确性是成本计算准确性的保证。

ERP 成本计算方法采用滚加法，是按物料清单所规定的物料之间的层次、需求关系和制造过程，从产品结构的最低层次开始，从低层向高层逐层累计。成本的发生和累计与生产制造过程同步，随着生产制造过程的进行，在材料信息和生产计划信息动态产生的同时，成本信息也随之产生，使得在计划、控制物流的同时，也控制了资金流，做到了物流、信息流和资金流的统一。

采用滚加法进行成本计算时，滚加的结构和依据就是产品的物料清单。在物料清单中，处于各个不同层次的物料项目的成本都包含两部分，即本层发生的成本和低层累计的成本。

在一个典型的产品物料清单中，最底层的物料项目都是外购件，即原材料或标准件，它的材料费(采购件费)和采购间接费(采购部门的管理费、运输及保管费等)之和组成产品成本中的直接材料费。其中

$$采购间接费=采购件费\times采购间接费率$$

此时尚未发生加工成本。

进入上一层以后，如果发生加工装配作业，则发生这一层的直接人工费和制造费，它们的计算公式如下：

直接人工费=工作中心记录的人工费率×工艺路线记录的工时数

制造费=工作中心记录的制造费率×工艺路线记录的工时数

这里的制造费包括可变制造费和固定制造费，它们可有不同的费率，但计算公式相同。

直接人工费和制造费之和称为加工成本，是物料项目在本层的增值，也称为增值成本。再将加工成本同低层各项成本累加在一起，则组成滚加至本层的物料项目成本。

如此逐层由低向高累加，最后到顶层组成最终产品的成本。每一层的成本均由本层增值成本和低层累计成本两部分组成。成本滚加的过程如图 10.2 所示。

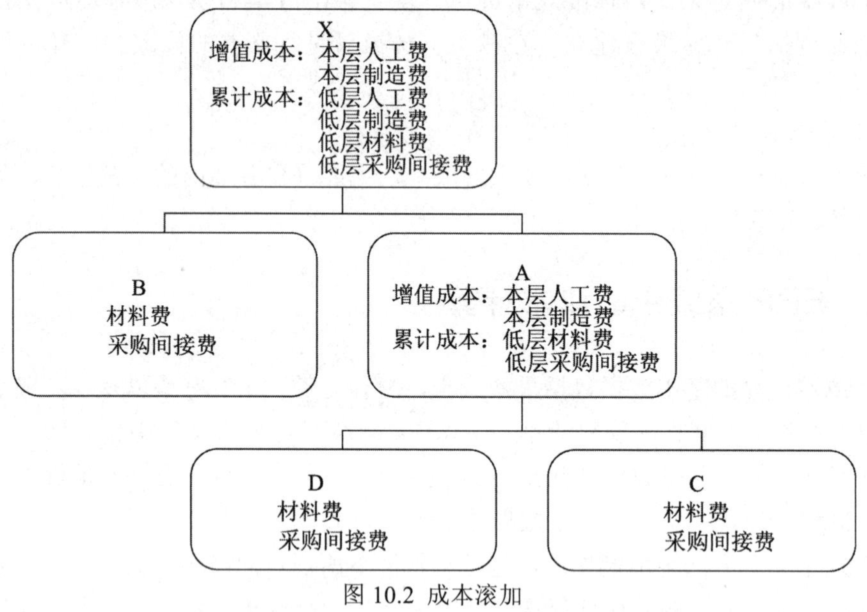


图 10.2 成本滚加

滚加法对于成本的分解较细，便于企业按不同要求进行汇总，对实行各种成本计算方法(如品种法、分步法、分批法)都很方便。

如前所述，制造费用是一种间接成本，当其发生时尚不能直接判定所属的成本计算对象。因此要对制造费用先行归集，再定期分摊。这样一来，在进行产品成本计算时，制造费用的计算和分摊都有某种程度的滞后。为了避免这种情况，使得在成本滚加的过程中，制造费用的计算能和直接费用的计算同步进行，则应事先指定制造费率。有了制造费率才能把制造费用分摊到工作中心上去。分摊之前先要确定工作中心的能力水平，一般用正常生产条件下的能力小时数来表示。制造费率是在一定产量规模、能力水平和效率的条件下预先制定的，条件发生变化时应进行修订。制造费率公式如下：

$$\text{制造费率}=\frac{\text{预计某个时期的制造费总额}}{\text{预计该时期完成的工时}}\ (\text{元/小时})$$

固定制造费和可变制造费的费率是分别计算的。划分这两种制造费的方法很多，基本上是取历史上两个产量差别较大的时期的制造费总额之差除以产量之差，从而求出单位产量的可变制造费，再计算计划期内的可变制造费和固定制造费。

### 10.2.3 成本差异分析

实际成本与标准成本之间的差额，称为成本差异。成本差异分析是 ERP 成本管理的重要内容。

实际成本低于标准成本的差异，称为有利差异，即成本节约，用负数表示，记在有关差异账户的贷方；反之，称为不利差异，即成本超支，用正数表示，记在有关差异账户的借方。不论差异是正值还是负值，只要超过了规定的容差限度，都就进行差异分析。有时出现负值不一定是好事，因为在某项差异上出现负值可能导致另一项差异出现更大的正值。

#### 1. 直接材料成本差异

直接材料成本差异等于材料的实际用量与实际价格的乘积减去标准用量与标准价格的乘积所得的差。造成这种差异既有价差的原因，也有量差的原因。如采购价格和运输费用的变化，材料代用或变更，自制件改外购件或反之等皆为价差原因。而材料报废或损耗，材料利用率变化，产品结构变化等均为量差原因。

#### 2. 直接人工成本差异

直接人工成本差异等于工人的实际出勤工时与实际工资率的乘积减去标准工时与标准工资率乘积所得的差。造成这种差异的原因可有工作中心和工人等级或工资的变动，设备故障、停电、缺料或任务不足，工作效率、加工工艺或投料批量的变化等。

#### 3. 制造费差异

$$制造费差异=(实际工时\times实际制造费率)-(标准工时\times标准制造费率)$$

在上述公式中，如果计算可变制造费差异，则用可变制造费率；如果计算固定制造费差异，则用固定制造费率。

制造费用是期间成本。为便于在成本计算时进行分摊，要预先确定制造费率。预定制造费率带有人为的因素。制造费率的差异，工作效率的变化，资源不足，以及市场疲软均可以是产生制造费差异的原因。

上述各种差异，应各自独立设置账户，由系统自动入账。成本差异可以按标准成本的比例分配给各类库存物料，用实际成本计价，也可以结转到销售成本。后者比较简便，国外多采用此法。

ERP 的成本管理可以真正使企业做到事前计划、事中控制、事后分析。可以从根本上改变我国有些企业为填写成本数据，而在产品总成本产生后再反摊到各个组成物料上去的做法。

## 思考题

1. 简述企业的经营活动循环过程。

2. 有哪些会计凭证？它们的作用是什么？
3. 如何根据会计凭证记账？
4. 为什么要编制财务报告？财务报告由哪几部分组成？
5. 主要的财务报表有哪些？
6. 如何进行财务分析？
7. ERP 系统中主要的财务管理模块有哪些？
8. 简述 ERP 系统中的财务管理业务流程。
9. 什么是财务会计？它有什么特点？
10. 什么是管理会计？它有什么特点？
11. 什么是标准成本体系？
12. 什么是成本中心？什么是利润中心？
13. 产品成本的计算有哪些方法？
14. 按照我国会计企业会计准则的规定，企业应当采用哪种产品成本计算方法？
15. 如何对产品成本项目进行分类？分为哪些类？各包括哪些费用？
16. 在 ERP 系统中通常设置哪些成本类型？
17. ERP 系统如何进行成本计算？
18. 什么是成本差异？有哪些成本差异？
19. 成本差异是如何形成的？如何处理成本差异？

## 习题

1. 下面哪些关于财务会计的陈述是正确的？(　　)

   I. 主要目的在于为企业外部的利害关系集团和个人提供全面反映企业财务状况、经营成果和财务状况变动的信息。

   II. 这些信息要详细到可供计划、控制和决策使用。

   III. 所报告的信息反映已经发生的情况。

   IV. 所遵循的约束条件是外部强制的标准、会计原则、方法及程序。

   A. 只有 I 和 II　　B. 只有 II 和 III

   C. 只有 II 和 IV　　D. 只有 I，III 和 IV

2. 下面哪些关于管理会计的陈述是正确的？(　　)

   I. 主要目的在于为企业内部各级管理部门和人员提供进行经营决策所需的各种经济信息。

   II. 这些信息要详细到可供计划、控制和决策使用。

   III. 所提供的信息既有历史信息，也有预测信息。

   IV. 所遵循的约束条件是外部强制的标准、会计原则、方法及程序。

   A. 只有 I 和 IV　　B. 只有 I，II 和 III

   C. 只有 II 和 IV　　D. 只有 I，III 和 IV

3. 在 ERP 软件系统中通常设置哪些成本类型？(　　)
   A. 只有标准成本
   B. 只有标准成本和现行标准成本
   C. 只有标准成本、现行标准成本和实际成本
   D. 标准成本、现行标准成本、模拟成本和实际成本
4. 产品的成本由下面哪些项目构成？(　　)
   A. 只有直接材料费和销售费
   B. 只有直接材料费、直接人工费和制造费
   C. 只有直接人工费和销售费
   D. 只有直接材料费、制造费和销售费

# 第 11 章 ERP应用综合模拟案例

本章提供一个 ERP 应用的综合模拟案例。

这个模拟案例以脚踏车产品族的单轮脚踏车作为模拟产品，首先建立了为应用 ERP 所需的基础数据，然后是企业经营运作过程的模拟，包括销售与运营规划，接收客户订单，制定主生产计划，MRP 展开并生成采购订单和生产订单，下达采购订单，下达生产订单，采购订单接收入库，生产订单完工入库，客户订单发运，产品成本核算，基本上涵盖了企业经营运作的全过程。这个综合模拟实例可以使用某种 ERP 软件上机实习，也可以手工计算。通过这个综合模拟实例可以把前面所学的知识联系起来，切实从整体上体会、理解和掌握 ERP 的知识体系。

## 11.1 建立基础数据

### 1. 物料基本信息

A 公司生产单轮脚踏车、双轮脚踏车和三轮车。在整个的模拟过程中，我们将以单轮脚踏车为例。

单轮脚踏车的结构如图 11.1 所示。单轮脚踏车由车轮组件、车座和车座架装配而成。其中，车轮组件需要由采购来的零部件脚蹬、轮胎和瓦圈装配而成。车座架由采购件镀铬铝管加工而成。车座是采购件。ERP 的计划功能将对在本公司加工或装配而成的物料生成生产订单，对于采购件生成采购订单。

在图 11.1 所示的产品结构中所涉及的各种物料的基本信息如表 11.1 所示。

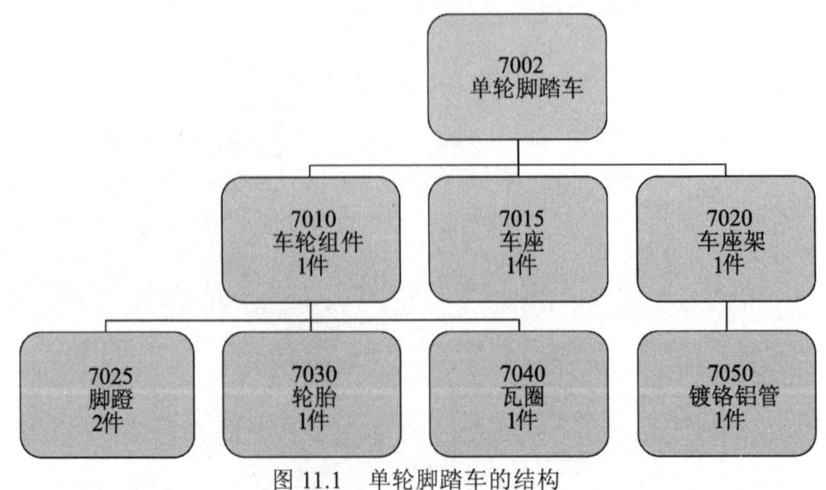


图 11.1　单轮脚踏车的结构

表 11.1 单轮脚踏车物料信息

| 物料代码 | 物料名称 | 度量单位 | 制造或购买信息 |
|---|---|---|---|
| 7002 | 单轮脚踏车 | 辆 | 制造物料<br>计划每次生产出一周的供应量，最少生产 30 辆。一周供应量的生产提前期为 2 个工作日 |
| 7010 | 车轮组件 | 件 | 制造物料<br>计划每次生产出两周的供应量，最少生产 50 件。两周供应量的生产提前期为 3 个工作日 |
| 7015 | 车座 | 件 | 采购物料<br>从 B 公司购进，采购提前期 3 天。每两周交货一次，不另收费 |
| 7020 | 车座架 | 件 | 制造物料<br>计划每次生产出两周的供应量，最少生产 50 件。两周供应量的生产提前期为 3 个工作日 |
| 7025 | 脚蹬 | 件 | 采购物料<br>从 B 公司购进，采购提前期 3 天，最小订货量 100 件，供应商按每箱 50 件进行包装。每两周交货一次，不另收费 |
| 7030 | 轮胎 | 件 | 采购物料<br>从 C 公司购进，采购提前期 3 天，最小订货量 100 件，供应商按每箱 25 件进行包装。每两周交货一次，不另收费 |
| 7040 | 瓦圈 | 件 | 采购物料<br>从 B 公司购进，采购提前期 2 天。每两周交货一次，不另收费 |
| 7050 | 镀铬铝管(长 2 英尺) | 件 | 采购物料<br>从 D 公司购进，采购提前期 1 天，最小订货量 25 件，供应商按每箱 25 件进行包装。每两周交货一次，不另收费 |

### 2. 物料主文件

为了能够让 ERP 系统使用以上的物料信息，必须为 ERP 系统建立物料主文件。通常，物料主文件中有很多信息。为了简化，我们只建立最基本的 7 条信息，即物料代码、物料名称、度量单位、订货策略、订货批量、批量调整因子和提前期。其中，物料代码、物料名称、度量单位和提前期信息可以从表 11.1 中最后一列关于制造或购买信息的描述中直接获取，但是，要获取关于订货策略、订货批量、批量调整因子的信息却要进行简单的分析。现在以 7002 和 7025 为例分析如下。

(1) 7002

表 11.1 中对于 7002 关于制造或购买信息的描述是“计划每次生产出一周的供应量，最少生产 30 辆”。由此得出，订货策略是时区订货策略，即每次订货满足固定数量的时

区内的需求。订货策略既是时区订货策略，那么，订货批量就要由固定的时区数来确定。从上面的描述可知，这个固定的时区数是一周。在本章的综合模拟案例中，将以“天”作为计划时区单位。由于 ERP 的计划通常采用工厂日历，而工厂日历中是不出现节假日的，所以一周即是 5 天。“最少生产 30 辆”指明“最小订货量”是 30 。

(2) 7025

表 11.1 中对于 7025 关于制造或购买信息的描述是“从 B 公司购进，采购提前期 3 天，最小订货量 100 件，供应商按每箱 50 件进行包装。每两周交货一次，不另收费”。由“每两周交货一次，不另收费”可以得出，订货策略是时区订货策略，批量的天数是 10 天。最小订货量已经明确指明是 100 件，而“供应商按每箱 50 件进行包装”意味着订货批量必须是 50 的倍数，即批量倍数是 50 。

对其他的物料可以进行类似的分析，于是得到表 11.2 所示的物料主文件，其中包括了单轮脚踏车以及制造这种脚踏车所需的所有物料。

**表 11.2 物料主文件**

| 物料代码 | 物料名称 | 度量单位 | 订货策略 | 批量天数 | 批量调整因子 | 提前期 |
|---|---|---|---|---|---|---|
| 7002 | 单轮脚踏车 | 辆 | 时区批量 | 5 天 | 最小批量：30 | 2 天 |
| 7010 | 车轮组件 | 件 | 时区批量 | 10 天 | 最小批量：50 | 3 天 |
| 7015 | 车座 | 件 | 时区批量 | 10 天 | | 3 天 |
| 7020 | 车座架 | 件 | 时区批量 | 10 天 | 最小批量：50 | 3 天 |
| 7025 | 脚蹬 | 件 | 时区批量 | 10 天 | 最小批量：100<br>批量倍数：50 | 3 天 |
| 7030 | 轮胎 | 件 | 时区批量 | 10 天 | 最小批量：100<br>批量倍数：25 | 3 天 |
| 7040 | 瓦圈 | 件 | 时区批量 | 10 天 | | 2 天 |
| 7050 | 镀铬铝管(长 2 英尺) | 件 | 时区批量 | 10 天 | 最小批量：25<br>批量倍数：25 | 1 天 |

### 3. 物料清单

在 ERP 软件系统中建立单轮脚踏车的物料清单，只需要将图 11.1 所示的架构转换成软件系统所要求的文件就可以了。如果是手工进行本模拟过程，则图 11.1 即可用作物料清单。在下面的讨论中，我们就以图 11.1 作为单轮脚踏车的物料清单。

### 4. 工作中心

为简化，只设一个工作中心，编号为 01，所有的装配制造工序都在工作中心 01 进行。该工作中心的工时费率是每小时 100 元，制造费(装配制造间接费)率每小时 40 元。

### 5. 工艺路线

为 7002、7010 和 7020 建立工艺路线，如表 11.3～11.5 所示。工艺路线中只有一道工序，只用到工作中心 1。

表 11.3　物料 7002 的工艺路线

物料编码：7002　　　　物料名称：20 英寸单轮脚踏车

| 工　　序 | 工 作 中 心 | 工 序 描 述 | 每件加工时间/小时 |
|---|---|---|---|
| 1 | 01 | 装配 | 0.2 |

表 11.4　物料 7010 的工艺路线

物料编码：7010　　　　物料名称：车轮组件

| 工　　序 | 工 作 中 心 | 工 序 描 述 | 每件加工时间/小时 |
|---|---|---|---|
| 1 | 01 | 装配 | 0.2 |

表 11.5　物料 7020 的工艺路线

物料编码：7020　　　　物料名称：车座架

| 工　　序 | 工 作 中 心 | 工 序 描 述 | 每件加工时间/小时 |
|---|---|---|---|
| 1 | 01 | 制造 | 0.1 |

### 6. 库存主文件

假定 A 公司只有一个仓库，编号 01，仓库中有若干库位，分别存放不同的物料。库位主文件如表 11.6 所示。

表 11.6　库位主文件

| 编号 | 库位 | 存放的物料 | 物 料 数 量 |
|---|---|---|---|
| 01 | 01 | 7002 | |
| 01 | 02 | 7010 | |
| 01 | 03 | 7015 | |
| 01 | 04 | 7020 | |
| 01 | 05 | 7025 | |
| 01 | 06 | 7030 | |
| 01 | 07 | 7040 | |
| 01 | 08 | 7050 | |

### 7. 客户主文件

为简化，假定只有客户 E。客户 E 的主文件如表 11.7 所示。

表 11.7　客户主文件

| 客 户 代 码 | 名　称 | 总 部 地 址 | 收 货 地 址 | 付 款 地 址 | 付款联系人 | 付款联系人电话 |
|---|---|---|---|---|---|---|
| 001 | E | 略 | 略 | 略 | 略 | 略 |

注：客户的总部地址、收货地址和付款地址可以是同一个地址，也可以是不同的地址。

### 8. 供应商主文件

供应商主文件如表 11.8 所示。其中有 3 家供应商，即供应商 B、供应商 C 和供应商 D。

表 11.8 供应商主文件

| 供应商代码 | 名 称 | 总部地址 | 发货地址 | 收款地址 | 收款联系人 | 收款联系人电话 |
|---|---|---|---|---|---|---|
| 001 | B | 略 | 略 | 略 | 略 | 略 |
| 002 | C | 略 | 略 | 略 | 略 | 略 |
| 003 | D | 略 | 略 | 略 | 略 | 略 |

注：供应商的总部地址、发货地址和收款地址可以是同一个地址，也可以是不同的地址。

## 11.2 建立销售与运营规划

### 1. 建立产品族物料清单

如前所述，A 公司生产单轮脚踏车、双轮脚踏车和三轮车。这些产品形成一个产品族，这个产品族的物料清单如图 11.2 所示。其中的百分比是根据销售的历史数据确定的。

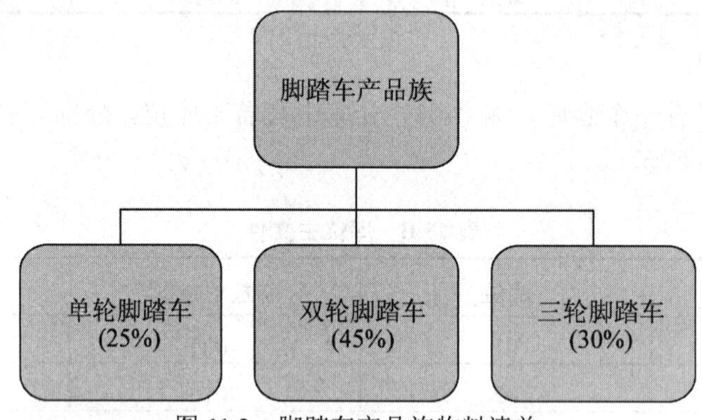


图 11.2 脚踏车产品族物料清单

### 2. 建立产品族销售规划

销售规划是在市场部门所作的销售预测的基础上，经由企业高层领导主持的销售与运营规划会议确定的。具体数据略。

### 3. 建立产品族生产规划

表 11.9 给出了脚踏车产品族的生产规划。其中的生产规划数据是根据销售规划的数据，并考虑生产能力和库存的合理性而得出的，也要经由企业高层领导主持的销售与运营规划会议批准。

表 11.9 脚踏车产品族的生产规划(当前日期：2016 年 6 月 30 日)

单位：辆

| 月份 | 6 | 7 | 8 | 9 | 10 | 11 | 12 | 1 | 2 | 3 | 4 | 5 |
|---|---|---|---|---|---|---|---|---|---|---|---|---|
| 生产规划 | 640 | 640 | 600 | 800 | 800 | 960 | 1 000 | 1 000 | 1 000 | 1 000 | 1 000 | 1 000 |

# 11.3 » 建立生产预测

根据表 11.9 所示的脚踏车产品族生产规划和图 11.2 所示的产品族物料清单，得出单轮脚踏车的生产预测，如表 11.10 所示。计算的方法是将产品族的生产规划数据乘以产品族物料清单中相应于单轮脚踏车的百分比。例如，6 月份的生产预测是 640×25%=160。

表 11.10　单论脚踏车产品族的生产预测(当前日期：2016 年 6 月 30 日)

单位：辆

| 月份 | 6 | 7 | 8 | 9 | 10 | 11 | 12 | 1 | 2 | 3 | 4 | 5 |
|---|---|---|---|---|---|---|---|---|---|---|---|---|
| 生产预测 | 160 | 160 | 150 | 200 | 200 | 240 | 250 | 250 | 250 | 250 | 250 | 250 |

# 11.4 » 接收客户订单

销售部门接到来自客户 E 关于单轮脚踏车的订单，订单编号 E001，要求在 2016 年 7 月 11 日交货 35 辆。销售部门已经对客户订单 E001 作出了按时供货的承诺。

# 11.5 » 制订主生产计划

制订单轮脚踏车的主生产计划如表 11.11 所示。限于版面，只显示了 6 月份和 7 月份的一部分计划。其中，生产预测是将表 11.10 中的生产预测 160 按 4 周分配得到的。例如，40=160×25%。

表 11.11　单轮脚踏车的主生产计划

初始库存量：80　订货策略：时区批量　批量天数：5 天　最小批量：30　提前期：2 天

| 时　区 | 0627 | 0628 | 0629 | 0630 | 0701 | 0704 | 0705 | 0706 | 0707 | 0708 | 0711 | 0712 | 0713 | 0714 | 0715 | 0718 |
|---|---|---|---|---|---|---|---|---|---|---|---|---|---|---|---|---|
| 生产预测 | 40 | | | | | 40 | | | | | 40 | | | | | 40 |
| 客户订单 | | | | | | | | | | | 35 | | | | | |
| 总需求 | 40 | | | | | 40 | | | | | 40 | | | | | 40 |
| 主生产计划 | | | | | | | | | | | 40 | | | | | 40 |
| 预计可用量 | 40 | 40 | 40 | 40 | 40 | 0 | 0 | 0 | 0 | 0 | 0 | 0 | 0 | 0 | 0 | 0 |
| ATP | | | | | | | | | | | | | | | | |
| 主生产计划下达 | | | | | | | | | 40 | | | | | 40 | | |

注：表中总需求新的值选取生产预测和客户订单二者中的较大值。

## 11.6 » MRP 计算、生成采购订单和生产订单

MRP 的计算要对图 11.1 所示的物料清单中的所有物料进行计算。但为简化，只考虑从 7002 到 7010 再到 7025 的一个分支，如表 11.12 所示。

如果使用某种 ERP 软件系统，则可以运行 MRP，对模拟实例所涉及的所有物料全面计算。

表 11.12 MRP 的计算、生成生产订单和采购订单

| 时 区 | 0627 | 0628 | 0629 | 0630 | 0701 | 0704 | 0705 | 0706 | 0707 | 0708 | 0711 | 0712 | 0713 | 0714 | 0715 | 0718 |
|---|---|---|---|---|---|---|---|---|---|---|---|---|---|---|---|---|
| 7002 | 初始库存量：80 订货策略：时区批量 批量天数：5 天 最小批量：30 提前期：2 天 | | | | | | | | | | | | | | | |
| 主生产计划下达 | | | | | | | | | 40 | | | | | 40 | | |
| 7010 | 初始库存量：0 订货策略：时区批量 批量天数：10 天 最小批量：50 提前期：3 天 | | | | | | | | | | | | | | | |
| 毛需求 | | | | | | | | | 40 | | | | | 40 | | |
| 计划订单 | | | | | | | | | 80 | | | | | | | |
| 计划订单下达 | | | | | | 80 | | | | | | | | | | |
| 7025 | 初始库存量：0 订货策略：时区批量 批量天数：10 天 最小批量：100 批量倍数：50，提前期：3 天 | | | | | | | | | | | | | | | |
| 毛需求 | | | | | | 160 | | | | | | | | | | |
| 计划订单 | | | | | | 200 | | | | | | | | | | |
| 计划订单下达 | | | 200 | | | | | | | | | | | | | |

## 11.7 » 下达采购订单、接收采购订单入库

ERP 系统会在 6 月 29 日向采购计划员发出关于下达编码为 7025 的物料(脚蹬)采购订单的建议信息，采购数量为 200 件。采购计划员认为建议合理，予以采纳。于是向供应商 B 下达采购订单，采购脚蹬 200 件。

按计划，将于 7 月 4 日收到 B 公司发来脚蹬 200 件，经检验合格，存于库位 0105。

假定脚蹬的采购价格是每件 10 元。

财务部门的应付账款人员得到仓库的收货信息并收到供应商寄来的付款通知单，则按照和供应商的约定条款进行付款。

## 11.8 » 下达生产订单、接收生产订单入库

1. 车轮组件(7010)

ERP 系统会在 7 月 4 日向生产计划员发出关于下达编码为 7010 的物料(车轮组件)生

产订单的建议信息，生产数量为 80 件。生产计划员认为建议合理，予以采纳。于是向车间下达生产订单，组装车轮组件 80 件。

车间将从仓库领取脚蹬(7025)160 件、轮胎(7030)80 件、瓦圈(7040)80 件，组装成车轮组件 80 件。

按计划，80 件车轮组件的组装任务将于 7 月 7 日完成，经检验合格，存入库位 0102。

2. 单轮脚踏车(7002)

ERP 系统会在 7 月 7 日向生产计划员发出关于下达编码为 7002 的物料(单轮脚踏车)生产订单的建议信息，生产数量为 40 件。生产计划员认为建议合理，予以采纳。于是向车间下达生产订单，组装单轮脚踏车 40 辆。

车间将从仓库领取车轮组件(7010)40 件、车座(7015)40 件、车座架(7020)40 件，组装成单轮脚踏车 40 辆。

按计划，40 辆单轮脚踏车的组装任务将于 7 月 11 日完成，经检验合格，存入库位 0101。

## 11.9 向客户发货

ERP 系统会在 7 月 11 日向销售部门的发货人员发出关于客户订单 E001 的发货建议信息，建议向客户 E 发运单轮脚踏车 35 辆。销售部门的发货人员认为建议合理，经财务部门批准，从仓库 0101 库位提取单轮脚踏车 35 辆，按照客户主文件中记录的收货地址，发运给客户 E。财务部门的应收账款人员按照客户主文件中记录的付款地址和付款联系人向客户 E 寄出收款通知单，并按照客户主文件中记录的联系电话通知客户 E 的付款联系人，要求付款。

## 11.10 产品成本核算

按照 ERP 的滚加法来计算单轮脚踏车的成本的过程如图 11.3 所示。

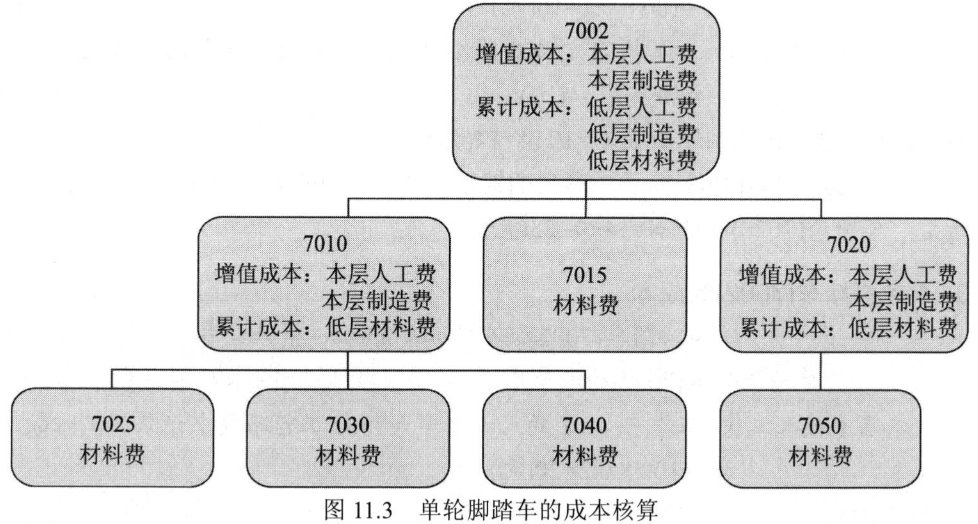


图 11.3　单轮脚踏车的成本核算

已知所有采购件的材料费(含采购件费和采购间接费)，如表 11.13 所示。

表 11.13　采购件的材料成本

| 物 料 代 码 | 物 料 名 称 | 度 量 单 位 | 采购成本/元 |
|---|---|---|---|
| 7015 | 车座 | 件 | 22 |
| 7025 | 脚蹬 | 件 | 15 |
| 7030 | 轮胎 | 件 | 30 |
| 7040 | 瓦圈 | 件 | 25 |
| 7050 | 2 英尺的镀铬铝管 | 件 | 9 |

下面来计算制造件的成本。

### 1. 车轮组件(7010)的成本

车轮组件(7010)的成本=增值成本+累计成本

车轮组件(7010)增值成本=本层直接人工费+本层制造费

本层直接人工费=工作中心 01 的人工费率 × 7010 工艺路线中记录的工时数

=100 × 0.2=20(元)

本层制造费=工作中 01 的制造费率 × 7010 工艺路线记录的工时数

=40 × 0.2=8(元)

所以，车轮组件(7010)增值成本=20+8=28(元)。

车轮组件(7010)累计成本等于 7025、7030、7040 三项采购件的采购成本之和，即 15 ×2＋30＋25=85(元)。

于是，车轮组件(7010)的成本=28+85=113(元)。

### 2. 车座架(7020)的成本

车座架(7020)的成本=增值成本+累计成本

车座架(7020)的增值成本=本层直接人工费+本层制造费

本层直接人工费=工作中心 01 的人工费率 × 7020 工艺路线中记录的工时数

=100 × 0.1=10(元)

本层制造费=工作中 01 的制造费率 × 7020 工艺路线记录的工时数

=40 × 0.1=4(元)

所以，车座架(7020)的增值成本=10+4=14(元)。

车座架(7020)的累计成本等于 2 英尺的镀铬铝管(7050)的采购成本，即 9 元。

于是，车座架(7020)的成本=14+9=23(元)。

### 3. 单轮脚踏车(7002)的成本

单轮脚踏车(7002)的成本=增值成本+累计成本

单轮脚踏车(7002)的增值成本=本层直接人工费+本层制造费

本层直接人工费=工作中心 01 的人工费率 × 7002 工艺路线中记录的工时数

=100 × 0.2=20(元)

本层制造费=工作中 01 的制造费率 × 7002 工艺路线记录的工时数
=40 × 0.2=8(元)

所以，单轮脚踏车(7002)的增值成本=20+8=28(元)。

单轮脚踏车(7002)的累计成本等于 7010、7015、7020 三项物料的成本之和，即 113＋22＋23=158(元)。

于是，单轮脚踏车(7002)的成本=28+158=186(元)。

## 思考题

1. 在本章案例中装配了 40 辆单轮脚踏车，但是只向客户发货 35 辆，余 5 辆存于仓库中，这 5 辆单轮脚踏车的库存目的是什么？

2. 在本章案例中，和第 1 题中的 5 辆单轮脚踏车具有相同库存目的的物料库存还有哪些？

# 第12章 ERP软件系统选型

工欲善其事，必先利其器。ERP 的理论必须有一套好的软件系统作为载体才能在企业中得到应用。所以，ERP 软件系统选型问题是非常重要的。

## 12.1 自行开发还是购买现成的商品软件

每个实施 ERP 的企业都必须有一套软件系统。从 ERP 的发展过程来看，软件系统的实现有两种方法，即自行开发软件和购买现成的商品软件。

自行开发软件有明显的缺点，总结起来可有三条，即耗时过长、未必成功且起点较低。

自行开发一套 ERP 软件，一般至少要用 2～3 年的时间，再加上其他方面的工作，实现周期将会更长。这样，不仅要考虑软件开发的成本，还必须考虑推迟实现 ERP 系统的损失。

购买现成的商品软件可以事先了解它是否成功。然而，自己开发软件却做不到这一点。于是，投资已经作出，时间已经花了，却不能保证它一定成功。虽然实施 ERP 系统不成功的原因可以是多种多样的，但是在这种情况下，人们往往不可避免地把软件作为替罪羊。

另外，自行开发软件往往特别着眼于当前的业务环境和需求，其管理思想的体现只能取决于当前的管理人员和软件开发人员。因而往往起点较低，可能经不起时间的考验。一旦业务发展突破原有框架，软件很可能不再适用。

鉴于自行开发软件可能出现以上问题，所以采用商品化软件实现 ERP 系统的企业比例日益增加。无论是国内还是国外，在 20 世纪 80 年代以后，实施应用 ERP 的企业大多是购买商品软件系统。这些商品软件基本上都是按照 Oliver Wight 公司发布的“MRP Ⅱ标准系统”(文献[12])的要求开发的，而且功能上多有扩充，都能体现 ERP 的管理思想。但是，也不能由此得出结论，认为购买现成的商品软件就是一件简单和十全十美的事情。事实上，购买现成的商品软件可能出现以下问题。

(1) 由于商品软件的通用性，系统可能过于复杂。一般来说，要比企业具体的需求复杂得多，这既造成使用上的困难，而且价格也高。

(2) 可能需要进行二次开发来修改或扩充系统的功能。

(3) 可能难以连接企业已有的程序。

(4) 可能存在故障隐患。一个大型的 ERP 软件系统含有故障隐患是不奇怪的。问题在于这些故障可能很难发现和排除，往往需要软件供应商的帮助，如果这种帮助不能及时得到，那么整个 ERP 项目的实施和应用可能都会推迟。

# 12.2 » 商品软件的选型

鉴于购买商品软件可能出现这样或那样的问题，如何选择商品软件就成了十分重要的问题。下面，我们从选择商品软件的原则、做法以及签订合同等三方面提出一些建议，可供决定购买 ERP 商品软件的企业参考。

## 12.2.1 选择商品软件的原则

### 1. 选择一个实用的和适用的软件产品

选择商品软件总是某一特定企业的行为。软件选择的目标应当是针对本企业的实际情况选择一个最为实用和适用的软件产品来满足企业的需求，而不是经过 3 年或 5 年的选择，选择一个一般意义上“最好的”软件产品。然而，在实践中有些企业却往往盲目地去追寻“最好的”软件产品。于是，花费了很多时间和精力，而不得要领。企业的软件选择队伍往往根据个人对于软件产品的好恶形成不同的意见，争来争去，难以决定，既浪费了大量时间和金钱，又丧失了许多机会。在这种情况下，无论哪一派意见最终赢得了决定权，企业都是输家。

### 2. 兼顾软件产品的功能和技术，既要满足当前的需求，又要考虑未来的发展

在选择软件产品时，既要考虑软件的功能又要考虑软件的技术，既要考虑当前需求又要考虑未来需求。然而，它们两两之间往往是相互矛盾的。为了解决这两对矛盾，可以参考美国 Gartner Group 公司提出的 ERP 软件四区域技术功能矩阵(如图 12.1 所示)，进行综合考虑。该矩阵由直角坐标系中的四个区域构成，纵坐标表示功能的完备程度，横坐标表示技术水平的高低。根据各种 ERP 软件产品的功能和技术水平，把它们分别放置在不同的区域中。区域 I 称为保持优势(remain)区域，该区域内的软件在功能和技术两方面都是很好的，是 ERP 软件产品的市场领导者。区域 II 称为有待加强(reinforce)区域，该区域内的软件产品技术先进，但功能尚有待完善和加强。区域 III 称为重新构造(rebuild)区域，该区域的软件产品功能比较强，但技术已显得落后，从长远来看这些软件是没有生命力的。所以，必须用新技术来重新构造。区域 IV 称为重新考虑(review)区域，该区域的软件产品在技术和功能两方面都比较差，当今的主流软件几乎没有在此区域的。已经购买了这类软件的用户要重新认真考虑，继续投资是否明智。

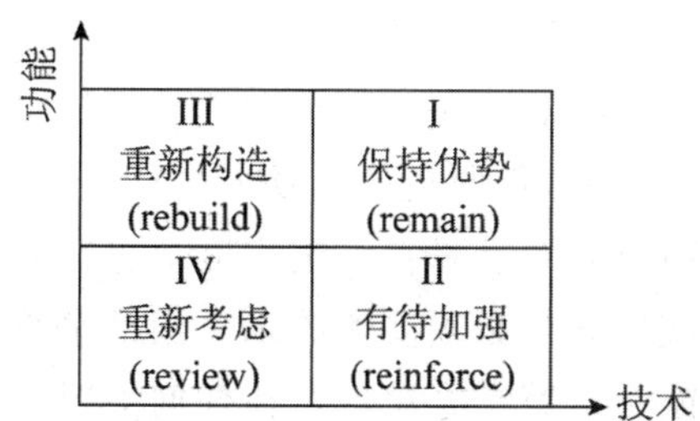


图 12.1 Gartner Group 四区域技术功能矩阵

从这个矩阵可以看出，凡是落在区域 IV 中的软件产品是不可选择的；落在区域 III 中的软件产品是尽量不要选择的，因为这类软件虽然可以满足当前需求，但从长远来看是没有生命力的；落在区域 II 中的软件产品是可供选择的重点考虑对象；落在区域 I 中的软件产品一般都是价格昂贵的，中小企业往往难以承受，在选择时要根据企业的投资综合考虑。

#### 3. 要选择有成功用户先例的软件产品，不要做“第一个吃螃蟹的人”

即使对于落在区域 I 或 II 中的软件产品，也要考察其是否有成功的用户。成功的用户可以验证软件产品及其相关服务的有效性。实施 ERP 是企业的大事——既要作出较大的投资，又要成为企业的重要资源。所以，不要贸然选择那些未经实践证实的软件产品。特别要注意，不要被供应商牵着鼻子走。企业选择商品软件系统的过程，也正是软件供应商推销其产品的过程。在这个过程中，软件供应商将会帮助企业分析需求并给出解决方案，而这一切都是以推销其产品为目的的。软件供应商为了扩大市场，当然希望他们的用户获得成功。但是，他们的首要目的是把当前的产品推销出去。在选择软件产品的过程中，软件供应商并不是自己的同盟者，而是生意对手，企业应当对此始终保持清醒。

#### 4. 不要操之过急

在开始选择商品软件之前，首先应当参加关于 ERP 的初始教育，了解什么是 ERP、成本如何、效益如何、如何实施、如何管理等一系列问题。在完成初始教育之前，不能开始软件选择的过程。对于首次实施 ERP 的企业来说，错误之一就是在没有进行初始教育的情况下，就去选择商品软件系统；而最大的错误就是在这种情况下作出了决定，因为在这种情况下作出正确的选择几乎是不可能的。

#### 5. 不要拖延太久

应当强调的一个事实是，世上没有十全十美的软件产品。所以，不要指望找到十全十美的软件产品，不要因为过分的挑剔而延误了 ERP 的实施。因为延误 ERP 的实施本身就意味着损失。一般来说，软件产品都有自己的市场定位。企业应根据自身的实际情况(需求和资金)，确定对商品软件的选择范围，在 3~4 个月内，认真考察 5~6 个商品软件，应当能够作出决定。

#### 6. 要搞清为了补偿不足的功能要对软件做哪些修改或扩充，以及如何与现有系统相连接

如前所述，没有十全十美的软件系统。因此，不要希望原封不动地使用现成的商品软件来实现希望的所有功能。ERP 不是一个简单的计算机项目，它涉及企业运营的各个方面。人们所希望的功能与商品软件所提供的功能往往不尽一致。根据 ERP 的标准逻辑，调整前者是不言而喻的，但有时对后者在一定程度上进行修改或用户化开发也是不可避免的。应当确定哪些修改或扩充是必须要做的以及由谁来承担这样的工作，是由自己来做，还是由供应商来做，或是请第三方来做。在任何情况下，都既要计算成本，又要考虑所需的时间。还必须有一个时间表，因为任何推迟都是损失。

#### 7. 要保留原有系统中好的部分

有些企业在某一方面有很好的应用程序。例如，有的企业有很好的车间生产控制系统而其他方面较差。如果所选择的商品软件系统中车间生产控制系统不如原有的好，则应保留原有的系统，开发相应的接口与商品软件连接，而不应盲目地抛弃原有系统。

#### 8. 根据性能价格比来评价软件系统

不同的商品软件往往有不同的功能、性能和可选特征，也有不同的价格，因此必须综合考虑。性能价格比是一个很好的指标。在根据企业需求确定了软件系统的性能之后，可以通过以下 4 项之和来计算软件的初始成本(不计维护成本)：软件系统的价格、软件修改的成本、接口成本、推迟实施的成本。正确选择商品软件的任务是使总成本最低。

#### 9. 软件选型队伍的组织

组织一个精干、高效率的软件选型队伍，对于正确地选择 ERP 软件产品是非常重要的。这里有三点应当引起注意。

(1) 在软件选型队伍中应当包括有决策权的人，以便于决策。

(2) 软件产品的选型队伍应当和将来的实施队伍统一。这样，在软件选择的过程中，就能考虑到实施的要求，对问题的处理能够更全面。

(3) IT 部门应参与软件的选择和评价。虽然 IT 部门的人员不应对软件的选择负最终的责任，但应参加软件评价的活动。他们可以从技术上对软件进行评价，对选择过程中的不同意见起到平衡的作用，且能保证所选择的软件能够与已有的系统兼容。

#### 10. 作好资金准备

购买 ERP 商品软件系统需要一笔较大的投资，在开始选择软件产品之前，应当作好预算并得到批准，以保证选购商品软件的活动正常进行。

### 12.2.2　选择商品软件的方法

面对商品软件系统各种各样的功能和模块，应把目光集中在最本质的地方。

选择 ERP 商品软件，要从以下 5 个方面进行考察。

#### 1. 考察软件的功能

有些企业在考察软件产品的功能时常常是列出企业所需要的功能，然后一一衡量软件产品的功能。这种做法的缺点是：没有考察系统的内在逻辑，而正是这种内在的逻辑才能使系统的各项功能很好地运行起来；所列出的功能也很容易使不同的人有不同的理解；另外，用这种方法选出的软件往往比较复杂。好的方法是把企业的实际需求和 ERP 的标准逻辑相结合，作为考察软件产品功能的依据。首先了解系统的内在逻辑，以及为了使系统付诸使用必须要做哪些用户化工作，这些工作能否在所要求的时间内完成。

Oliver Wight 公司出版的《MRP Ⅱ标准系统》(*MRP Ⅱ Standard System*)集中论述了从功能上和逻辑上为制造业普遍接受的 MRP Ⅱ的标准。实际上，其中列出了作为 MRP Ⅱ系统的软件应具备的最小功能集合。ERP 的概念由美国 Gartner Group 于 20 世纪 90 年代初提出。Gartner Group 是通过一系列的功能和技术标准来界定 ERP 的。所以，《MRP Ⅱ标准系统》和 Gartner Group 关于 ERP 的定义中所强调的功能都可以作为 ERP 选型的依据。

另外，还应考察软件功能的合理性，如模拟现实的能力；软件的连通性，是否具有数据接口和程序接口，以便于二次开发；软件的输出报告是否满足企业的要求；软件的运行时间和响应时间；软件的兼容性；以及软件是否简明、易学、易用等等。

#### 2. 考察软件的技术

从系统的角度考虑，所用的技术是否具有先进性，如 Gartner Group 关于 ERP 的定义中所强调的技术，如客户机/服务器体系结构、图形用户界面(GUI)、计算机辅助软件工程(CASE)、面向对象技术、关系数据库、第四代语言、数据采集和外部集成(EDI)等都可作为考察的对象。

系统的开放性也是应当考虑的问题。在实施应用 ERP 的过程中，用户化的开发往往是不可避免的。可能在实施 ERP 系统之前，企业里已经有某个方面的很好的子系统，实施 ERP 时，企业希望保留这样的子系统；随着形势的发展，企业可能要开发某个子系统。在这些情况下，都需要把这些子系统与 ERP 系统连接起来，实现数据共享。还有的时候，需要把 ERP 系统中的数据成批地提取出来进行处理，或者把一批数据输入到 ERP 系统内。凡此种种，都需要 ERP 系统具有在程序级或数据级上的开放性。系统的开放性不好，就会给这方面的工作带来麻烦。

用户还应考察软件在使用上是否友好，如软件汉化的质量、软件的输出报告是否满足企业的要求等。

另外，软件的文档对于软件的应用是非常重要的。软件文档包括使用手册、帮助文件和培训教材。要考察软件文档是否齐全以及汉化的质量，还要考察文档组织的逻辑性，是否有有效的索引，是否叙述清楚、简明、易读，而不是繁琐冗长。

#### 3. 考察供应商的技术支持能力

一般来说，企业不但要购买供应商的 ERP 软件，还要购买他们的服务。因为经验表明，没有外部专家的帮助，一个没有经验的企业几乎是不可能把 ERP 项目实施成功的。所以，虽然企业最终应当立足于依靠自己的力量去使用和维护软件系统，但是在开始阶段，供应商所提供的培训、实施咨询和技术支持对于顺利地实施 ERP 项目是非常重要的。这样，就要考察供应商的技术支持能力，特别是供应商的实施顾问、培训教师及其他技术人员的资历和经验，这对于成功地实施和应用 ERP 系统是非常重要的。从这一点考虑，最好直接从软件开发商那里购买软件和服务。

#### 4. 考察 ERP 软件供应商的经济实力

实施应用 ERP，就要和软件供应商进行很长时间的合作。所以，在进行软件选型时考察 ERP 软件供应商的经济实力是非常重要的。通过考察软件供应商的经济实力，可以确定该供应商是不是一个可以比较长期地合作的对象。

#### 5. 考察供应商的用户

通过考察供应商的用户群落、特别是本企业的同行业用户，可以了解用户对软件的使用情况和满意程度，可以了解供应商对用户的培训、实施指导与帮助是否得力，可以了解供应商对用户的技术支持是否及时有效，可以了解供应商的用户成功率等等。如果用户的反映比较好，至少说明供应商的软件和服务不是很差。应当注意的是，这项活动不要完全听凭供应商的安排，应当请供应商提供几家用户，从中进行选择。

上述 5 个方面对于不同的用户可能会有不同的要求。具体的做法是：根据企业的需求，综合考虑以上 5 个方面，进行适当的分解，设定适当的权重，形成一份软件产品选型评价指标体系，然后进行综合评价。

## 12.3 » 控制对软件的修改

以上我们谈了关于软件选型的问题。其中，我们谈到，有时对于软件的修改是不可避免的。但是，过多的修改会破坏 ERP 项目的实施。那么，如何防止过多的修改呢？这是一个非常重要的实际问题。有三方面的工作可以帮助解决这方面的问题，即教育、标准软件和管理。如果一个企业对 ERP 做了很好的教育工作，则可把修改软件的要求减至最少。因为用户理解了 ERP 的逻辑之后，就可以帮助他们在 ERP 的总体框架内来考虑如何解决他们的问题。再加上功能完善的标准软件，使得用户对 ERP 的了解和要求都可以在软件上得到反映。这样，修改软件的要求自然减少，然后通过有效的管理来控制仍然出现的修改软件的要求。

项目实施过程中的关键人员，特别是指导委员会和项目组的成员，对于修改软件的要求应当坚持两条原则：一是抵制；二是区分系统的两类功能，采取不同的处理方式。

如果一项修改软件的要求对于企业的运营和 ERP 的实施都不是本质的，则应予以抵制。因为任何修改都会推迟 ERP 项目的实施，提高成本费用，减少成功的机会。

要区分系统的两类功能。ERP 系统的功能可以分为两类，一类是必须由计算机来做的，另一类是手工方式的自动实现。前者如 MRP、CRP 以及车间作业管理等，它们必须由计算机来完成，因为所涉及的计算量太大，使得无法以手工方式来完成。后者如自动打印采购订单、工资单以及总账和账单的生成等，均可以手工方式完成，但使用计算机可以提高工作效率并改进工作质量。对于一个企业来说，从 ERP 系统获得的最大效益还是来自那些必须由计算机完成的工作。在区分了 ERP 系统的两类不同的功能之后，可以通过以下方法有效地控制对软件的修改。

(1) 对于在软件选型阶段已经估计到、因此已经有预算的修改，可以按照计划去做。

(2) 对于新出现的修改软件的请求，要首先递交 IT 部门进行工作量的估算，以确定是较大的修改还是较小的修改。这个界限对于不同的企业可能是不同的。对于较小的修改，项目小组可以决定是否接受(立即去做)、拒绝(没有必要)或推迟。

(3) 对于一项较大的修改，项目小组要进行审查并提出建议。这里要考虑的关键问题是：这项改变对于企业的经营和 ERP 的运行是否必需？是否一定要由计算机来做？如果两个问题的回答都是肯定的，则应立即做，或尽快做。如果所请求的修改是好的但不是本质的，则应当推迟(有时，从外单位聘请的实施顾问也可以帮助考虑这些问题)。然后，项目小组把此项请求连同小组的建议提交给指导委员会去作出决定。

按照以上方式处理问题，软件的修改可以得到有效的控制。

## 思考题

1. ERP 离不开计算机软件。那么，企业应当自行开发软件还是购买现成的商品软件呢？
2. 如何估算购置 ERP 软件系统的成本？
3. ERP 软件选型的基本原则是什么？
4. 如何进行需求分析？应注意哪些问题？
5. 如何考察 ERP 软件产品的功能？
6. ERP 软件选型涉及产品的功能和技术，如何在二者之间作出权衡？
7. 如何考察 ERP 软件供应商？
8. 在软件选型的过程中，如何避免做“第一个吃螃蟹的人”？
9. 软件系统的选型应当由哪些人来做？
10. 如何与软件供应商签订合同？
11. 如何控制对软件的修改？

## 习题

1. 下面哪一项关于 ERP 软件选型原则的陈述是正确的？(　　)

   A. 选择一个最好的软件产品；选择具有最新技术的软件；不应过多关注软件成本，应当当机立断，不要拖延

   B. 选择一个实用的和适用的软件产品；兼顾软件产品的功能和技术，既要满足当前的需求，又要考虑未来的发展；要选择有成功用户先例的软件产品；考虑软件产品的性价比；既不要操之过急，也不要拖延太久

   C. 选择最好的软件产品；功能一定要齐全；选择最新的软件产品，敢于做“第一个吃螃蟹的人”；成本要低

   D. 自行开发软件系统，针对性强，成本也低

2. 下面哪一项关于 ERP 软件选型做法的陈述是正确的？(　　)

   A 考察软件的功能和技术，考察供应商的技术支持能力和经济实力，考察供应商的用户

   B. 考察软件的功能和技术，考察供应商的用户

   C. 考察供应商的技术支持能力和经济实力，考察供应商的用户

   D. 考察软件的功能和技术，考察供应商的技术支持能力和经济实力

# 第 13 章 ERP的实施与运行管理

如今，信息化已经成为企业的普遍追求。ERP 的价值也因此而得到越来越普遍和理性的认识。越来越多的企业将选择 ERP 作为全面提高管理水平并赢得竞争的有效工具。

当一个企业购买了 ERP 软件之后，重要的问题就是如何把这套软件有效地使用起来，这就是所谓 ERP 系统的实施。ERP 系统的实施是企业的大事，关系到 ERP 系统应用的成败。

在 ERP 系统实施的过程中，需要解决的问题很多，要涉及企业运营的各个环节以及所有的部门和员工，特别是涉及人的思维方式和行为方式的改变，这是相当困难的事情。

在 ERP 实施的过程中要做大量的工作，这些工作多是企业不熟悉的，但是却必须由企业自己的人来做；这些工作是企业第二位的工作，而第一位的工作足以让企业的人忙得不可开交。如何解决这个过程中的矛盾？

ERP 实施是一项复杂的系统工程，必须精心组织。但是，由于人们对于选择正确的实施方法以及它的重要性缺乏应有的认识，致使 ERP 的实施常常出现不能尽如人意的情况。

数十年来，人们在 ERP 的实施应用领域做了广泛、深入的实践，积累了丰富的经验，知道了应当做什么、不应当做什么，从而形成了一套标准的实施方法，称为 ERP 实施的可靠路线(proven path)。

本章介绍 ERP 实施的可靠路线和相应的检测方法以及 ERP 运行管理的方法，并结合我们的实践经验讨论企业高层领导的作用、工作方针和工作规程问题以及 ERP 系统实施应用过程中其他常见的问题。

## 13.1 企业高层领导的作用

经验表明，企业高层领导对 ERP 系统的重视、期待和参与程度是 ERP 系统获得成功的关键因素。因此，在 ERP 实施和应用过程中，企业高层领导的作用是非常重要的。其重要性体现在下述 6 个方面，这 6 个方面中的任何一个方面出现问题都足以导致项目的失败。

### 1. 项目投资

项目投资的决策必须由企业高层领导作出。但是，投资决策不是一个简单的过程，高层领导必须了解 ERP，愿意并期待使用 ERP 作为管理工具来全面提高企业的经营管理水平，才有可能作出科学的决策。然而，常见的现象却是：企业经营状况好，想不到ERP；企业经营状况不好，顾不到想ERP。高层领导的行为过程就是决策过程。这种无所作为的决策过程对于企业的发展危害极大。改革开放使中国的企业家产生了危机感。他们认识到，在全球化市场的激烈竞争中，面对这种严峻的竞争形势，故步自封只能贻误战机，观望等待更无济于事。而且，中国实施应用ERP较早的企业已开始受益，从而以事实表明，ERP可以在企业提高管理水平、赢得竞争的过程中大有作为。这样，中国越来越多的企业高层领导认识到，只有下决心从根本上提高企业的管理水平，提高企业对瞬息万变的市场的应变能力，才是赢得竞争的根本措施。

### 2. 人的思维方式和行为方式的改变

ERP不是一个单纯的计算机系统，而是一个以计算机为工具的人的系统。在这一点上，人的作用无论如何强调都不过分。要使ERP系统真正有效地发挥作用，必须涉及人的思维方式和行为方式的改变。这就要求企业的员工，包括企业的高层领导，愿意并学会而且习惯于用工具进行管理，而不再凭经验和感觉。这就要求企业从上到下形成一种共识：要下决心成功地实施ERP系统，并把它作为企业整体的管理工具，要有充分的思想准备去改变企业中原有的一切不合理的因素，包括人们的思维方式和行为方式。然而，人的思维方式和行为方式的改变是非常困难的。有人说过，“在一个制造业公司里寻求一点改变，或许是人类文明史上最困难的事情……”所以，必须要由高层领导下决心才可以。如果企业的高层领导不想改变自己的思维方式和行为方式，或者不能在整个企业范围内坚持和推进这种改变，那就意味着要让ERP系统去适应人们习惯的思维方式和行为方式。那么，ERP的实施和应用必然遭到失败。

为了转变人们的思维方式和行为方式，形成企业整体的共识，企业高层领导必须抓好教育和培训工作。在实施和应用ERP系统的过程中，教育和培训工作是十分重要的。ERP为企业的各个层次提供的管理工具往往是企业所从未有过的，所以，必须通过教育和培训让人们增加知识并改变原有的工作习惯和方式。教育和培训需要投资，而这部分投资是最具有杠杆作用的。

经验表明，ERP系统实施和运行管理中出现的许多问题，归根结底是人的问题，而人的问题只能通过教育和培训来解决。因此，企业高层领导必须对教育和培训工作给予高度的重视并切实做好。

### 3. 第二位的优先级

ERP项目的实施在企业的各项工作中必须具有第二位的优先级。否则，因为企业中的工作很多，每个人都在忙原有的工作，ERP项目的实施将被拖得遥遥无期。为了保持ERP项目的高优先级，企业高层领导必须有明确的认识和决心。

### 4. 组织协调，排除障碍，推进项目的发展

ERP系统的实施是企业的大事，必须精心组织。要成立ERP项目实施小组和指导委员会在不同的层次上推进ERP项目的进展。

ERP系统的实施涉及企业运营的各个环节和所有的员工，部门和人员之间的协调十

分重要。然而，在很多企业中常见的现象是：市场人员、生产计划人员、机械设计工程师和工人都认为库存管理是其他人的事情，与自己无关；生产控制人员、财务人员都认为质量控制是其他人的事情，与自己无关；计算机程序员、电话接线员都认为客户服务是销售人员的事情，与自己无关；从而导致企业的各个部门呈现分割、甚至竞争的局面，而不是为了统一的目标相互配合。实际上，库存管理、质量控制和客户服务都是涉及企业中从高层领导到广大员工的每一个人的事情，ERP 的实施更是如此。员工队伍的协调一致，既是提高生产率所必需的，也是实施 ERP 所必需的。为此，在 ERP 实施过程中，企业高层领导必须下决心保持员工队伍的协调一致，如果出现问题，则应排除障碍来保证项目的进展。

#### 5. 对 ERP 项目的实施应用获得成功负最终的责任

如果没有企业高层领导的正确决策、大力支持、对项目成功的殷切期望和积极参与，ERP 项目的实施和应用是不能成功的。没有任何人可以代替企业的高层领导来对 ERP 项目的实施应用获得成功负最终的责任。

#### 6. 管理好销售与运营规划

通过销售与运营规划，可以使企业的高层领导看到问题的焦点，并带来选择的机会。有时，明显的问题就隐藏在各个角落中，但如果没有正确的方法和手段，却难以发现。而当发现时，或已铸成错误的事实了。例如，冬天是某公司产品的销售旺季。在春天，他们常因担心库存过多而减产，到秋天又为应付销售旺季的到来而增加产量。然而，每年的销售旺季，他们都遇到产品交货不及时的问题。对于一个制造企业来说，频繁地改变生产率水平有很多弊端，而且也不是总能做到的。总的来说，全年的生产率应和全年的销售率相匹配。在这方面，第 7.5.2 节介绍了不同的策略可供选择，而确定销售与运营规划的策略是企业高层领导的责任。

销售与运营规划的制定和管理是企业高层领导者的责任。每月召开的销售与运营规划的会议要由高层领导者主持，会议要讨论市场、生产、财务和工程等各方面的问题，讨论各种可能的方案，解决企业运营中的问题。

销售与运营规划要切实可行。主生产计划和更进一步的明细计划都要从它导出。如果在销售与运营规划中容忍不现实的东西，那么这种不现实性必定会在主生产计划以及进一步的细节计划中蔓延开来，其后果将是灾难性的。因此，管理好销售与运营规划也就控制了主生产计划以及企业运营的各个环节。从这个意义上讲，销售与运营规划为企业的高层领导提供了基本的管理和控制手段。

## 13.2 » ERP 实施的关键因素和时间框架

#### 1. 实施 ERP 系统的关键因素

实施应用 ERP 系统的关键因素有三个，即技术、数据和人。

ERP 系统不能以手工方式实现，所以计算机系统的技术要求是不言而喻的。有了计算机系统还必须要有准确的数据，才能使 ERP 系统很好地工作。

然而，必须强调，人的因素是最重要的。企业的各级人员必须对 ERP 有充分的理解，这是实施 ERP 系统获得成功的关键所在。高层管理人员的参与程度、中级管理人员的积极性以及企业广大员工的态度，已被公认是实施 ERP 系统获得成功的最重要的因素。

有些企业实施 ERP 系统未能获得成功或未能充分发挥 ERP 系统的作用，究其原因，就是这些企业把 ERP 作为一个计算机系统而不是作为一个人的系统来对待。人的因素解决不好，就不可能建立好的 ERP 系统。优秀的人员可以使 ERP 系统越来越完善，而再好的 ERP 系统交给素质低下的人也难以发挥作用。

在实施 ERP 的过程中，人的因素的重要性无论怎样强调也不过分。所以，就重要程度来说，以上三项关键因素的排列次序应是人、数据和技术。

#### 2. ERP 实施的时间框架

当一个企业准备实施 ERP 系统的时候，必然要考虑一个问题：从开始实施到获得成功需要多长时间?

这个问题决定于以下因素：企业的规模和产品复杂程度，企业用来实施 ERP 的资源，企业高层领导的重视和参与程度，实施队伍的知识、技能和工作态度以及企业为 ERP 系统所选择的运行环境。一般文献中的时间框架是 18~24 个月，但在实践中有很大差别。应当强调的是以下两点。

(1) 不能操之过急。原因在于需要做的事情太多，如广泛深入的教育和培训、数据准备、制定企业运营的策略和工作规程等。

(2) 也不能把时间拖得太久。时间拖久了，员工会失去热情，成功的机会将会锐减。所以，确定一个积极进取的时间框架是十分必要的。

## 13.3 » ERP 实施的可靠路线

### 13.3.1 ERP 实施的三个阶段

ERP 的整个实施过程可以划分为三个阶段。这是因为对于大多数企业来说，实施 ERP 系统要做的工作太多了。为了确保实施的成功，一般分成三个阶段来完成。这样使得实施过程更容易控制。

1) 第一阶段：实现基本 ERP

这一阶段的任务包括销售和运营计划、需求管理、主生产计划、MRP、能力计划、车间作业和采购作业计划以及来自车间和采购部门的反馈机制的实现，还包括提高库存记录的准确度、校正物料清单和工艺路线的准确性。这一阶段大致需要 12 个月。

2) 第二阶段：实现财务管理功能和供应链的集成

这里包括实现财务管理功能以及供应链的集成。把 ERP 的功能拓展到整个供应链，包括工厂内部、供应商、分销中心以及客户。其中向后集成至供应商，其手段是通过供应商计划和基于互联网的企业间的电子商务；向前集成至分销中心和客户，其方式分别是通过分销需求计划和供应商管理的库存(VMI)。这一阶段大致需要 6 个月。

3) 第三阶段：持续不断的改进和提高

持续不断的改进和提高是一个没有终点的过程，也就是 ERP 系统运行管理的过程。我们将在 13.6 节详细讨论。

## 13.3.2 ERP 实施的可靠路线

在过去 40 多年中，已有大量的企业实施了 MRP、MRP Ⅱ和 ERP。其中，有成功的，也有不成功的。通过这些实践，积累了丰富的经验，搞清了应该做什么，不应该做什么，从而对 ERP 的实施形成一条可靠路线。图 13.1 以甘特图的形式在 18 个月的时间框架内表示了这条可靠路线。

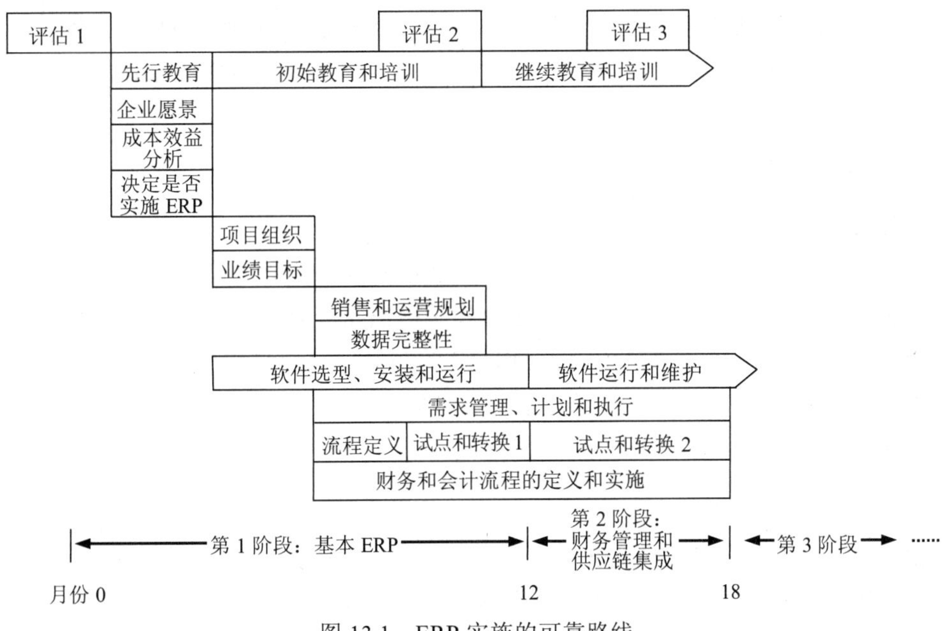


图 13.1　ERP 实施的可靠路线

ERP 实施的可靠路线和 ERP 本身一样，不是来自空想的理论，也不是出于灵感的迸发，而是产生于艰苦的实践，是大量经验和教训的总结。这条可靠的路线由以下 17 个基本步骤组成。

(1) 初始评估。

(2) 先行教育。

(3) 企业愿景。

(4) 成本效益分析。

(5) 作出实施 ERP 的决定并制定项目公约。

(6) 项目组织。

(7) 业绩目标。

(8) 初期的教育和培训。

(9) 软件选型及安装。

(10) 销售与运营规划。

(11) 数据完整性。

(12) 需求管理、计划和执行流程的定义和实施。

(13) 财务和会计流程的定义和实施。

(14) 第一阶段末的评估。

(15) 继续教育和培训。

(16) 第二阶段末的评估。

(17) ERP 系统的运行管理——持续改善、不断提高。

如图 13.1 所示，在 ERP 实施的第一阶段，上述步骤(1)~(14)都将开始且大部分完成。而步骤(12)则跨两个实施阶段。此步骤可以分为三项活动，即定义、试点和转换 1、试点和转换 2。前两项活动在第一阶段完成，第三项活动即实现供应链的集成，在第二阶段完成。至于步骤(13)，可以在第一阶段完成，也可以在第二阶段完成。在实践中，可以有一定的灵活性。

下面，我们对这些步骤进行讨论。

### 1. 初始评估(评估 1)

对企业所处的竞争形势、存在的问题和机遇以及如何更好地满足客户需求、提高生产能力、提高财务管理的水平、优化企业流程等提高企业竞争力的重要问题进行深入的分析和评估，从而作出在公司范围内实施 ERP 的决策。这个过程的参加者包括总经理、各职能部门经理，一般来说，还应当包括一位外聘的有经验的 ERP 专家。这项活动不应当超过一个月。

### 2. 先行教育

如前所述，企业高层领导对 ERP 的理解程度以及在实施过程中的参与程度直接影响到实施的成败。因此，必须在 ERP 系统实施之前，开展先行教育，使企业的高层领导首先了解什么是 ERP？它是如何工作的？能够为企业带来什么好处？如何实施？成本如何？只有企业的高层领导认识到 ERP 是制造业解决众多的生产经营障碍的最佳方法，是制造业科学管理的必由之路，才能对 ERP 寄予希望，才能作出正确的成本效益分析，保证资金的投入，确保 ERP 的实施获得仅次于企业正常运营的第二位的优先级，并在实施过程中积极参与，监督实施计划的进行，协调各部门的矛盾，排除障碍，确保 ERP 项目的顺利进展。

有些企业在对 ERP 不甚了解的情况下就进行成本效益分析。几乎毫无例外，它们将低估实施 ERP 的成本，认为大多数成本只和计算机有关，其结果将造成项目的资金不足。同时，这些企业也总是低估将产生的效益，它们认为“ERP 只是管理库存”。这样一来，就很难取得并保持第二位的优先级。

先行教育按对象的不同，课程内容分为两种：一种是面向企业高层领导的，参加对象是企业的总经理和主管生产、财务、工程和市场销售工作的副总经理；另一种是面向企业操作级管理人员的，参加对象是生产、计划、采购、销售、工程和数据处理部门的负责人。

### 3. 企业愿景

明确说明随着 ERP 的实施希望拥有的经营环境的书面文件。它要回答的问题是：在实施 ERP 之后，希望企业是什么样子的？

经过初始评估和 ERP 的先行教育，企业的高层领导和各级管理人员已经对公司的现状以及实施应用 ERP 之后的发展有了概括的认识。这一步骤就是写出一份书面的报告，把概括的认识勾画成明晰的蓝图。这份报告既要简明又要易于检验，既为企业的发展作出规划，又为 ERP 项目实施过程中的决策提供依据。企业愿景的描述应当包括：

- 企业现状和存在的问题。
- 企业的战略方针。
- 企业的竞争力分析。
- 初始评估的结论。

### 4. 成本效益分析

实施 ERP 系统和任何一项投资事业一样，都要先进行成本效益分析，然后才能实施。下面的成本效益分析的例子来自于一家真实的制造业公司，数据如表 13.1 所示。

**表 13.1　成本效益数据**

单位：万元

| 年销售额 | 5 000 |
| --- | --- |
| 生产成本 | 2 500 |
| 库　　存 | 1 250 |
| 采购成本 | 1 250 |
| 直接人工成本 | 400 |

1) ERP 的效益

表 13.1 的数据表明，在这个公司里采购成本约占生产成本的 1/2，直接人工成本约是采购成本的 1/3。

经验表明，使用了 ERP 可以使库存减少 1/3。在本例中，这将是 420 万元。假定库存保管费用占价值的 10%，这是一个非常保守的百分比，那么库存投资的节约将是 42 万元。

每一个成功的 ERP 用户都会在客户服务水平上有所提高，使得企业能在恰当的时间生产出适销对路的产品并发向客户。假定由于客户服务水平的提高使销售额增长 5%，在本例中，这将是 250 万元。采用一个相当保守的百分比即 10%，来计算由于销售额增长带来的收益，将得到 25 万元。

使用 ERP 之后，在装配车间，生产率一般能提高 30%；在加工车间，生产率一般能提高 5%~10%。在本例中，对直接人工成本采用保守的百分比，即 8%，来计算由于生产率提高的获益，于是得到 32 万元。

经验表明，ERP 可以使采购成本减少，按 5%估计，已是很大的节约，即 62.5 万元。以上的分析可以概括如表 13.2 所示。

表 13.2 获益分析

| 获益原因 | 获益数额/万元 |
|---|---|
| 库存减少 | 42 |
| 客户服务水平提高 | 25 |
| 生产率提高 | 32 |
| 采购成本减少 | 62.5 |
| 共计 | 161.5 |

使用了 ERP，可以使原材料供应及时，向客户发货及时，从而可以节省大量的运输费用；由于更好地管理工程改变，可以减少物料过时报废；由于好的计划可以形成稳定的生产环境，从而减少废品率；还有加班费的减少等等，都可以计算出来，不过在本例中为简明而没有计算。

2) ERP 的成本

实施 ERP 系统的成本可以分为 3 个方面。

① 技术成本：包括计算机硬件、软件、系统安装、调试、二次开发、接口、文档和维护，这方面的成本会由于企业计算机设备和技术力量的不同而不同。

② 改进和维护数据完整性的成本：包括物料清单、工艺路线、库存记录、工作中心、主生产计划。

③ 人员成本：包括教育和培训、专家咨询。

表 13.3 所列的是在上述制造业公司中实施 ERP 成本。

表 13.3 实施 ERP 的成本

| 成本来源 | 一次性成本/万元 | 维护成本/万元 |
|---|---|---|
| 计算机软件 | 25 | 5 |
| 系统开发工作等 | 10 | 3 |
| 物料清单，2 人年 | 3×2=6 | |
| 工艺路线，2 人年 | 3×2=6 | |
| 库房改造 | 10 | |
| 教育 | 15.5 | 5.5 |
| 咨询 | 2 | 1 |
| 总计 | 74.5 | 14.5 |

其中，校正物料清单和工艺路线的工作都假定了 2 人年，各为 6 万元。库房改造的设计成本估算了 10 万元作为一次重新设计的成本。就已知的情况来说，只有很少的公司为了建立和运行 ERP 需要增加库存管理人员。

确定工作中心和生产计划的成本通常可以忽略不计。一个有经验的人在 1~2 周内即可确定出工作中心。主生产计划必须适当地设计，而且人们必须经过培训才能使用。这无疑是使用 ERP 的关键之一，但所花费用并不多。

教育和培训费用的估算为一次性费用 15.5 万元和 1 年的日常教育费用 5.5 万元。教育和培训应作为一项持续的工作进行预算，经验表明，在实施 ERP 的过程中，大约总人数的 7%应当接受面授教育。如在一个 1 000 人的公司中，应当有 70 人到企业外部接受面授。一个人的费用按 0.2 万元计，则总费用为 14 万元。另外，教学用的图书设备 1 年约为 1.5 万元。以后每年还应有 20 人继续接受面授(可能是公司新来的人)，需 4 万元。

按以上的估算，安装 ERP 的一次性费用是 74.5 万元，每年的维护费用是 14.5 万元，而每年获益将是 161.5 万元。这意味着，对于一个成功的 ERP 用户来说，ERP 投入运行半年即可收回成本。

### 5. 作出实施 ERP 的决定并制定项目公约

至此，公司领导和主要管理人员已经通过了初始评估和先行教育，并已完成企业愿景的描述和成本效益分析。他们已经了解：什么是 ERP，它能给企业带来什么好处，成本是多少，需要多长时间来实施等重要问题。因此可以对公司是否实施应用 ERP 作出决定。

如果决定在公司内实施应用 ERP，则应写出一份书面的文件，即项目公约。项目公约以成本效益分析和企业愿景陈述为基础，以书面的形式表述公司领导和各级管理人员对在整个公司范围内实施应用 ERP 的共同决定和一致的态度，并指出所期望的业绩目标。从高层领导到部门经理，所有的有关人员都要在项目公约上签字，表明要对在认可的成本范围和时间框架内为成功地实施 ERP——从而实现所认可的效益——共同负责，也可以此作为今后工作的指导原则和解决问题的依据。

通过项目公约向整个企业明确地申明，ERP 项目绝不仅仅是 IT 部门的事情，而是整个企业的项目，必须由企业的高层领导、部门经理和广大员工共同来完成。

### 6. 项目组织

(1) 成立项目小组。一旦完成了实施 ERP 的成本效益分析并决定实施 ERP，下一步就应成立项目小组。项目小组负责在操作级上推进项目的进展，其工作内容如下：

- 制定 ERP 项目计划。
- 报告计划的执行情况。
- 发现实施过程中的问题和障碍。
- 适时作出关于任务优先级、资源重新分配等问题的决定。
- 向企业高层领导作出报告和提出建议。
- 为保证 ERP 成功地实施而需要的任何操作级上的工作。

这里，特别强调制定 ERP 项目计划的问题。ERP 的项目计划是一项基本的控制工具，用来控制项目的进展。项目计划应当满足以下要求：

- 积极进取且切实可行。
- 以天或周来表示计划事项，至少对于近期目标应当如此。这正如 ERP 本身，以月为计划单位则显得太长了。
- 要完全覆盖闭环 MRP 以及财务和模拟功能的实现。

- 要足够详细，体现可操作性。一项工作所占用的时间应当细到半天、1 天或 2 天。如果占用更长的时间，则应将工作任务进一步细化，以便用来对项目实施进行有效的控制和管理。
- 要明确职责，每项工作都应指明承担人的姓名，而不能只说明工作的内容和负责的部门。

项目计划要经过项目指导委员会批准。

项目小组的组成原则如下：项目小组只需有少数专职人员，其中包括项目负责人、他的副手以及数据处理人员。其他大部分成员可以由部门领导来兼任。

下面是一个项目小组组成的情况：专职成员包括项目负责人、项目负责人助理、系统分析员、程序员(2 人)；兼职成员，包括成本会计负责人、总账会计负责人、数据处理负责人、制造工程负责人、人事部门负责人、车间负责人、产品工程负责人、生产控制负责人、采购负责人、质量控制负责人、销售管理负责人，这个项目小组共 16 人。其中，除程序员 2 人之外，其他各为 1 人。

项目小组每周应有 1 或 2 次会议来商讨项目实施中的问题。

(2) 确定专职的项目负责人。项目负责人是一个关键人物，他要领导项目小组在实施 ERP 的操作级上努力工作。

一个好的项目负责人应该具备以下条件：专职，来自企业内部，具有企业运营某个基本方面的经验，是企业内有影响的而不是无足轻重的人物，在企业内工作了相当长时间而不是新手，受尊敬的管理人员。

在任何一个企业里，以下人员都可以作为项目负责人的候选人：生产部门经理、采购部门经理、销售部门经理、生产和库存部门经理、客户服务部门经理、工程技术部门经理、物料部门经理等。

(3) 成立项目指导委员会。ERP 的实施涉及多种因素，是一个复杂的过程。在此过程中，需要解决和协调的问题很多。其中有些问题单靠项目小组及其负责人是解决不了的。因此，还应成立项目指导委员会，对项目计划的执行情况进行定期审查，及时地解决问题，协调矛盾，确保项目的实施顺利进行。为此，指导委员会应至少每月召开一次会议。

指导委员会成员包括总经理、副总经理和专职的项目负责人，并正式指定总经理或某位副总经理作为指导委员会的主席。

指导委员会主席对 ERP 的实施负有决策级上的责任。他要直接听取项目负责人的报告，代表指导委员会处理决策问题。指导委员会主席最好的人选是总经理。

项目负责人在指导委员会和项目小组之间起到桥梁的作用，他在指导委员会中的职责是报告项目计划的执行情况；在项目的实施出现问题时，提出解决问题的建议，以便指导委员会作出决策。

项目指导委员会要通过对项目实施计划执行情况的定期审查，发现问题、解决问题，确保 ERP 的顺利实施，并对 ERP 实施获得成功负有最终的责任。

(4) 专家的指导。经验表明，几乎没有一家企业能够在没有专家指导的情况下实施 ERP 并获得成功。因为成功地实施 ERP 对于任何一家企业的绝大多数人来说都是没有经验的。所以，向专家咨询是十分必要的。在寻找咨询专家时，最重要的一点是经验，要有成功地实施 ERP 系统的经验。

### 7. 业绩目标

这一步骤要详细地说明企业要实现的业绩目标，且作为衡量实施应用 ERP 所取得的业绩的依据。这些目标的表述通常使用生产经营的数据，而不是使用财务数据，并且应当直接地和成本效益分析中所指出的财务收益联系起来，具体如下。

(1) 对于面向库存生产的生产线，我们将实现在接到客户订单后 24 小时之内，对 99%的客户订单完成发货。效益：销售量增加。

(2) 对于面向订单生产的产品，将实现 98%的客户订单按所承诺的日期准时发货。效益：销售量增加。

(3) 对于所有的产品，采购和制造的提前期都将缩短一半。效益：销售量增加。

(4) 我们将消除 90%的物料短缺。效益：提高直接劳力的生产率。

(5) 我们将减少 75%无计划的加班(即提前通知不到 1 周的加班)。效益：提高直接劳力的生产率。

(6) 我们将在 18 个月内对 80%以上的采购量建立供应商伙伴关系、长期的供货合同和供应商计划。效益：采购成本降低。

当然，还可以举出许多其他的例子。要强调的是，量化的业绩指标应当可以用来指导实际的行动。

业绩目标的确定同样要在企业高层领导的主持下，由各职能领域的负责人共同参加来完成。

### 8. 初期的教育和培训

作为实施过程的一部分，理想的情况是，公司的员工 100%，或者至少 80%应当接受关于 ERP 的教育。要保证 ERP 的成功，有许多方面应当作出改变，包括各级员工的思维方式和行为方式。员工们必须了解，实施 ERP 会引起哪些变化？是什么原因引起这些变化？这些变化会如何影响他们的工作方式？会因此得到什么效益？必须强调，忽略这一步或者其中的某一部分，后面的麻烦是很多的。忽略教育和培训的公司，无一例外地发现，他们不得不回过头来，去做他们该做而没有做的事。

在上述关于 ERP 项目成本效益分析的例子中，教育和培训的费用约占总额的 20%。然而必须强调，如果教育和培训的工作做得不好，其他部分的投资都将是浪费。因此，教育和培训的投资是 ERP 项目投资中最具有杠杆作用的一部分。

ERP 的教育和培训有两个重要的目标：一是增加人们的知识，二是改变人们的思维方式和行为方式。当人们学习了什么是 ERP 和 ERP 能为企业带来什么好处以及如何实施 ERP 之后，就增加了关于这种科学管理新方法的知识。但这还远远不够，使企业中成百上千的人改变他们的思维方式和工作方式，学会以新的方式经营企业才是根本的目标。这是一项艰苦的任务和真正的挑战，而这也正是成功地实现 ERP 的核心。事实上，教育和培训的重要性是无论怎样强调都不会过分的。然而，在现实世界中，教育和培训往往是一项遭到轻视、预算不足、不被理解的工作。因此，它也就成为实施 ERP 系统过程中大多数问题的起因。在一个实施 ERP 系统的企业中，应当让 90%的人受到教育和培训，100%当然更好。

为了使教育和培训工作达到改变人的思维方式和行为方式的目标，首先是企业的高层领导(包括总经理和副总经理)以及各部门的关键人员必须接受先行教育，然后就是整个企业的广大员工必须接受教育。

教育注重原理、概念以及它们的应用，目的在于从理念上提高认识，从而提高管理水平。培训的工作注重软件的细节，目的是如何操作具体的 ERP 系统。二者在不同的层次上起作用，但都是必要的。

**9. 软件选型、安装和运行**

我们已在第 12 章对此问题作了专门的讨论。

**10. 销售与运营规划**

销售与运营规划是企业高层领导对企业经营运作的操纵杆。这是一个很重要的计划层次，ERP 的进一步的明细计划都要受到它的控制。这个计划层次涉及的人不多，制定的时间也不会长。在 ERP 实施早期即制定此计划，可以早获益。

销售与运营规划的实施步骤如下。

(1) 创建产品族，从而使得预测变得相对简单。

(2) 确定预测策略和方法，并对预测过程进行评估，以统一的预测数据支持销售与运营规划。

(3) 确定销售与运营规划策略。销售与运营规划的策略要清晰地体现企业销售与运营规划过程的目标、步骤和每个步骤应当采取的行动，指出负责人。销售与运营规划的策略要得到企业高层领导和相关人员的批准。

(4) 确定产品族的划分，选择 1~2 个产品族进行实施销售与运营规划的试点。所选择的产品族应当具有代表性，复杂程度适中，因为复杂的产品族可能会引起比较多的障碍，使得试点的时间过长。这个过程不应当超过 3 个月。

(5) 制定资源需求计划。资源需求计划的作用和内容在第 7.5.4 节中已经有所叙述。

(6) 在试点完成之后，每月将 3~4 个新产品组纳入销售与运营规划，直至所有的产品族都纳入销售与运营规划。

(7) 将供应计划、财务计划、新产品推广计划等都纳入销售与运营规划之中，使销售与运营规划过程在全公司范围内起到协调作用，从而成为企业高层领导控制和管理企业的操纵杆。

**11. 数据完整性**

要取得 ERP 的成功，数据的准确性非常重要。库存记录、物料清单、配方、工艺路线以及其他数据必须高度准确、完整并有好的结构。

**12. 需求管理、计划和执行流程的定义与实施**

这一步骤的目的有两个：一是设计和定义需求管理、详细的计划和排产以及供应链管理等流程，这些流程是对企业愿景陈述的细化和体现，从而确保项目的实施和企业的愿景陈述保持一致；二是通过试点和转换的方法实现这些新的流程。

企业流程的定义要通过工作方针和规程来实现。方针指明做事情应当遵循的准则，规程指出做事情的步骤。我们将在 13.4 节专门讨论工作方针和工作规程。

这一步骤跨越两个实施阶段，要通过两个阶段的试点和转换来实现。

1) 试点和切换 1——实现基本 ERP

实现基本 ERP，包括实现销售与运营规划、需求管理、主生产计划、粗能力计划、MRP 等功能。先试点后切换。

试点是验证 ERP 软件系统能正常地工作而用户人员也真正理解了 ERP 的基本逻辑，为切换到 ERP 系统做准备。

试点一般分为两个层次，即计算机试点和会议室试点。

(1) 计算机试点。计算机试点的目的是确保软件能在计算机上正常运行，并且也通过这种试点对软件作更多的了解。计算机试点的关键人员是系统人员和数据处理人员。

计算机试点一般使用虚拟的物料项目和虚拟的数据。如果购买商品软件，这应当是软件包的一部分。

(2) 会议室试点。这种试点通常是通过在会议室内建立一个模拟的环境来进行，亦称为模拟试点。其目的是对用户的教育和培训，让用户更多地了解软件，学习如何使用它来管理企业业务。在这一阶段，工作的重点从计算机转到了人。通过运行模拟的业务实例，使用户真正地了解系统。可以在用户进入系统进行一项事务处理之前，让他们回答这项事务处理的结果将是什么。如果他们能正确地预料这个结果，说明他们比较好地了解了系统。可以选择主生产计划和 MRP 的几份输出报告(或屏幕)，让用户回答每个数字是什么意思，为什么会出现在该处以及如何出现在该处等。如果他们能正确地回答，说明他们已经很好地掌握了系统。

一般来说，会议室试点不超过一个月的时间。

两种试点概括如表 13.4 所示。

**表 13.4　两 种 试 点**

| 试点类型 | 关键人员 | 物料项目/数据 | 目　　的 |
|---|---|---|---|
| 计算机试点 | 数据处理人员<br>项目小组部分成员 | 虚拟的/虚拟的 | ① 在计算机上运行并调试软件<br>② 学习和了解软件 |
| 会议室试点 | 主生产计划员<br>物料计划员<br>项目小组部分成员 | 真实的/虚拟的 | ① 使用户彻底地了解软件<br>② 验证软件适合企业业务 |

会议室试点获得成功，则可以着手进行第一阶段的系统切换，制定主生产计划和物料需求计划并投入运行。

系统切换是一个非常紧张的阶段，项目小组负责人和成员以及关键的系统人员要随时准备帮助用户解决可能出现的各种问题，采取所有必要的行动，使系统得以运行，并开始衡量系统运行的性能。

2) 试点和切换 2——供应链集成

至此，项目进入第二阶段的实施过程。要把 ERP 的功能拓展到整个供应链：

(1) 供应链集成——在工厂内实现生产管理的闭环。

(2) 供应链集成——实现采购中的闭环。

(3) 供应链集成——向前延伸至分销中心。

(4) 供应链集成——向前延伸至客户。

### 13. 财务和会计流程的定义和实施——实现财务管理和生产管理的集成

财务和会计功能的实施基本上是以计算机代替人的手工劳动或者从上一代的软件系统转移到新的软件系统，其目的主要在于提高效率而不是改变流程。因此，财务和会计过程的实施，对于大多数公司来说，难度要低一些，做起来要顺利一些。

财务和会计的实施多采取并行的方式。在运行原有系统的同时，开始运行 ERP 的财务和会计程序，并将运行结果与原有系统的运行结果进行比较，确保新系统输出的数据正确可靠。经过几个月的并行运转，多数企业可以放心地停止原有系统的运行。

### 14. 第一阶段末的评估

这一步骤是对第一阶段实施现状的分析和评估，也是决定是否可以进入第二阶段的依据。过程如下：

- 检查迄今为止项目的进展情况。
- 确信业绩目标可以实现且正在实现。
- 根据项目的进展和企业实现的业绩状况，回顾和检查企业愿景的陈述对项目进一步实施的指导作用是否仍然有效，如有需要，则修改企业的远景陈述。
- 检查并确定第一阶段的活动是否有一些需要修改或重做。
- 检查对第二阶段实施的准备情况，作出是否进入第二阶段的决定。

### 15. 继续教育和培训

随着 ERP 实施的深入发展，需要有新的知识和技能。经过初始教育和培训获得的理念、知识和技能也需要进一步强调和复习。对于一些刚刚加入企业的新员工还需要进行启蒙的教育和培训。继续教育和培训使 ERP 实施继续得到良好的支持。在 ERP 实施的全过程中，继续教育和培训都是非常必要的。

### 16. 第二阶段末的评估

经过近两年的努力，ERP 终于可以投入运行了。此时，往往会松一口气。所以，这次的评估是极容易被忽略的，这是 ERP 实施的大忌。这次的评估是企业应用 ERP 作为运营企业的工具，从而提升企业竞争力的开始，是不应当被忽略的。

这次评估关注的问题是：在新阶段应当做什么？以下问题都是应当考虑的。

- ERP 模拟功能的应用。
- ERP 功能在整个(也许是全球性的)企业组织内的应用和延伸，包括人力资源管理。
- 把 ERP 应用于产品的设计和开发。

- 设备的预防性维修计划。
- 有效的客户关系管理。
- 电子商务。
- 有效的采购分析。

……

这一阶段评估的参加者仍然是企业的高层领导、部门经理以及有经验的外聘专家。所花费的时间，根据企业的规模和产品复杂程度的不同，可以是几天或几周不等，但也不应当花费太多的时间。

**17. 持续改善，不断提高——ERP 系统的运行和管理**

在第二阶段末的评估之后，ERP 项目就进入了第三阶段，即运行管理阶段。这是一个没有终点的过程。正如一位 ERP 的先驱者所说："ERP 不是目的地，而是一个长途征程。"在这个过程中，要把实施 ERP 获得成功作为一个新起点，持续改进，不断提高，去争取更大的成功，使企业的运营情况越来越好。我们将在 13.6 节中对这个阶段进行详细讨论。

以上，我们介绍了一条实施 ERP 的可靠的路线。这条路线逻辑清晰、通俗易懂，虽然需要做的工作很多，但切实可行。以这条可靠的路线为依据，根据自己企业的情况作适当的剪裁和调整，ERP 的实施一定能够获得成功。事实上，已经有许多企业遵循这条可靠的路线实施 ERP 获得了成功。

## 13.4 » 工作方针和工作规程

企业流程的定义通过工作方针和规程来实现。方针指明做事情应当遵循的准则，而规程指出做事情的步骤。

企业的工作方针和规程既定义了企业的业务流程，也用来规范人的行为方式。

企业的管理是在一个通信的过程中实现的。准确的通信是有效管理的基础。ERP 系统就是一个以计算机为工具的计划和通信系统。在通过 ERP 系统实现企业管理的过程中，人做一些工作，而后交由计算机继续做一些工作，再由人继续做工作等。在这个过程中，要求信息必须准确，信息的处理和传递也必须准确。但这并不是一件很容易的事情，因为在这个通信过程中涉及计算机和人两类对象。其中，计算机的行为是规范的，只要向它输入准确的信息，它就能进行准确的处理并产生准确的信息。但是，对同一件事情，人的理解和行为方式却可以千差万别。因此，如何规范人的行为方式就是至关重要的了，这就是工作方针和工作规程的作用。

企业如果忽略建立工作方针和工作规程这项工作，或以非常草率的方式进行，那么实施工作好像进行得很快，但是在系统开始运行之后，就会出现很多问题。由于没有工作方针和工作规程，系统的每个用户只能按各自的理解和处理方式来处理问题。于是出现越来越多的错误信息，信息传递不能正常进行，系统通信难以协调，整个系统的可靠性越来越差，最终的结果是导致整个系统的瘫痪，损失将是难以估量的。

由此可见，工作方针和工作规程是ERP系统得以正常运行的关键，是企业管理过程中人和人之间、人和计算机之间进行精确通信的保证。但具体说来，这又是两个不同的概念。工作方针是关于企业运作的指导原则，它并不告诉人们如何去做某件事情，但要指明每项工作的目标、责任和衡量标准。例如，对于接收采购原材料的业务活动，工作方针并不指明每一步应当如何去做，但是它应指明在多长时间内完成检验、作出接收或拒收的决定，在多长时间内将有关数据录入系统等。工作规程是指完成一项特定的任务所应采取的步骤。它要指明从任务的第一步到最后一步之间的所有步骤，且应足够详细。工作规程应遵循工作方针的指导原则，而且对于工作方针所涉及的每项任务，均应有相应的工作规程。

建立工作方针和工作规程并无实质性的困难。事实上，这些关键的文件应当是一个企业在确定如何使用ERP系统的过程中自然形成的结果。建立工作方针和工作规程可以采取如下步骤。

#### 1. 确定企业运营过程中所有基本的业务活动

这可以通过自顶向下、逐步求精的方法绘制数据流程图或IDEF图来实现。这些基本业务活动可以分成两类：一类是通过计算机来实现；另一类则完全是人的行为过程，不使用计算机。

#### 2. 对于通过计算机实现的基本业务活动，编制测试实例进行测试

测试实例要指明处理步骤，并在计算机试点过程中进行测试。在测试过程中要记录测试结果，在测试结束后，根据测试结果编制工作方针和工作规程的草稿。对于不使用计算机的基本业务活动，则直接写出工作方针和工作规程的草稿。

#### 3. 收集、整理、完善

将上面步骤形成的工作方针和工作规程草稿收集起来，由项目小组会同各职能部门共同进行整理和完善，形成工作方针和工作规程的草案，要指明工作方针和工作规程的编号、主题、编写负责人等。

#### 4. 在会议室试点过程中进一步测试工作方针和工作规程

在会议室试点过程中，要对工作方针和工作规程进行全面测试和修订，定稿后再经指导委员会批准，形成企业的正式文件，指明生效日期，发至整个企业执行，并定期总结修订(关于工作方针和工作规程的管理也应有工作方针和工作规程)。

下面给出工作方针和工作规程的示例。

**【例13.1】** ABC公司工作方针。

编号: 0010

生效日期: 01/01/2013

主题: 物料接收和入库管理

版次: 1

编写人: ×××

内容:

(1) 除非有经核准的供应商质检部门的质检合格证明，全部物料必须经过严格检验，才能投入生产过程。

(2) 在卸货过程中，要查看包装是否有损坏。如发现任何缺损，应立即报告质检部门和采购部门。

(3) 在物料接收后的 2 小时以内，必须把有关记录输入到系统中。

(4) 已接收待验的物料，必须在 8 小时之内处理完毕，作出合格或不合格的结论。

(5) 对经检验不合格而拒绝接受的物料必须在 16 小时之内作出处理。

(6) 物料接收主管人员按照全部与物料接收有关的工作规程对接货的全部过程负责。他还负责向物料接收人员提供适当的培训，并考核其工作绩效，考核结果与物料接收人员的工资和奖金挂钩。

【例 13.2】　ABC 公司工作规程

编号:　0070

生效日期:　01/01/2013

主题:　接收采购物料

版次:　1

编写人:　×××

| 人　　员 | 行 动 步 骤 |
| --- | --- |
| 物料接收人员 | 1. 卸货并且取得包装标签<br>2. 计数并检查是否有损坏。如没有损坏，在货物清单上签字，然后把物料送到检验库位，转步骤 3。如有损坏，则在货物清单上记下日期、时间、损坏物料的数量，或损坏包装的数量及损坏类型。填写损坏物品报告并且将文件副本送给采购部门归档。转按工作规程 0071 进行处理<br>3. 通过 ERP 软件系统的有关屏幕记录物料接收过程<br>4. 打印接收单并送检验员 |
| 检验员 | 5. 取得检验标准<br>6. 按要求检验物料<br>7. 如果全部通过检验，在接货单上填写合格证明并通知物料管理人员转移存货库位；如果检验不合格，转按工作规程 0072 进行处理 |
| 物料管理人员 | 8. 确定存货库位并且在接货单上注明<br>9. 将物料放在指定的位置，并且通过 ERP 软件系统的有关屏幕输入数据<br>10. 将填好的接货单送给应付款部门 |
| 应付账款 | 11. 检查是否有相匹配的发票，如果有，则附上收货单并且执行匹配和付款流程(工作规程号 0102)<br>12. 如果没有发票，则将接货单归档 |

## 13.5 ERP的运行管理

ERP的实施需要付出艰苦的努力。一个企业经过艰苦的努力成功地完成ERP的实施任务，并且成了A级用户(国外关于ERP用户的最高评价)，实在是一件值得庆贺的事情。那么，下一步应该怎么办呢？松一口气是常见的做法，认为ERP终于获得了成功，再也不必为它操心了。这无疑是错误的。A级的ERP系统并不能自行维护并保持A级标准。在运行过程中，仍然需要持续的维护和经常的信息反馈。

ERP系统的运行和管理要达到以下两个目标：首先要保持已有的水平不要降低；然后要争取越来越好。

系统运行水平降低是很容易的事，对此，某些A级用户有着痛苦的教训。他们认为ERP可以自行维护，而不再关心它。很快，他们失去了A级。当他们意识到这一点时，要作很大的努力才能扭转劣势并重新得到从他们手中失去的A级。而真正优秀的A级ERP用户不是这样做的。他们不满足于已有的成绩，他们有更高的目标——继续努力，不断提高。

一个企业应该如何面对这些问题？怎样才能不落后？要越来越好应该做些什么？下面将对这些问题作出回答。

#### 1. 清醒的认识

清醒意味着不能骄傲，不能盲目乐观。骄傲或盲目乐观就会导致失败。在A级水平上运用ERP系统管理企业就更是如此。一个企业必须清醒地认识到，ERP系统实施成功，仅仅是一个好的开端；而且，今天的成功并不能保证明天的成功，所以必须进行坚持不懈的努力；一个企业要在激烈的市场竞争中保持优势，就必须确保真正地强于竞争对手，而运行A级的ERP系统就是取得竞争胜利的最好保证；ERP系统是一个工具，它是不能自行维护的，稍有松懈应用水平就会降低；要把ERP系统运用得越来越好，人是关键的因素。

#### 2. 有效的组织

在ERP系统的实施获得成功以后，不要解散ERP项目小组和指导委员会。虽然他们的工作方式与ERP实施过程中将有所不同，但他们的作用却是同样重要的。

ERP的实施任务完成以后，ERP项目小组应有如下变化。

(1) 不再有专职的工作人员。因此，小组规模可以小一些。

(2) ERP已成为一个正在运行的系统，而不再是一个在建项目。因此，应将项目小组更名为“ERP运行管理小组”或者其他类似的名称。

(3) 小组会议由每周1次改为每月1次。

(4) 每年更换组长1次或2次。组长在小组成员中产生，市场部门经理、生产部门经理、财会部门经理、工程技术部门经理和采购部门经理均可以成为组长。这样做可以增强ERP运行管理小组成员的集体感，同时强调了ERP是一个全企业范围的系统。

(5) 这个小组的工作主要在于关注ERP系统的运行情况，向企业高层领导汇报结果并不断进行改进。

(6) 在 ERP 系统实现以后，项目指导委员会的组织也应当保留。和项目小组的情况类似，它的名称或许应当改为“项目运行管理指导委员会”，每半年开一次会，从管理小组获得 ERP 系统运行情况的最新记录。其任务和实施期间一样，即分析和掌握事态的发展，提供指导，必要时作出重新分配资源的决定。

### 3. 认真的检测

检测 ERP 的效果需要用到运营和财务两方面的指标。

运营指标检测用来不断地检查 ERP 系统的运行情况，它可以起到早期报警的作用。当某些事务开始出错，它就会给出提示，从而帮助人们不断地改进系统的性能。

下面列出的指标可为企业提供一个建立健全自己指标体系的基础。

对于销售与运营规划，关键指标包括销售与预测比、实际生产与计划生产比、实际库存或实际未完成订单与计划库存或计划未完成订单比。一般来说，这些指标都是月指标，它们构成销售与运营规划编制的基础。

对于主生产计划，包括以下关键指标。

(1) 准时交货情况。对于面向订单生产的企业来说，就是按照承诺的日期发运货物；对于面向库存生产的企业来说，则是指供货率，即准时从库房发运的订货量除以总订货量。对 A 级用户来说，这些指标应接近 100%。

(2) 主生产计划的完成情况应达到 95%。

(3) 在紧急情况下主生产计划的变化量应该非常小。

(4) 当重排主生产计划时，提前的订货量和推迟的订货量应接近相等。

(5) 对面向库存生产的企业，应考察产成品的库存周转率。

一般情况下，库存周转率应每月统计一次，其他指标应每周统计一次。

对于物料需求计划，应做如下检查。

(1) 是否有物料短缺？对制造项目和采购项目都要检查。

(2) 库存周转率。对于制造项目和采购项目同样都要检查。

(3) 异常信息量。这是指每周由 MRP 系统产生的行为建议的数量。对于以加工和装配为主的制造商而言，异常信息量会少一些。对于流程式和重复式生产的企业，由于对每项物料要有多道处理，所以，异常信息量可能会多一些。

(4) 订单下达的延误情况。即统计属于如下情况的订单数，当订单下达时距离需求日期的天数已不足计划提前期的天数。预期的目标是这类订单不应超过所下达订单总数的 5%。

(5) 当重排生产订单时，提前订货量和推迟订货量应接近相等。当重排采购订单时也有同样的要求。

一般情况下，库存周转率每月统计一次，其他指标每周统计一次，由计划员和采购员负责。

对于能力需求计划，要追踪误期工作量。目标是不超过半周的计划工作量。

对于车间作业管理，有如下一些重要指标。

(1) 按订单需求日期准时完成车间订单，应达到95%。

(2) 按下道工序的需求日期完成车间订单。这里，一个好的检测方法是对每个工作中心记录晚到的作业数和晚离开的作业数并进行比较，从而使工长不会因晚到的作业而受到处罚。有些企业进一步扩展为对每个工作中心分别记录到达和离开的迟滞时间，而不仅仅记录作业数。这就有助于辨明造成迟滞的责任。因为在有些情况下，虽然有些工长的作业完成得晚一些，但他们可能已经弥补了一些迟滞的时间。

(3) 完成计划的能力。在一定时间内，将实际产出的标准工时与计划产出的标准工时作比较，目标是保持误差在±5%之间。

以上指标的统计频率为每周一次，由工长负责。应当强调，这些仅仅是和ERP相关的指标，不能代替效率、生产率和其他一些指标。

关于采购，应当就所采购的物料来度量缺货量和库存周转率，从中考核供应商、采购员和采购计划员的工作。供应商按时交货率应达到95%以上，其他重要指标，如质量、价格等， 也不能忽视。

建议每周给出关于库存记录、物料清单和工艺路线几方面数据准确性的报告，目标都应接近100%。

除了运营指标的检测之外，ERP运行管理小组每年还应至少一次就财务方面的运行情况对ERP系统进行检测，把检测的结果以货币单位表示，并和成本论证中预计的效益进行比较。

和运营检测一样，这里也可以用一个实际且简单易行的方法，即考察企业是否得到了所期望得到的最低效益？如果不是，那么找出问题所在，进行纠正以期得到补偿，并将结果报告给指导委员会。

#### 4. 继续教育和培训

前面我们讨论过继续教育和培训的问题，是指ERP实施第二阶段的活动。应当强调，教育和培训是伴随ERP实施和应用的一项无休止的活动。如果没有关于继续教育和培训的有效计划，那么对长期成功地运行管理ERP系统将是一个最大的威胁。继续教育是必需的，其原因如下。

(1) 有新员工加入企业，还有些现有员工在企业里更换了不同的工作，有了不同的或者可能是更多的职责。对这些新的任职者，如果教育不及时，就意味着企业正在失去具有ERP知识的人员，于是将不能像以前那样有效地运行ERP系统。

(2) 人们会忘记，因此需要再教育和再培训。这里可以借用物理学上半衰期的概念。人们所学知识是会遗忘的，遗忘也有一个半衰期。如果这个半衰期是1年的话，那么对于去年所学的知识，今年只能记得1/2，明年只能记得1/4。

(3) 经营条件会变更。对于任何一个企业来说，三年后的经营环境与今天的可能会截然不同。企业可能发展了新的生产线，进入了新的市场，变革了生产工艺，执行了新的政府法规，增加了新的子公司，市场状况由卖方市场转变为买方市场，或者相反，诸如此类。经营条件的变化可能会对ERP系统的应用提出不同的要求，因此需要继续教育和培训。

(4) 使用 ERP 意味着运用成套工具来经营企业。ERP 的各种工具不易变化，但是经营环境却在变化，可能和几年前 ERP 投入使用时有很大变化。这就要定期维护这些工具，以适应今天的企业环境和目标。

ERP 的继续教育和培训是一个伴随企业经营的长过程。在这个过程中，人们可以维护他们的工具，适应新的形势，迎接新的挑战。因此，ERP 的继续教育和培训应当紧密地和企业的运行机制相结合。应当对企业中的每个岗位建立最基本的 ERP 教育和培训标准，并纳入岗位工作规范。新员工应在开始工作的几周内达到这些标准。这些基本标准可能会要求一些新员工到企业外部参加培训。但是，正如初始教育一样，ERP 的继续教育和培训大部分可以通过企业内部的学习班来完成。这些学习班应当由运行管理人员或其他关键人员来主持。

为了使 ERP 的继续教育和培训纳入企业的经营机制，最好由企业的人事部门来做这项工作。人事部门已经有了每个雇员的档案。在这个基础上制订 ERP 继续教育和培训的计划并进行管理是比较方便的。

对于企业的高层领导，也存在继续教育的问题。高层管理人员的变更，无论是总经理或其副手的变更，都是对 ERP 的一个威胁。如果新的领导人员没有接受过适当的教育，那么他很可能不了解 ERP 并且可能会因某种疏漏使之功能降低。新的高层领导比其他任何人都更需要接受 ERP 教育，这是绝对必要的。如果企业希望长期成功地运行 ERP，就不能违背这方面的要求。同样，这种非常重要的教育要求也应直接写入高层领导的工作规范。

### 5. 做好软件维护工作

对于已经成功地实现了 ERP 系统的企业来说，应当做好由自己来维护 ERP 软件系统的准备。不要认为软件供应商能够永远提供对软件的维护。5 年之后，他们可能已经转产，甚至可能倒闭了。对软件的维护，如果不是一开始就自己进行的话，那么开始得越早越好。

ERP 软件是一套对于企业运营极为重要的工具。对于这样重要的资源主要依靠外部能力来维护显然不是明智之举。

### 6. 超越 A 级，把企业经营得越来越好

一个 A 级 ERP 用户，能够以相当高的水平运营，不但能运营得比以前更好，而且可能比想象的还要好。但是许多企业，甚至 A 级用户，并未达到他们所能达到的水平，甚至也不曾想像他们应当达到何种水平。

真正优秀的 A 级用户不会满足于已有的成绩，他们会经常自问：“我们干得如何？我们如何才能干得更好？”他们将会把标尺升高再升高，而且要积极努力去达到它。实际上，在今天业已形成的全球化市场的激烈竞争中，取得优秀的业绩已成为企业生存的必要条件。换句话说，如果企业不把世界级的优秀业绩作为企业持之以恒的奋斗目标，那么企业就会在激烈的竞争中遭到失败。然而，世界级的优秀业绩的标尺也是不断升高的。

在 ERP 的基础上，企业应当而且可以把许多事情做得更好。一些极好的工具和方法，

如及时生产(JIT)或精益生产方式(LP)、全面质量管理(TQM)、供应链管理(SCM)、客户关系管理(CRM)以及高级排产计划(APS)、制造执行系统(MES)等均可在ERP的基础上加以实现。

总之，企业在达到A级之后不应该停止在已有的水平上，不应满足于已取得的成绩，而应当去追求那些进一步提高管理水平和提高生产率的工具、更好的竞争策略、更好的工作方式和环境。ERP系统所带来的经济效益，可以为这些进一步的计划提供资金。一个A级用户应当把ERP系统的成功看作一个新的起点，在此基础上，不停地努力，争取更大的成功。正如一位ERP专家所说："ERP不是目的地，ERP是长途征程。"

## 13.6 » 实施应用ERP的十大忠告

经过几十年的实践，对于如何实施和应用ERP系统积累了丰富的经验。以下十大忠告便是这方面经验的高度概括和总结。对于实施和应用ERP系统的企业有着很好的借鉴意义。

### 1. 领导全面支持，始终如一

ERP用来运行一个制造企业，它统筹安排企业的物料、资金和人力等各种资源，与生产和经营息息相关。它不仅涉及库存控制、物料清单或工艺路线的维护，更涉及企业的每一个人。因此，企业领导必须理解ERP，全面支持，并期待使用ERP系统获得效益。

### 2. 高度重视数据的准确性，建立必要的责任制度

无论手工系统或计算机系统都不能在谎言的环境下生存。不准确的数据对于无辜的计算机来说其实就是谎言。它们只能被计算机用来高速地产生错误的答案。因此，必须建立明确的责任制度，数据操作的各个环节上的准确性都要有专人负责，否则数据的准确性没有保障。

### 3. 确立系统的目标并对照衡量系统的性能

没有目标就不知走向何方，不对照目标衡量现状就不知居于何处，即使世界级的制造企业也必有可改进之处。建立ERP系统必须确定明确的目标，并据以衡量系统的性能，不断改进，否则就要招致失败。

### 4. 不要将没有经验的人放到关键的岗位上

在大多数企业里，能干的、经验丰富的人总是忙得不可开交。如果没有特意地安排，他们不会有"空闲"来参加ERP项目的工作，但正是这些重要的员工才是成功地规划和实施ERP系统的基本保证。因此，一定要千方百计地发挥这些骨干力量的聪明才智。切不可让有时间无经验的"南郭先生"参加ERP项目的关键工作。

### 5. 不要压缩人员培训的费用

要让各级人员学会使用新工具完成自己的工作，因此，不要压缩培训费用。事实上，培训费用要比忽视培训将要付出的代价小得多。

#### 6. 寻求专家的帮助

事实上，一切自己干将比聘请有经验的专家花费更大。凡是可能出错的地方必定出错，这是一条统计规律。因此，作出错误决定的机会实在太多了，其代价将数倍或数十倍于聘用专家的费用。

#### 7. 不要把手工系统的工作方式照搬到计算机系统中

如果对现行的工作方式及其结果颇为满意而不愿意寻求改变，那么实行 ERP 就是浪费资金。一个制造企业肯定可以从 ERP 系统中获益，但是应当准备按 ERP 的标准改变现行的工作方式。切不可修改 ERP 系统去模仿和适应现行的不适当的手工工作方式。

#### 8. 既要从容，又要有紧迫感

实现 ERP 系统可以分解为一系列具体的工作任务。一方面，有些任务枯燥繁琐，却必不可少。对此，要从容计划，不要急于求成，否则欲速则不达。而另一方面，为避免实施过程无限期拖长，紧迫感也是十分必要的。

#### 9. 树立全员参与意识

ERP 系统的运行需要计算机，但这决不意味着 ERP 只是 IT 部门的事情。ERP 属于使用它进行有效工作的每一个员工。只有全员参与并建立起用户的主人翁精神，才能充分发挥 ERP 的效益。

#### 10. ERP 不能医治百病

ERP 可为企业带来多方面的效益，但它不能包医百病。当然，训练有素的 ERP 用户可以迅速查出问题的症结所在并予以解决。

人们常说：“如果我们比前人看得远，那是因为我们站在他们的肩上。”

又说：“如果不能从过去吸取教训，那么仍会重复同样的错误。”

有了实施和应用 ERP 的决心和共识，还必须有科学的态度和方法才能把事情办好。实施应用 ERP 的企业应当能够从这些宝贵的经验中获益。

## 思考题

1. 为什么说企业高层领导在 ERP 实施和应用过程中的作用是十分重要的？
2. 谁应当对 ERP 项目的实施成功负最终的责任？
3. ERP 实施过程中关键的因素是什么？
4. ERP 的实施分为哪些阶段？需要多长时间？
5. 如何制定实施计划？
6. 什么是实施 ERP 系统的可靠路线？它包括哪些基本的步骤？
7. 如何进行 ERP 的成本效益分析？
8. 为什么要制定 ERP 的项目公约？
9. ERP 项目小组的职责是什么？

10. ERP 项目小组负责人的职责是什么？ERP 项目小组的负责人应当具备什么条件？

11. ERP 项目指导委员会的职责是什么？如何组成 ERP 项目指导委员会？

12. 在 ERP 实施和应用过程中为什么应当得到专家的帮助？

13. 在 ERP 的实施过程中为什么要特别重视教育和培训工作？如何做好 ERP 的教育和培训工作？

14. ERP 的实施试点有哪些方法？

15. 为什么要建立 ERP 应用和管理的工作方针和工作规程？如何建立这些工作方针和规程？

16. 在 ERP 项目切换后，企业应当如何管理 ERP 系统？

17. 在 ERP 系统的运行管理过程中，为什么要继续做好教育和培训的工作？如何做好继续的教育和培训工作？

18. 如何做好 ERP 软件系统的维护工作？

19. 企业在应用 ERP 系统达到 A 级标准后应当如何做？

20. 实施应用 ERP 的十大忠告有哪些？

## 习题

1. 在 ERP 实施和应用过程中企业高层领导的作用是至关重要的。在下述的原因中哪一项是最确切的？(　　)

A. 只有企业高层领导最了解 ERP 为企业带来的效益

B. 在日趋激烈的市场竞争中，ERP 是很好的工具

C. 对 ERP 项目负最终的责任，其决心和行动影响着员工思维方式和行为方式的改变

D. 确定企业的愿景和市场目标以及成本和利润目标

2. ERP 项目的实施在企业的各项工作中应当具有怎样的优先级？(　　)

A. 第 1 位　　B. 第 2 位　　C. 第 3 位　　D. 第 4 位

3. ERP 实施的关键因素有哪些？(　　)

A. 企业领导的决策和实施顾问的指导

B. 人、数据和计算机技术

C. 计算机软件、硬件和网络设备

D. 资金、厂房和机器设备

4. ERP 实施可以划分为三个阶段，它们是 (　　)。

A. 计算机试点、会议室试点和现场试点

B. 实现基本 ERP、实现财务管理以及供应链集成、持续不断的改进和提高

C. 成本效益分析、确定业绩目标、定期的检测评估

D. 先行教育、项目进行过程中的教育和培训、持续不断的教育和培训

5. 下面哪些不属于 ERP 实施可靠路线中的步骤？(　　)
   A. 初始评估、先行教育、企业愿景、成本效益分析
   B. 降低成本、提高质量、确定安全库存、评估供应商业绩
   C. 制定项目公约、项目组织、软件选型、实现数据完整性
   D. 需求管理、计划和执行流程的定义
6. 如何选择 ERP 实施的项目负责人？(　　)
   A. 选用计算机技术人员
   B. 从企业外部招聘一位懂 ERP 的专门人才
   C. 让企业内工作量不饱满的人员来担任
   D. 从企业内部选择一位有经验、有威信的管理人员
7. 在 ERP 实施过程中，为什么需要专家的指导？(　　)
   A. 为了节约时间　　B. 为了降低成本
   C. 为了避免错误　　D. 以上所有原因
8. 在 ERP 实施过程中，有两种常用的试点，即 (　　)。
   A. MRP 试点、ERP 试点
   B. 计算机试点、会议室试点
   C. 计划试点、生产试点
   D. 单仓库试点、多仓库试点
9. 在 ERP 应用过程中，工作方针和工作规程的作用是什么？(　　)
   A. 定义业务流程，规范行为方式
   B. 为进一步提高企业管理水平奠定基础
   C. 指导机器设备的操作
   D. 降低产品成本，提高产品质量
10. 一个企业在实施 ERP 获得成功之后，应当如何做？(　　)
   A. 保持清醒的认识和有效的组织
   B. 坚持认真的检测，继续进行教育和培训，并做好软件维护工作
   C. 坚持改善，不满足于已有的成绩
   D. 以上全部

# 第14章 ERP实施应用案例

ABC 公司是一家典型的国有企业，在计划经济的环境下运作多年，所在地区的经济并不算很发达，员工队伍的文化水平也和常见的国有企业没有区别。ERP 能够在 ABC 公司取得成功，关键在于他们理念的更新和他们的做法。而 ABC 公司能够做到的，其他企业也是可以做到的。

## 14.1 » 企业概况

ABC 公司是国内很有实力的农业装备制造商，拥有员工 5 000 余人，建有实力雄厚的技术研发中心，获得了 ISO 9001 国际质量体系认证，享有进出口经营权，其加工、冲压、焊接、涂装、装配等工艺体系居业内先进水平。

ABC 公司在“八五”“九五”期间，相继被授予“中国农机百强企业”“全国五一劳动奖状获得者”等称号。“十五”期间，公司被列入省政府重点扶持的百家企业集团。

面对新的形势和挑战，为了实现企业的愿景目标，他们认识到企业信息化是必由之路，一个以计算机为工具的计划与控制系统是不可或缺的。在这样的背景下，ABC 公司开始了实施应用 ERP 系统的历程。

## 14.2 » ERP 软件系统的选型

ABC 公司对 ERP 软件系统以及实施合作伙伴的选择是很慎重的。企业的高层和中层领导参与了软件选型工作，他们把整个选型过程分成了以下三个阶段。

**第一阶段：需求分析和软件演示**

企业首先根据当前现状和未来发展提出了企业的信息化需求，然后将有意参与 ABC 公司信息化建设项目的软件供应商进行登记，将本企业的信息需求发给他们，并根据软件供应商提出的要求安排适当的企业调研。然后根据登记情况安排软件演示日程，根据企业实际情况和信息化需求，由软件公司实施顾问演示软件功能并讲述实施方案。在信息化监理顾问的协助下，选定 5 家综合评价比较高的软件供应商进入第二阶段。

**第二阶段：考察软件供应商**

本阶段的主要任务是对第一阶段选定的 5 家软件供应商作进一步的考察，了解他们的公司实力和典型用户。在考察中主要关注的内容如下：

(1) 公司规模和氛围。

(2) 公司发展态势。

(3) 公司整体形象。

(4) 对 ABC 公司 ERP 项目的重视程度。

(5) 与典型用户的关系密切程度。

(6) 典型用户对系统各项功能的应用情况及整体应用水平和效果。

(7) 典型用户的员工对 ERP 项目的态度、投入精神和感情。

前面各项内容一般来说都很容易想到。对于最后一项，ABC 公司有他们自己的理解。他们认为，虽然这一项的表现不完全取决于软件供应商，但也确实能够反映软件供应商实施指导 ERP 项目的能力和态度。如果典型用户的反映比较好，至少说明供应商实施顾问的工作不会太差。通过第二阶段的考察，选择了 3 家比较满意的软件供应商进入下一阶段。

**第三阶段：商务谈判**

能进入第三阶段的软件供应商都是综合表现比较好的，而且他们在前两个阶段争取项目的过程中也都投入了一定的人力和费用，都希望做成这笔生意，因此态度都是认真的。在这个阶段，ABC 公司一边和软件供应商谈价格，一边进一步确认各软件供应商的实施能力和水平，并根据企业当前的功能需求和将来发展的需要进一步考察软件功能系统的完善程度，最后选择一家软件供应商签订了合同。

# 14.3 » ERP 在 ABC 公司的实施

## 14.3.1　实施概述

ABC 公司实施应用 ERP 系统从 2002 年 6 月 3 日开始，至 2003 年 8 月 9 日全面切换、投入运行。整个实施过程历时 1 年零两个月，实施过程划分为 7 个阶段。各阶段的主要工作和阶段成果如表 14.1 所示。

表 14.1　ABC 公司实施应用 ERP 过程的阶段划分、各阶段的工作和阶段成果一览表

| 实施阶段 | 主要工作 | 阶段成果 |
|---|---|---|
| 第一阶段：<br>项目组织 | 1. 企业调研<br>2. 各级人员管理理念培训<br>3. 项目研讨<br>4. 成立项目组织机构<br>5. 制订项目计划<br>6. 制定项目公约<br>7. 准备项目设施<br>8. 启动大会 | • ERP 与 BPR 需求分析报告<br>• 项目组织机构<br>• 项目计划<br>• 项目公约 |
| 第二阶段：<br>流程识别与分析 | 1. 现行业务流程描述<br>2. 问题分析<br>3. BPR 初步方案形成 | • 企业现行业务流程图<br>• BPR 初步方案 |

(续表)

| 实施阶段 | 主要工作 | 阶段成果 |
| --- | --- | --- |
| 第三阶段：<br>ERP 软件培训与业务原型测试 | 1. 软件应用培训<br>2. 业务原型测试<br>3. 客户化与接口设计方案 | • 业务原型测试数据准备方案<br>• 业务原型测试报告<br>• 商品软件客户化与接口方案 |
| 第四阶段：<br>管理规范化 | 1. 制定企业管理方针与规程，用以描述目标流程<br>2. 初步确定新的管理模式/工作职责<br>3. 整体模式设计 | • 规范化管理方针与规程文件初稿<br>• 管理模式初稿<br>• 整体模拟方案 |
| 第五阶段：<br>正式运行准备与目标流程确认 | 1. 联合测试与整体模式文本设计<br>2. 构造模拟数据库<br>3. 进行联合测试与整体模拟<br>4. 调整、确定管理模式与目标流程<br>5. 调整、确认管理方针与规程<br>6. 确定系统转换策略与计划 | • 模拟跟踪报告<br>• 管理模式定稿<br>• 企业管理方针与规程定稿<br>• 系统转换策略与计划 |
| 第六阶段：<br>系统与规范化管理正式运行 | 1. 最终用户培训<br>2. 企业实际数据库初始化<br>3. 录入动态数据<br>4. 执行系统转换计划<br>5. 正式启动规范化管理系统 | • 企业正式使用 ERP 系统与规范化管理模式、管理流程 |
| 第七阶段：<br>系统运行管理 | 1. 系统微调<br>2. 继续用户培训<br>3. 审查数据准确性<br>4. 解决管理问题<br>5. 进行企业业绩管理 | • 运行管理考核方案 |

ABC 公司实施应用 ERP 项目的总投资约为 300 万元，其中软件、实施与培训投资 140 万元，硬件及网络投资 150 万元，其他费用 10 万元。

## 14.3.2 实施组织

为了做好 ERP 系统的实施工作，ABC 公司专门成立了两级组织，即实施指导委员会和实施小组。公司的董事长和总经理分别担任实施指导委员会的主席和执行主席。指导委员会的委员由 4 位副总经理和项目经理(实施小组组长)组成。实施小组由 25 位部门经理和各部门的 20 位业务骨干组成。项目经理由总经理助理、农业装备研究院副院长担任，项目副经理由信息办副主任担任。

在实施过程中，公司一把手和其他高层领导起着关键性作用。他们认识到，ERP 体现了一种先进的管理思想和方法，可以帮助企业优化资源利用、提高效率、降低成本，帮助企业领导系统地思考企业管理中的问题，由过去面向部门管理转变为面向流程管理。

正是由于企业领导的一贯支持，在项目的实施过程中才能够克服一个又一个的困难，从而少走了很多弯路，缩短了实施周期，每项工作的实施质量也都比较好。在实施 ERP 项目的过程中，在资金紧张的情况下，企业领导能及时给予资金支持，保证了 ERP 项目的顺利进行。再加上企业和软件供应商双方实施人员的共同努力，项目才能在一年多的时间里顺利上线运行。

### 14.3.3 实施计划

实施 ERP 必须有一份切实可行的实施计划。虽然 ERP 在中国的发展已经有 20 多年了，但是对于大多数企业来说，ERP 毕竟还是新生事物。在对 ERP 不是很了解的情况下，自己很难制订切实可行的实施计划。所以，ABC 公司的实施计划是在软件供应商实施顾问的帮助下制订的。在制定实施计划时注意了可操作性，考虑了企业的人员情况、实施与日常工作的管理、企业运营的实际情况。

在实施过程中，情况会发生变化，有些事情是始料不及的，所以近期的计划具体、细致，远期的计划则比较粗略。ABC 公司对于执行实施计划的总体原则是既严肃又灵活。他们坚持排除阻力，尽量按照计划进度实施，但如果发现计划中确有不合理的地方，也会及时调整。

### 14.3.4 教育和培训

在 ERP 的实施过程中，ABC 公司对于教育和培训非常重视，深入、细致、郑重地进行了一系列教育和培训工作。培训课程内容和教师如表 14.2 所示。

表 14.2 ABC 公司实施 ERP 系统过程中所进行的培训

| 课程序号 | 课程内容 | 培训教师 |
|---|---|---|
| 1 | ERP 理念 | 软件供应商实施顾问 |
| 2 | 业务流程描述方法 | 软件供应商实施顾问 |
| 3 | ERP 软件系统应用培训 | 软件供应商实施顾问与 ABC 公司 ERP 业务骨干 |
| 4 | 如何进行原型测试 | 软件供应商实施顾问 |
| 5 | 如何制定业务管理方针与规程 | 软件供应商实施顾问 |
| 6 | 如何构造数据库 | 软件供应商实施顾问 |
| 7 | 管理方针与规程的应用 | ABC 公司 ERP 业务骨干承担 |

每次培训之前都下发培训通知，说明培训内容，指定参加培训的人员及要求，并按照要求对参加培训的人员进行考核，一般采取书面考试的形式。将考试的结果与其在工作岗位上应用所学知识和技能的情况相结合，作出考核评价，并送人事部门存档，作为业绩评估的一部分。ABC 公司要求广大员工深入地理解和掌握 ERP 的理念、相关业务流程、工作方针与工作规程等。公司领导和广大员工也认识到教育和培训在 ERP 实施应用过程中是非常重要的，他们说："这是一个更新理念、梳理思路的过程，是在教给我们怎么做工作、怎么做得更好。培训改变人的思想，思想决定意识，意识决定人的行为，培训真的很重要。"

在 ERP 项目实施过程中，ABC 公司有一份持续的教育和培训计划，计划中近期的活动比较具体，远期的活动比较粗略，随着时间的推移，计划再逐步加细。

### 14.3.5 项目公约

在 ERP 启动前建立了项目公约，主要内容包括：总体目标、项目范围、项目组织机构、项目实施方法、项目计划、项目产出、风险分析与对策、项目人员承诺。通过订立项目公约，使得企业领导和各级管理人员对于实施应用 ERP 的意义、方法、可能遇到的困难以及各自的职责取得了共识，为以后实施过程中解决所出现的各种问题奠定了基础。

经过 ERP 理念的培训，项目公约的所有签约人员对 ERP 已经有了初步的了解。在制定项目公约的过程中，大家把对 ERP 的初步了解和项目公约的具体内容相结合，进一步展开了深入的讨论。所以，制定项目公约的过程也是企业领导和各级管理人员共同学习和体会 ERP 的过程。

### 14.3.6 业务流程分析和优化

ERP 的实施，不可避免地要遇到企业流程再造(business process reengineering，BPR)的问题，而这也往往是实施中的困难所在。与其遇到困难时就事论事地解决问题，不如事先把问题讲清楚，让企业的各级员工以更高的境界来面对实施过程。出于这种考虑，在关于 ERP 的培训过程中，实施顾问有意识地增加了 BPR 的内容。ABC 公司从他们的实践体会出发，不但接受实施顾问的观点，而且有强烈的共鸣。过去，虽然企业的每个员工都在某一职能部门从事某一具体工作，这些工作都是某一特定流程的一部分，但由于没有以流程的观点考虑问题，所以客观存在的流程没有得到应有的关注。他们说："过去，消耗了精力，降低了效率，就是因为我们只关注部门功能，而不关注业务流程。"这种强烈的共鸣确实出乎实施顾问的意料。看来，这是一个长期困扰他们的问题，如今，一层窗户纸捅破了，他们感到豁然开朗。

ABC 公司认真地进行了企业的流程分析和优化过程。

要树立企业运作的流程观，就把各种流程识别出来。他们用绘制流程图的方法来识别流程。流程是由活动组成的，活动之间有着特定的流向，有明显的起始活动和终止活动。通过流程图可以直观地反映各个流程中各项活动的关系以及各个流程之间的关系。

通过流程分析，他们将整个企业的运作归结为销售、计划、生产、采购、库存、财务、技术等七大业务流程，并确定了流程负责人。ERP 实施过程中后来的原型测试和会议室试点活动都是按照七大流程来进行的。

### 14.3.7 工作方针和工作规程

ABC 公司的工作方针和工作规程是在项目实施小组成员接受了 ERP 的先进理念、熟悉了 ERP 软件系统功能和操作方法、分析了现行业务流程中的关键环节的基础上制定的，工作方针就是业务处理所遵循的原则，工作规程就是业务操作的步骤。工作方针与工作规程都有书面表述。在会议室试点过程中，对工作方针和工作规程作了全面测试和修订，定稿后经 ERP 项目指导委员会批准，形成企业的正式文件，发至整个企业执行。后来又根据需要进行了多次修改而日趋成熟。

在这些工作方针与工作规程中，不仅蕴涵着先进的企业管理理念和方法，而且还融入了企业管理制度，使企业的管理从原来面向部门转变为面向流程，从而规范了业务模式，提高了企业管理水平。

## 14.3.8 原型测试和会议室试点

原型测试的业务主要包括销售、计划、生产、采购、库存、财务、技术等七大业务流程。按照七大流程分组进行。

在原型测试的过程中，处于各个流程上的处理节点分别设计自己的测试实例。这些实例所涉及的物料都是实际的，而所涉及的数据则是虚拟的。为了便于事后分析，在测试的过程中，对于所涉及的实例以及测试过程，都作了认真的记录。凡是未能成功的都经过认真的分析，重新修改、重新测试，直到成功。原型测试历时 4 周。

会议室试点是企业应用 ERP 系统进行业务运作的一次全面的模拟。ABC 公司设计了完整的实例，测试的活动涉及各个流程，历时 5 周。

## 14.3.9 系统切换

ABC 公司在会议室试点获得成功之后，开始进行系统切换。一般来说，系统切换有两种不同的方法，一种方法是把所有物料项目一同转换到新系统；另一种方法是把所有物料项目分成几组，每次转换一组。这种“分而治之”的方法往往是更可取的。因为它风险比较小，整个过程便于控制，而且做起来也比较容易。ABC 公司采取的是第二种方法。

### 1. 系统切换涉及的产品

系统切换涉及的产品开始以三轮农用车为主，成功后逐渐扩大到其他的产品。

### 2. 系统切换涉及的业务范围

系统切换涉及的业务范围由系统切换涉及的产品确定，开始时是和三轮农用车有关的所有业务。

### 3. 完成关于系统切换活动的详细规程，确定完成切换活动的人员职责

### 4. 准备数据

(1) 静态数据。静态数据包括物料主文件、供应商主文件、客户主文件、物料清单、工艺路线、工作中心数据、提前期数据、库位信息、产品成本数据、销售价格信息、车间日历等。

(2) 动态数据。动态数据包括库存余额、未完成的生产、采购和销售订单、应收应付余额以及各个会计科目的账户余额等。

5. 系统切换方法

(1) 确定系统切换的日期，亦即各项手工业务活动的截止日期。

(2) 录入静态数据。

(3) 盘点手工业务的结存数量和金额并录入到新系统。

这主要包括库存数量，库存金额，未完成的生产、采购和销售订单，应收应付余额以及各个会计科目的账户余额。以系统切换日期的手工账余额作为系统的期初数据，将数据录入到系统当中去，完成系统的初始化。录入过程当中发生的业务手工记录，要在完成系统的初始化后将它们补充到系统中去。盘点手工业务结存数据并录入系统的方法如表 14.3 所示。

表 14.3　盘点手工业务结存数据并录入到系统中的方法

| 结 存 数 据 | 录 入 方 法 |
| --- | --- |
| 库存数量 | 盘点实际结存数量后，用其库存调整的方法录入到系统中，保证系统中每个物料的在库量和实际相符 |
| 库存金额 | 统计实际生产中每个库存物料的单位成本，并通过系统的物料维护和成本维护功能录入到系统中，保证系统每个物料的价值和实际一致 |
| 应收应付 | 将未完成的客户发票和供应商发票录入系统 |
| 未完成的订单 | 包括未完成的生产、采购和客户订单，暂时不录入系统，待整个订单完成后再将结果录入到系统中 |
| 账户余额 | 将手工账各个科目的账户余额以凭证的方式录入到系统中 |

(4) 开始按照预定的工作方针和工作规程运行 ERP 系统。

按照预定的工作方针和工作规程运行 ERP 系统，以手工方式录入未完成的生产、采购和客户订单的结果，以及录入过程中发生的出入库业务的结果。

6. 切换过程中的注意事项

(1) 保证数据录入准确。

(2) 严格按照操作规程和流程进行业务处理。

(3) 业务处理后，通过系统屏幕或者报表及时分析和检查数据的准确性。

(4) 确定一些指挥点，ERP 项目实施小组成员和 IT 人员到各个岗位检查，并帮助具体操作人员的工作。

## 14.3.10　实施体会

ABC 公司 ERP 项目的实施队伍对于 ERP 的实施有着深刻而实际的体会。

1. “一把手”工程和广大员工的积极性

ABC 公司 ERP 项目小组的成员们说：“‘一把手’对于项目的实施太重要了。”

ABC 公司的“一把手”说：“‘一把手’工程不是‘一把手’一个人的工程，没有大家的积极参与，‘一把手’干不成工程。”

人们常说，实施 ERP 是“一把手”工程。企业的“一把手”并非圣贤，但是他必须具有致力于使企业达到优秀的追求、责任感和坚韧不拔的决心，这样，ERP 项目才不会半途而废。就目前来说，多数企业的“一把手”对于 ERP 还是知之甚少的，他如何下决心？人们又说，要让员工接受教育，企业领导先要接受教育。这就要求企业的“一把手”必须具有开放的心怀，知道自己不知道什么，愿意学习，这样才能接受培训。而只有肯于学习并且学习了，才能把决心指向正确的方向。

ABC 公司的“一把手”在 ERP 项目的实施过程中，不但关注和支持，而且亲身参与。特别是参与培训后，他理解了 ERP，然后利用他的权威，把 ERP 的理念推向全公司。

ABC 公司把他们对“一把手”工程的理解推广到了项目实施的每一部分，于是，“一把手”就不仅仅是董事长、总经理了，每个部门的经理对于 ERP 涉及该部门的流程也都要按“一把手”工程来负责。

ABC 公司在注重领导的作用的同时，也非常注重广大员工的参与。他们认为，实施 ERP 涉及许许多多的人和事，头绪多、问题多，只有领导的积极性是远远不够的，必须把领导的决心和项目组成员、关键用户和广大员工的积极性结合起来才能把事情办好。ABC 公司在调动广大员工积极性的问题上，在宣传教育的同时，也采取了许多措施。就拿项目组来说，为了调动大家的积极性，采取了多方面的措施，既有鼓励和奖励，又有严格要求，使得 30 多人组成的项目组始终保持高度的热情和旺盛的斗志。

(1) 创造良好的具有激励气氛的工作环境。

ABC 公司为 ERP 项目实施小组设立了专门的办公室，宽敞明亮，设备齐全。走进他们的办公室，迎面的墙上——“成功的 ERP 从这里起步！”“让我们用智慧与汗水为 ABC 公司 ERP 加油！”的大字标语立刻映入眼帘，令人感到激励和鼓舞。

(2) 定期召开项目组全体成员的会议，充分交流，分工清晰，职责明确。

(3) 严格人员考勤制度，每天点名，项目经理随时都了解每个人在做什么。

(4) 对工作业绩进行评估，根据评估结果进行奖励。奖励既有精神的，又有物质的。

### 2. 正确认识计算机技术、数据和人的关系

ABC 公司的员工通过他们的实践认识到，计算机是工具，计算机技术是重要的，但是和数据与人比较起来却不是最重要的。

他们说：“实施 ERP 是一项非常繁杂的工作，要做大量的数据准备工作，这些工作都是非常细致的，工作量也很大，但是这些工作是值得的。因为数据是 ERP 系统运行的基础，数据是 ERP 系统运行的基础，数据中能挖出金子。”

ABC 公司的员工认为，计算机技术、数据和人三者中，人是最重要的，只有大家对 ERP 有了正确的理解和领悟，对项目实施工作高度负责，并认真按照系统的要求和标准准备数据，ERP 系统才能正常运行，并真正发挥实效。

他们说：“实施过程中遇到的困难很多，但回想起来都可以归结为人的问题。”事实也的确如此。例如，在 ERP 项目实施刚开始时，各部门业务骨干不理解 ERP 系统，对项目实施工作有抵触情绪，但由于企业领导决心大，又经过一系列的教育和培训以及项目经理和项目小组成员的共同努力，大家越来越领悟到 ERP 理念的先进性，越来越认

同 ERP 系统功能的强大和细腻。实施工作也进展得顺利了。

### 3. 选好项目经理

ABC 公司 ERP 项目小组的经理说：“真的很累……，但是值得！”

ABC 公司的领导说：“这个经理选对了。”

ABC 公司 ERP 项目经理是总经理助理兼 ABC 公司农业装备研究院副院长，对企业、员工和产品都很熟悉，他在公司的职务和多年的工作经验使他适合承担 ERP 项目经理的工作。从个人性格来说，这位经理处事温和，但是有见地、有决心、有韧性，在公司里很有“人缘”。所以，不论从职务，还是从个性来说，这位经理都是适合的。但是，真正具体做起来，仍然不是轻而易举的。在整个实施过程中，这位经理进行方方面面的协调，推进项目向前发展，身心都承受了很大压力。在系统投入运行后，谈起实施的过程，他说：“真的很累，一言难尽，几次想打退堂鼓，只是没有说出来。现在总算挺过来了。可是说来也奇怪，每逢回忆那些日子，还总是很留恋。付出的不少，但是值得！”

项目小组的副经理是 ABC 公司信息办公室的副主任。这是一位技术好、办事认真负责、勤奋好学的年轻人。在 ERP 项目实施过程中，协助项目经理，做了许多实实在在的工作。

### 4. “看来，项目公约不是可有可无的”

制定项目公约是 ERP 项目实施开始阶段要做的事情。它的作用是把 ERP 项目有关人员对于项目的共识和承诺以书面的形式明确地表述出来，以减少以后实施过程中的分歧和矛盾。在开始的时候，ABC 公司项目小组的成员对于项目公约的重要性体会不深，只是根据实施顾问的意见做了。但是，后来当关于项目的时间、范围、职责发生分歧的时候，援引项目公约，都得到了解决。于是，项目公约的重要性体现出来了。他们说：“项目公约还真有用。看来，不是可有可无的。”

### 5. “工作方针和工作规程还是详细点好”

建立工作方针和工作规程无疑是非常重要的工作。但是，经验表明，它的重要性往往容易被忽视。在 ABC 公司情况也是如此。在开始的时候，这项工作做得不够细致，但是在会议室试点过程中就发现了问题。由于工作方针和工作规程不细致，参加试点的用户在很多情况下只能按各自的理解和处理方式来处理问题。于是出现了许多错误信息，系统的可靠性表现得很差。项目小组对这些情况进行了分析，发现出现错误信息的原因在于人的处理方式不规范，或者说工作方针和工作规程没有充分地发挥规范人的行为方式的作用，于是重新修订了工作方针和工作规程。项目小组的成员对这件事情深有体会，他们说：“幸亏是试点。如果是实际运行，损失就大了。工作方针和工作规程还是详细点好。”后来，在系统的实际运行过程中，按照严格、细致、可操作性好的原则，又对工作方针和规程进行了多次修订，使得工作方针和工作规程成为 ERP 系统正常运行的保证，成为企业运营管理过程中人和人之间、人和计算机之间进行精确通信的保证。

### 6. “实施应用 ERP 的过程，就是优化业务流程的过程”

如前所述，通过流程分析，ABC 公司将整个企业的运作归结为销售、计划、生产、采购、库存、财务、技术等七大业务流程。

ABC 公司从他们的实践经验体会到，在 ERP 实施阶段，必须以分析和优化业务流程为主导，这是绝对必要和绝对有好处的。他们认为，实施应用 ERP 的过程，就是优化业务流程的过程。企业的所有目标，都是通过一个个业务流程来实现的，没有业务流程的优化，不可能从根本上做好 ERP 的实施和应用。

**7. 与实施顾问的合作——相互尊重，充分交流，既不固执，也不盲从**

ABC 公司认为，实施顾问对于 ERP 的理念有深刻的理解，也有丰富的实施经验，所以他们很尊重实施顾问的意见。另一方面，他们也认识到，实施顾问毕竟是企业的外部人员，他们是要走的。ERP 系统在 ABC 公司的实施和应用毕竟要通过企业自己的人员来实现。所以，他们在与实施顾问的合作问题上，态度是相互尊重，充分交流，既不固执，也不盲从。

他们在向其他公司介绍实施 ERP 系统的体会时谈到了这一点："在实施过程中，实施顾问并不是代替 ABC 公司的人员去做具体的实施工作，而是将做事的方法教给我们的业务骨干，由业务骨干自己去做，然后实施顾问再检查大家的工作质量，并根据情况，指出问题，让大家进一步优化和提高。通过这种配合方式，完成了 ABC 公司 ERP 项目的所有工作。回顾实施过程，总体来说，是按照实施顾问的建议来做的，但是也有些地方根据 ABC 公司 ERP 项目实施小组的意见进行了调整。"

ABC 公司项目实施小组认为双方的合作是愉快的，虽然中间也出现了一些分歧，但通过沟通，都得到了解决。ABC 公司 ERP 项目能实施取得成功，和双方人员的共同努力、精诚合作是分不开的。

# 14.4 » ERP 在 ABC 公司的应用情况以及带来的变化

## 14.4.1 ERP 在 ABC 公司的应用情况

**1. ERP 的应用"渐入佳境"**

ERP 系统最重要的部分是它的计划功能。如果不能把 ERP 系统的计划功能使用起来，那么 ERP 系统所能发挥的作用是很有限的。有些企业在 ERP 项目实施开始的时候，往往惧怕实施计划功能的困难而绕过去，先使用 ERP 来录入客户订单、下达生产订单和采购订单、管理库存等，还有些企业使用了 ERP 系统的财务管理功能，但是所有这些功能所依据的计划数据却是手工产生的。这样，基本上是以计算机代替人的手工劳动。在我国实施应用 ERP 的企业中，停留在这一阶段的企业实在是为数不少。处于这种状态的企业往往要经过再一次的实施努力，才能将对 ERP 系统的使用提高到一个更高的境界。事实上，我国许多实施应用 ERP 系统的企业正在做着第二次实施的努力。

ABC 公司实施应用 ERP 系统从一开始就没有惧怕困难，而是遵循了一条正确的实施路线。如今，上述录入客户订单、下达生产订单和采购订单、管理库存以及财务管理功能，ABC 公司都使用了，而更重要的是这些功能所依据的计划数据也是来自于 ERP 系统。

所以，可以说 ABC 公司对 ERP 的应用是“渐入佳境”。

以下是他们的计划过程：

每年年末召开由企业高管层参加的年度计划会议，制定下一年的《年度产销大纲》(相当于销售与运营规划)。一年开始后，每月 22 日由计划调度中心召集分管销售和生产的副总经理，策划处、市场办、各产品研究所、质检等相关部门，召开月度产销计划会议，制订下月产销计划。在此基础上，主生产计划员根据月度产销计划制订主生产计划。

由于企业的产成品有很多选项，不同的客户可以有不同的选择，于是造成产成品的类型极多。这样，如果把产成品作为主生产计划的对象，那么预测和计划都很困难。根据实施顾问的建议，ABC 公司将主生产计划的对象定位于物料清单第一层的大部件，借助于模块化物料清单制订这些大部件的主生产计划。使用了模块化物料清单，减少了主生产计划对象的数量，而零部件和原材料的计划更准确了。计划员有了更多的时间搞好基础数据的分析，所制订的主生产计划能够更好地满足客户订单的需求。每当接到客户订单的时候，再根据客户的选择制订一份最终装配计划。这样，就克服了由于产成品类型极多而难于预测、难于计划的问题。和过去相比，制订主生产计划有一种“事半功倍”的感觉。

MRP 模块的运行每天一次(0～5 点之间)。一般采用净改变的方式，每月月初采用重生成方式运行一次。

### 2. 企业的高层领导直接使用 ERP 系统

企业的高层领导直接使用 ERP 系统，如董事长、总经理、副总经理每天都通过 ERP 系统中的经营日报表查看每天的生产情况、产品出入库和销售发运情况、月经营情况等；通过销售回款报表查看销售回款情况；通过资金报表查看应收、应付和资金流向等。每天都能通过销售日报表、销售回款日报表、采购明细接受报表、资金日报表查看企业当前的销售、回款、采购、应收、应付情况，还可以根据成本分析报表决定一个时期内的产品经营战略。

### 3. ERP 系统为公司中层领导(部门领导)的工作带来的帮助

ERP 先进的管理思想和方法已在潜移默化中渗透于中层领导的思维和工作中，使他们在不经意间用 ERP 知识和方法主动地发现问题、思考问题和解决问题。谈及这一点，一位喜欢唐诗的部门经理引用杜甫的诗句来表达他的感受：“好雨知时节，当春乃发生。随风潜入夜，润物细无声。”

ERP 对企业中层干部的影响的确很大，对他们的工作帮助也很大。例如，装配车间主要承担 ABC 公司各种农用三轮车的装配任务。由于农用车产品型号很多，给生产组织和调度带来很大的困难。自从实施应用 ERP 系统之后，很快就理顺了公司的订单流程。由于把主生产计划对象确定为物料清单第一层上的大部件，并借助于模块化物料清单制订了这些大部件的主生产计划，所以在接到客户订单之前，已经根据预测完成了大部件的生产。这样，接到客户订单就可以直接将其对照转换成装配作业单，然后就可以从 ERP 系统中打印出领料单领料，并根据装配作业单安排每条装配线的生产任务、完工入库、装车发运。车间管理人员已经不需要像过去那样忙着计算要领什么料、领多少料，跑来跑去地查看装配进度和库存情况，三轮农用车只要调试完并入库，车间管理人员就可以在系统中看到有关信息，可以随时查看每个未发货的客户订单的需求满足情况等等，以便于及时组织和协调。而这些都是通过高度集成的 ERP 系统实现的。所以，车间管理人员说，现在每天是通过小小键盘在“弹指间”调配了资源、指挥了生产。

4. ERP 系统为公司广大员工的工作带来的帮助

在 ERP 系统运行之前，企业没有一套科学的物料需求计划和管理系统，车间生产随意、采购供货不及时，经常出现既有物料短缺又有库存积压的现象。对于产品总装车间来说，缺一个零件，农用车也装配不起来，常出现停工待料的情况，而有时为了保证产量又要加班到很晚，员工日常生活规律被打乱，疲惫不堪，怨声载道。自从应用 ERP 系统以后，物料需求有了系统全面的考虑，停工待料的情况逐渐消失，广大员工，特别是装配车间的员工开始了按部就班、井井有条的正常生活状态。同时，产品的装配质量明显提高，客户满意度也得到进一步的提升。

5. 各部门协调一致，ERP 的应用已经成为企业运营管理不可或缺的部分

目前，ABC 公司的 ERP 系统在销售、计划、采购、生产、库存、技术、财务等七大业务流程领域都已得到了应用，广大员工已经接受了 ERP 的先进理念，并将其应用到自己的日常管理工作中。现在，ERP 的应用已经成为企业运营管理不可或缺的部分了。实施顾问曾经以“离开了 ERP 系统，将会如何”为题对 ABC 公司的员工进行调研，他们的回答是：

(1) 市场预测将失去数据支撑。

(2) 无法即时查看客户应付款。

(3) 无法准确作出客户承诺。

(4) 又将回到传统的手工计划模式，物料采购、生产安排计划粗放，造成既有物料短缺又有库存积压的情况。

(5) 库存量高，库存周转率低，资金占用多。

(6) 成本分析和控制无法细化。

(7) 企业的日常运营将会陷入瘫痪状态。

……

## 14.4.2　ERP 系统的实施应用为 ABC 公司带来的变化

通过 ERP 系统的实施和应用，ABC 公司企业管理模式及方法发生了根本性的变化，企业管理水平有了极大提高。具体表现在以下几个方面。

1. 企业领导和广大员工转变了观念

通过 ERP 理念的系统培训，企业高层、中层和基层管理人员以及广大员工都普遍接受了 ERP 的管理理念、模式和方法，初步确立了基于时间的绩效管理思想、以全面预算管理为基础的标准成本管理和管理会计为核心的财务管理理念，使公司上下树立起了向管理要效益的意识；企业各层管理人员在管理思想上实现了三个跨越式转变，即由人治

管理向法治管理转变，由部门职能管理向流程管理转变，和由只注重结果的事后管理向事前计划、事中控制和事后分析管理转变。大家已经在不经意间用ERP的先进理念、方法思考和处理问题。

### 2. 培育了企业信息化中坚力量

通过ERP项目的实施和培训，ABC公司培养了一批懂技术、通管理、精业务的ERP业务骨干，使得整个企业在价值观及管理思维方式上都有了质的飞跃，为企业进一步发展信息化、提升企业管理水平、提升企业的综合竞争力和长远发展，奠定了坚实的基础。

### 3. 极大地提高了企业经营运作数据的准确性

通过实施应用ERP系统，极大地提高了企业经营运作数据的准确性，企业的库存记录、物料清单、工艺路线、工作中心等基本数据的准确性有了极大的提高。规范和统一了信息语言，解决了"一物多码、多物一码"的物料编码混乱问题，通过对上万条产品数据和业务管理数据的整理，使企业信息语言走向标准、统一，增强了信息的可共享性，彻底破除信息孤岛的壁垒，大大提高了部门间的沟通效率。为了保证数据的准确性，ABC公司采取了以下措施。

(1) 各部门的业务必须按照所制定的工作方针和工作规程进行。

(2) 保证物流、信息流、资金流的高度统一。

(3) 加强对各部门数据准确性的责任管理和考核。

(4) 对各部门人员加强ERP理念、业务流程、工作方针与工作规程的培训。

### 4. 企业的信息传递更顺畅了

通过实施应用ERP系统，实现了集成化管理，企业的市场销售、计划、生产、采购、库存、财务、技术等各种运营信息得到有效的规范和及时的传递，以网络和ERP系统为载体，实现了产、供、销、人、财、物的集成，统一协调客户与供应商，快速整合生产、采购和配套资源；使企业物流、资金流和信息流高度统一，逐步走向敏捷和互动的高级生产经营形态。例如，销售部门接到客户订单，通过ERP系统的订单录入功能将客户订单录入ERP系统，计划部门就能即时看到，并根据物料的库存情况，给总装车间下达装配作业单；总装车间根据计划部门下达的作业单组织生产；发运部门根据成品库存和客户订单需求安排装车发运；整个订单流程非常顺畅，销售、计划、车间、发运等部门都在统一的信息平台上共享数据，实时交流，大大提高了信息传递的速度和质量，工作效率也有了很大的提高。

### 5. 库存量有了显著的降低

应用ERP系统之后提高了物流管理水平，各种物料的库存明显降低。通过ERP系统的库存管理和车间控制模块，使原材料、在制品、产成品等各级物料得到精确的动态管理，企业各级管理人员能及时、准确地掌握库存和在制品情况；通过物料需求计划模块(MRP)，加强物料管理的计划性，把物料的供应计划和生产计划紧密衔接起来，使采购部门和制造部门对应该做什么、什么时间做、做多少都非常清楚，从而减少了物料的盲目采购和生产。对物料的投放时间，按采购提前期和制造提前期进行严格的控制，从而减少了物料的存储和等待的呆滞时间。通过 MRP 计划，使企业从传统的按台套管理转变为按零件提前期管理，大大减少了车间在制品的积压。

ABC 公司实行两种生产方式，即产品按订单装配，零部件按库存生产。在实施 ERP 系统之前，由于没有一个系统的物料需求计划平台，很难做到零部件的准确配套，生产和采购没有严格、明细的计划，既有库存积压，又有物料短缺，存在严重的“木桶效应”。为了及时满足客户的需求，每天仓库里都堆放着满满的物料，库存量很大。而实施应用 ERP 系统之后，通过 ERP 系统将销售分析、市场预测、物料需求计划有效地结合起来，提高了订单需求和零部件库存之间的匹配程度，避免了采购和生产的计划粗放，企业已不需要再使用存储大量零部件来等待客户订单的这种“大炮轰蚊子”的方式了，从而使库存量大幅度降低成为水到渠成的事情。库存量降低，库存资金占用大幅度下降，从原来的每月 7 000 万元至 1 亿元降为 2 000 万至 4 000 万元。由于库存量降低，库存管理费用也明显降低。

### 6. 生产成本有了明显的降低

应用 ERP 系统之后，ABC 公司在成本管理方面取得了明显的效果，主要表现在以下几个方面。

(1) 强化了成本管理与控制。通过监控各部门资金占用情况和生产过程中各阶段发生的实际费用，严格地控制了企业各项费用的额度。根据 BOM 制定产品结构中各项物料的标准成本，由零部件工艺路线制定每道工序的工时定额，通过实际成本和标准成本的差异分析，监控各成本要素的变动，控制有关部门的生产活动效益，及时发现问题，解决问题，使企业制造成本平均下降 3%。

(2) 加快了物流、资金流的周转速度。通过加强库存管理，推行准时制配料方式，使配套供应商与企业间、企业库房与车间工位间实现了准时配货，库房零部件储备总量大幅度下降，库存面积减小，每月的库存资金占用量由原来的 7 000 万至 1 亿元下降为 4 000 万元，储备资金占用天数由原来的 60 天降至 20 天，流动资金的周转天数由过去的平均 200 天降为 55 天。

(3) 降低采购成本。通过加强采购与供应商管理，ABC 公司贯彻“与一流的企业合作，与一流的人合作”的思想，有效地整合了企业配套资源，在保证零部件质量的前提下，企业采购成本平均下降 5%。对于一个年采购额 7~8 个亿的企业来说，这是一个值得高兴的数字。

### 7. 生产组织，有的放矢，各部门协调一致

生产计划的有效使用，使车间的生产更能“有的放矢”，提高了工人的劳动效率，避免了一些不必要的加班，节省了气、电、水等能源的不必要消耗。

ERP 是一个系统管理平台，各部门、各流程能够协调一致，公司上下一盘棋，避免了一些“亡羊补牢”事件带来的高额费用。在日常的产销运营中，各项工作能够有条不紊地进行，再不像以前那样，事情到了“火烧眉毛”的程度才去处理。

### 8. 提高了客户服务水平

应用 ERP 系统后，客户服务水平明显提高。突出的表现是缩短了客户订单交货期并提高了产品质量。由于 ERP 系统能提前、准确地反映各项物料在某时区的需求，对物料的长、短线情况预先监督和控制，从而使企业彻底摆脱了过去那种既有物料短缺，又有库存积压的状况，减少了产品装配车间的停工待料现象，提高了装配效率，装配车间的劳动生产率提高了 20%，订单交货期从以前的 7 天降为 1.5~3 天，同时提高了产品质量，增强了客户服务能力，客户满意度大大提高。

### 9. 对供应商的管理发生了显著的变化

通过 ERP 系统的应用，企业认识到，要做好供应商的管理，提高供应商的业绩，首先企业本身必须有好的物料需求计划，必须有准确的需求信息。

过去，由于物料需求信息不准确，使得采购计划常常不能按时完成，直至影响客户订单的交货计划。应用 ERP 系统之后，企业有了好的物料需求计划，不但生产排程更合理了，而且对于供应商的计划也更合理了。根据物料需求计划向供应商发出采购订单，其中的需求数量和需求日期都是准确的。因此能够更有效地监督考核采购订单的执行情况，并据以考察供应商的业绩，包括供货及时性、数量的准确性和产品质量等。

同时，可以更好地进行供应商管理，选择有实力、信誉好的供应商作为合作伙伴，为整合企业配套资源提供强有力的支持。

### 10. 为新产品开发提供了便利，加快了新产品开发的步伐

应用ERP系统之后，可以通过对各种产品在不同地区的销售情况等销售数据的分析，得出什么地区需要什么性能的产品的信息，便于技术人员更有针对性地开发适销对路的新产品。

新产品往往是老产品的改进。使用了 ERP 系统之后，产品的物料清单、工艺路线的管理规范了，使用起来更为方便，为新产品的开发提供了有力的支持。

把新产品开发的物料需求和能力需求纳入 ERP 的管理中，技术开发人员在进行新产品开发时能及时了解库存物料的情况以及能力情况，可以保证新产品开发的进度。

通过 ERP 系统，新产品开发人员可以很方便地全面了解企业各种产品的结构和物料综合使用情况，可以在设计开发新产品的过程中，轻松考虑如何在满足技术要求和经济性原则的基础上，提高物料的通用性和标准化程度。

### 11. 财务管理实现了事先计划、事中控制、事后分析的工作方式

实施应用 ERP 之后，对财务部门的工作发生了很大的影响，特别是在成本核算和分析方面，实现了质的飞跃。以前靠人工核算周期很长，企业领导需要的数据不能及时提供。使用 ERP 系统之后，工作效率显著提高，财务核算过程加快了，而且更精细了，能将成本核算到工序，计算也更加准确了。尽管产品的型号达到五六千种，但是要核算和分析产品的成本都很容易。通过 ERP 系统的 BOM、作业单、费率等数据，能轻松地计算出每个产品的成本以及当前的利润值，为及时调整市场策略提供了支持，使财务管理真正实现了事先计划、事中控制、事后分析的工作方式。

在实施应用 ERP 成功率较低的今天，ABC 公司实施应用 ERP 系统获得成功，为诸多正在实施和准备实施 ERP 系统的企业提供了一个成功的案例。许多到 ABC 公司去考察和了解他们实施应用 ERP 系统情况的人，都从他们细致生动的介绍中感受到了他们由于经过艰苦细致的工作获得项目成功而发自内心的自豪，并从中得到了鼓舞。ABC 公司的领导、管理人员和广大员工，对于他们自己的成功是充满喜悦并感到骄傲的，这种骄傲是基于艰苦的劳动和丰厚的收获，是感人至深的。

## 思考题

1. ABC 公司的“一把手”如何在 ERP 实施过程中发挥作用？
2. ABC 公司的员工如何认识在 ERP 实施过程中计算机技术、数据和人的关系？
3. ABC 公司如何选择 ERP 项目的实施经理？
4. ABC 公司在实施 ERP 的过程中如何进行教育和培训的工作？
5. 在 ABC 公司实施应用 ERP 的过程中，项目公约发挥了什么作用？
6. 在 ABC 公司实施应用 ERP 的过程中，工作方针和工作规程发挥了什么作用？
7. ABC 公司如何认识“实施应用 ERP 的过程，就是优化业务流程的过程”？
8. 在实施 ERP 的过程中，ABC 公司如何处理他们和实施顾问的关系？
9. ERP 系统的应用为 ABC 公司的工作带来哪些帮助？
10. ERP 系统的实施应用为 ABC 公司带来哪些变化？
11. ABC 公司的员工如何回答“离开了 ERP 系统，将会如何”的问题？
12. 从 ABC 公司关于实施 ERP 的理念和他们的做法中可得到哪些启发？

# 附录

# 常用名词解释

ABC Classification　ABC 分类

根据全年货币价值(即单价×预计用量)或其他准则，把企业的物料按降序排列，然后划分为三类，分别称为 A 类、B 类和 C 类。A 类通常包括物料项目数的 10%~20%，但是要占预计货币价值的 50%~70%。B 类通常包括物料项目数的 20%，占预计货币价值的 20%。C 类通常要包括物料项目数的 60%~70%，但是只占预计货币价值的 10%~30%。ABC 原理指出，通过加强对高价值物料的控制、降低对低价值但数量多的物料的控制，可以节省精力和金钱。ABC 原理可以应用到库存管理、采购、销售等方面。

Acknowledgment　订单回执

由供应商发给购买者的通知。通知购买者，已收到采购订单，意味着供应商接受了这份订单。

Action Message　行为信息

系统的一类输出信息，用来指明为了纠正当前的或潜在的问题应当采取某种行动。例如，“下达订单”“将计划日期提前”“将计划日期推后”以及“取消”都是 MRP 系统中的行为信息。同义语：例外信息。

Actual Cost　实际成本

在生产过程中完成一项作业任务所发生的劳力、物料和相关的制造费用。

Allocation　已分配量

(1) 指一项物料的数量已经分配到某一份订单，但是物料尚未从库房里领出，是一种未兑现的库存需求。

(2) 在短期供应中分配物料的过程。

Anticipated Delay Report　拖期预报

一种由生产和采购部门向物料计划部门发出的报告，说明哪些生产任务或采购订单不能按时完成、原因何在以及何时可以完成。拖期预报是闭环 MRP 系统的基本组成部分，通常是由人工完成的。

Assemble-to-Order　面向订单装配

在接到客户订单之后装配产品的一种生产环境。所有用于装配和最后加工过程的关键的子项(大量物料、半成品、介质、部件、自制件、外购件、包装物等)，都按预计的客户订单来制订计划和存储。接到订单则开始最终产品的装配过程。这在可用公用子项装配出大量最终产品的情况下是非常有用的。同义语：面向订单完成。

**Available Inventory　可用库存量**

现有库存量减去已分配量、保留量、未交付的客户订货量以及通常因为质量问题而封存的数量，得到可用库存量。同义语：初始可用量，净库存量。

**Available-to-Promise(ATP)　可承诺量**

一个企业的库存或计划生产量中尚未匹配到客户订单的部分。这个数量在主生产计划中进行维护，作为承诺客户订单的依据。第一时区的 ATP 数量即为可用库存量，对于每个有主生产计划预计接收量的时区都要进行计算。第一时区的 ATP 等于现有库存量减去到期和过期的客户订单。在任何包含主生产计划接收量的时区内，ATP 等于主生产计划量减去该时区内以及该时区之后、下一个有主生产计划接收量的时区之前的所有客户订单。负的 ATP 减少先前时区的 ATP。

**Backflush　倒冲法**

根据已生产的装配件数量，通过展开物料清单求得用于该装配件或子装配件的子项零部件数量，然后从库存记录中减掉该数量。

**Backlog　未发货的客户订单**

所有已收到但尚未发货的客户订单，也称为未结订单。

**Backorder　未实现的客户订单**

未实现的客户订单或对客户的承诺，对于库存量不足以满足需求的物料来说，未实现的订单是立即应当满足或已经过期的需求。

**Back Scheduling　倒序排产**

计算开工日期及完工日期的一种方法。 排产计算由订单交货日期开始，进行倒序计算，以确定每道工序的开工日期和完工日期。

**Bill of Capacity　能力需求清单**

是资源清单的同义语。

**Bill of Material(BOM)　物料清单**

构成父项装配件的所有子装配件、零件及原材料的清单，其中要指明制造一个父项装配件所要求的每个子项的数量。物料清单和主生产计划结合起来，确定对哪些物料必须下达采购订单或生产订单。物料清单有各种显示格式，包括单层物料清单、缩排式物料清单、模块(计划)物料清单、瞬时件物料清单、矩阵物料清单以及成本核算物料清单等。在某些工业领域中，可能称为“公式”“配方”“配料表”或其他名称。

**Bill of Resources　资源清单**

关于能力和关键资源的一个表，这些能力和关键资源是为生产所选定的一单位物料项目或一单位产品族所需要的。资源需求进一步通过一个提前期偏置来确定，以便按时区预测所计划的项目和产品族对关键资源负荷的影响。粗能力计划用这些清单去计算主生产计划的近似的能力需求。资源计划可以用这种清单来计算来自生产规划的长期的资源需求。

**Blanket Purchase Order　一揽子采购订单**

一种向供应商采购物料的长期承诺，根据这种承诺产生短期的采购订单来满足需求。通常，一揽子采购订单只包含一种物料项目，要有预定的交货日期。

**Bottleneck　瓶颈**

一种设备、功能、资源或一个部门，其能力等于或小于对它的需求。例如，在作业处理速率比要求的速率慢的地方，则存在一台瓶颈机床或工作中心。

**Branch Warehouse　分仓库**

一个分销中心。

**Business Plan　经营规划**

关于长期战略以及预计收入、成本和利润目标的表述文件，通常还包括预算、计划的资金平衡表以及现金流量表(资金来源和资金运用)。通常用货币单位和产品族来表述。尽管经营规划与销售和生产规划经常以不同的术语来表述，但两者应当相互一致。

**By-Product　副产品**

生产过程中剩余的或伴随生产加工过程产生的有价值的物料。副产品对主产品的比例通常是可预知的。副产品可以循环使用、销售或作其他用途使用。

**Capable-to-Promise(CTP)　可承诺能力**

是一个根据可用能力和库存量来处理客户订单的过程。这个过程可以涉及多个生产制造和分销场所。可承诺能力用来确定何时一份新的或尚未发货的客户订单可以发货。可承诺能力使用制造系统的有限能力排产模型来确定一项产品何时可以发货。这个过程包括任何可能限制生产的约束条件，例如资源的可用性，原材料或采购件以及物料清单低层上的子项物料或子装配件的提前期。最终得出的交货日期还要考虑到生产能力、当前的生产制造环境和未来的客户订单承诺。目标是减少生产计划员由于不准确的交货日期承诺而造成的催促订单和调整计划所花费的时间。

**Capacity　能力**

(1) 一个系统完成它所期望的功能的能力。

(2) 一个工人、一台机器、一个工作中心、工厂或组织在单位时间内的产出能力。需求的能力表示为制造一个给定的产品组合(在设定的技术、规格说明等条件下)所需要的系统能力。作为一项计划功能，对于可用的能力和需求的能力都可以进行度量，短期的度量可通过能力需求计划来进行，中期的度量可通过粗能力计划来进行，长期的度量可通过资源计划来进行。能力控制通过短期计划的投入/产出控制报告来实现。能力可以分类为理论能力、标定能力、实际能力、计划能力、保护能力、生产能力、专用能力、预算能力、固定能力以及最大能力等。

**Capacity Available　可用能力**

一个系统或一项资源在一个特定的时区内产出的数量。

**Capacity Control　能力控制**

这个过程要度量生产产出量并将它与能力需求计划相比较，从而确定偏差是否超出预定容限，如果已超出容限，则确定是否需要采取校正措施以便回到计划的轨道。

**Capacity Management　能力管理**

为执行所有生产计划所需要的建立、度量、监控和调节能力限制及水平的功能，这些生产计划包括生产规划、主生产计划、物料需求计划和派工单。能力管理在四个层次上进行：资源计划、粗能力计划、能力需求计划和投入/产出控制。

**Capacity Requirements Planning(CRP)　能力需求计划**

详细地确定为完成生产任务需要多少劳力和机器资源的过程。在 MRP 系统中，已下达的车间订单和计划订单是 CRP 的输入。CRP 将这些订单转换成不同时区、不同工作中心上的工时数。

**Closed Loop MRP　闭环物料需求计划**

围绕物料需求计划而建立的系统，包括生产规划(销售与运作规划)、主生产计划和能力需求计划。一旦这个计划阶段完成并且作为实际可行的计划而被接受以后，执行阶段随之开始。这包括投入/产出(能力)控制、详细的排产计划和派工单以及来自车间及供应商的拖期预报和采购计划。“闭环”一词所指的不仅包括整个系统的这些组成部分，并且还包括来自执行部分的反馈信息，目的在于使计划在任何时候都保持有效。

**Component　子项**

一个应用范围广泛的术语，用来标识某种原材料、配料成分、零件或子装配件。它们组成更高一级的装配件、部件或其他物料项目。这个术语也可以包括用于最终项目的包装物料。

**Co-Products　联产品**

一些产品，由于它们本身或加工工艺的相似性，而一起或按顺序地制造出来。

**Critical Path Lead Time　关键路径提前期**

是累计提前期的同义语。

**Cumulative Lead Time　累计提前期**

完成某项活动的最长计划时间。对于任何一项由 MRP 计划的物料项目来说，其累计提前期可以通过遍历该项物料的物料清单中各条路径来得到，即将各路径上所有低层项目提前期的最大累计值定义为该项物料的累计提前期。也称为合成提前期或关键路径提前期。

**Customer Relationship Management(CRM)　客户关系管理**

以客户第一的理念为基础的市场哲学。收集和分析关于销售和市场决策支持的信息(和 ERP 的信息不同)去理解和支持现有的和潜在的客户需求，包括客户管理、产品目录和订单录入、支付处理、信用管理以及其他功能。

**Cycle Counting　循环盘点**

一种库存准确度审核方法。库存按计划定期盘点，而不是一年才盘点一次。库存循环盘点通常按确定的规律进行(对价值高或流动快的物料盘点次数多，对价值低或流动慢的物料盘点次数少)。大多数有效的循环盘点系统要求对每项物料规定一个盘点频率，而每个工作日清点一定数目的物料。循环盘点的主要目的在于发现有错误的物料项目，然后寻找、分析和消除出错的原因。

**Delivery Lead Time　交货提前期**

从收到客户订单到交付产品的这段时间。

**Delphi Method　德尔菲法**

一种定性的预测方法，在一系列迭代的调查过程中把专家的意见结合起来。每一轮的调查结果用来设计下一轮的调查表，从而得到专家意见的收敛结果。

**Demand　需求**

对指定产品或零部件的需求，这种需求可有多个来源，例如，客户订单或预测、内部工厂或分库对维修件的需求或生产其他产品的需求。在产成品这一层次上，“需求数据”和“销售数据”通常是不同的，因为需求不一定导致销售，例如，没有库存则没有销售。需求可以表现出 4 种特性：周期性、随机性、季节性和发展趋势。

**Demand Lead Time　需求提前期**

潜在的客户对于交付一项产品或服务愿意等待的时间量。

**Demand Management　需求管理**

认识和管理对产品的全部需求，并确保主生产计划反映这些需求的功能。需求管理包括预测、订单录入、订单承诺、分库需求、非独立需求、厂际订单及维修件需求等。

**Demand Pull　需求拉动**

只有当一个工作中心完成了一项作业和(或)准备开始下一项作业时，才发出指令将物料移到该工作中心。事实上它消除了一个工作中心入口的队列，但可能导致前一个工作中心出口的队列。

**Demand Time Fence(DTF)　需求时界**

主生产计划中的一个时间点，主生产计划的展望期被分为三个时域。在主生产计划中需求时界设在当前日期和计划时界之间，从而划分出了两个时域。在当前日期和需求时界之间的为第一时域，在此时域内订单是冻结的，亦即，未经分析和批准不能改变主生产计划。第二个时域在需求时界和计划时界之间，在此时域内，实际的订单可以消耗预测。

**Demonstrated Capacity　实际能力**

由实际产出数据计算出来的经过证明的能力，通常表示为产出项目的平均数量乘以每个项目的标准工时。

**Dependent Demand　非独立需求**

当对一项物料的需求与对其他物料项目或最终产品的需求有关，亦即可从其他物料项目或最终产品的物料清单结构导出时，则称为非独立需求。因此，这些需求是计算出来的，而不是预测的。对于一个给定的物料项目，有时可能既有独立需求又有非独立需求。例如，一个零件可以是一个装配件的子项，同时又可以作为维修件销售。

**Discrete Manufacturing　离散制造**

不同项目，如汽车、工具设备、计算机等的生产。

**Dispatch List　派工单**

按优先级顺序排列的生产订单一览表，利用书面或电子介质将派工单发给生产车间。派工单中包括生产订单的优先级、物料存放地点、数量及能力需求的详细信息，所有这些信息都是按工序排列的。派工单通常每天按工作中心产生。

**Distribution Network Structure　分销网络结构**

将存货从一个或多个货源点分配到地区仓库，并最终分配到客户的计划渠道。分销网络的层次可以是一层的或多层的。同义语：分销清单。

**Distribution Requirements Planning(DRP)　分销需求计划**

(1) 为分仓库确定补充库存的需求的功能。可以使用时段式订货点法来实现分仓库的库存补充，分仓库一级的计划订单用 MRP 逻辑展开形成供应源的毛需求。在多级分销网络的情况下，这个展开过程可以通过各级地区仓库(主仓库、工厂仓库等)逐级进行，最终形成主生产计划的输入。对供应源的需求按相关需求处理，并应用 MRP 的标准逻辑。

(2) 更通俗来讲，是补充库存的计算，可以根据其他计划方法，如“时区订货量”，或“恰好补充所用的物料”，而不限于时段式订货点法一种方法。

**Distribution Resource Planning(DRP II)　分销资源计划**

分销需求计划的扩充，把包含在分销系统中的关键资源，如仓库空间、搬运能力、资金、运输工具等，纳入计划系统中。

**Engineer-to-Order　面向订单设计**

要按客户要求作独特的工程设计或按客户要求作较大修改的产品。每一个客户订单会产生唯一的一组零件编号、物料清单和工艺路线。

**Enterprise Resources Planning(ERP)　企业资源计划**

组织、定义业务流程并使之标准化的框架，这些流程是为有效地计划和控制一个组织，从而使得该组织能够利用内部的知识来寻求外部的优势所必需的。

**Final Assembly Schedule(FAS) 最终装配计划**

在面向订单生产或面向订单装配环境中，为满足特定的客户订单需求而制定的产品装配计划。有时，这个过程所涉及的工序可能并非最终装配，例如，最后的混合、切割或包装，所以，它也可以是产成品的排产计划。在接到一份受到可用物料和可用能力约束的客户订单之后，开始准备 FAS，并对所需要的工序进行排产，从库存的层次或主计划的层次开始，完成最终产品的生产。

**Finite Forward Scheduling　有限能力向前排产**

是一种对机械设备的排产技术，这种技术从开始时区到最后时区顺序地进行排产，排产过程中服从能力的限制。甘特图可用作这项技术的表示工具。

**Finite Lording　有限负荷**

在给定的时区内，不对工作中心分配比可以期望完成的工作量更多的工作量。这个术语，通常指为了使负荷均衡而为各个工序计算工序优先级的计算机技术。

**Firm Planned Order　确认的计划订单**

指在数量和时间上已确认的计划订单。这种订单不能由计算机自动改变，而只能由计划员改变。利用这种方法，通过有选择地确认计划订单，可以帮助计划员使用 MRP 系统对物料和能力问题作出反应。此外，确认的计划订单还是表述主生产计划的通常的方法。

**Fixed Order Quantity　固定订货批量**

一种用于 MRP 系统或库存管理的确定订货批量的方法，每次产生的计划订单或实际订单的订货量都采用预先确定的固定数量，或者是这个固定数量的倍数——当一个时区的净需求量超过这个固定订货批量时即是如此。

**Gross Requirement　毛需求**

在减去现有库存量和预计入库量之前，对一个子项的独立需求和非独立需求的总和。

**Independent Demand　独立需求**

当对某项物料的需求与对其他物料的需求无关时，则称这种需求为独立需求。例如，对成品或维修件的需求，对零件的破坏性试验的需求，都是独立需求。

**Infinite Loading　无限负荷**

在一定的时区内，对所需要的工作中心计算所需要的能力的计算方法，在这个计算过程中，不考虑完成作业的可用能力。

**Input/Output Control　投入/产出控制**

一种能力控制技术，它监控每个工作中心的计划投入和实际投入以及计划产出和实际产出，计划的投入和产出由能力需求计划产生并由生产部门批准。将实际投入与计划投入相比较，以检查何时工作中心的产出会由于得不到加工作业而偏离计划。也将实际产出与计划产出相比较，以发现这个工作中心本身的问题。

**Interplant Demand　厂际需求**

将物料发送到同一公司内的其他工厂或部门，虽然不是客户订单，但主生产计划通常以同样的方式处理。

**Inventory Turnover　库存周转次数**

一年中库存流动或循环的次数。计算库存周转次数的常用方法是用全年售出货物成本除以平均库存价值。例如，平均库存价值为 300 万元，全年售出货物成本为 2 100 万元，那么，库存周转次数为 7 次。

**Item　物料项目**

任何一种唯一确定的自制的或采购的零件、材料、半成品、子装配件或产品。

**Item Record　物料项目记录**

即物料项目的主记录，一般包括标识数据和描述数据以及控制参数(提前期、订货批量等等)，还可以包括库存状态、需求、计划订单及成本等数据。物料项目记录通过物料清单(或称产品结构文件)记录联系在一起。

**Job Shop　加工车间**

(1) 一种生产组织形式，把功能相似的设备组织在一起，每项作业按不同的工艺路线通过车间。

(2) 一类生产过程，根据每个客户的规格说明来生产产品。生产过程可以处理范围很宽的产品设计，使用通用设备，在固定的工厂位置进行加工。

**Lead Time　提前期**

(1) 完成一个过程(或一系列操作)所需要的时间。

(2) 从认识到一份订单的需求到接收到货物之间的时间。提前期的单项构成包括订单准备时间、排队时间、加工时间、搬运时间以及接收和检测时间。

**Lean Production　精益生产**

一种生产的哲理，强调用于企业的各项活动中的所有资源(包括时间)的最小化。在设计、生产、供应链管理以及为客户服务等各个领域都要识别和消除不增值的活动。精益生产的企业要在企业组织的各个层次上雇用多技能的员工，使用高柔性的、自动化程度越来越高的机器设备来生产满足多样化需求的大量的产品。它包括了通过坚决地消除浪费和简化整个的制造和支持过程而降低成本的一系列原则和实践。

**Load　负荷**

在指定的时间跨度内，对一项设备、工作中心或操作的计划工作量和实际下达的工作量。通常以标准工时表示，或者在产品以相同的速率消耗类似资源的情况下，以生产的单位表示。

**Lot for lot　按需订货**

MRP 的一种订货技术，所生成的计划订单在数量上等于每个时区的净需求量。

**Lot Size　订货批量**

从车间或供应商那里对一项物料的订货数量，或者发放到生产过程中的一个标准数量。同义语：订货量。

**Low-level Code　低层代码**

在所有出现某子项的物料清单中，标识出该子项出现的最低层次的代码。对给定的子项，当所有的毛需求计算到该层时，才计算其净需求。通常，低层代码由计算机软件自动进行计算和维护。

**Maintenance，Repair，and Operating Supplies(MRO)　维护、维修与操作物料**

用于支持一般维修和操作的项目。例如，维修用料、备用件以及制造过程中所使用的消耗品等。

**Make-to-Order　面向订单生产**

一种在收到客户订单之后才完成产品的生产环境。最终产品通常由某些标准项目和满足客户特定需求的定制项目组合而成。为了缩短向客户的交货期，对于具有较长提前期的子项要在订单到达之前作出计划。对于在客户订单到达之前已经把选件或其他子装配件存放在仓库里的情况，通常称为“面向订单装配”。

**Make-to-stock Product　面向库存生产的产品**

一种在接到客户订单之前产成品已经完成的生产环境。一般来说，客户订单由库存直接满足，而生产订单是为了补充库存。主生产计划在成品层上进行。

**Manufacturing Cycle　制造周期**

从一份订单下达到车间到向最终客户发货或成品接收入库之间所用的时间。同义语：制造提前期，生产周期。

**Manufacturing Execution System(MES)　制造执行系统**

关于车间作业控制的程序系统，包括用于生产设备监控的逻辑编程控制器和过程控制计算机；收集历史绩效信息生成报告的过程信息系统；图形显示器；通知操作人员将要发生什么的警报器。收集质量控制信息的功能以及实验室信息管理系统也可以包括在这个架构中，从而把过程条件和所产生的质量数据联系起来。因此，可以确定因果关系。质量数据会随时动态地或离线地影响用于满足产品规格的控制参数。

**Manufacturing Resource Planning(MRP II)　制造资源计划**

对于制造企业的所有资源进行有效计划的一种方法。在理想的情况下，MRP II 包括以产品单位表述的运营计划、以货币单位表述的财务计划以及可以用来回答“如果……

将会……”之类问题的模拟能力。MRP II 许多相互关联的功能构成：经营规划、销售与运作规划、主生产计划、物料需求计划、能力需求计划以及关于能力和物料的执行支持系统。这些系统的输出与各种以货币单位表述的财务报告，诸如经营规划报告、采购计划报告、发货预算、库存计划等集成在一起。MRP II 是闭环 MRP 的直接发展和延伸。

Master Production Schedule(MPS) 主生产计划

(1) 对于由主生产计划员负责的项目预先建立的、由主生产计划员负责维护的一份计划。主生产计划是驱动物料需求计划的一套计划数据，它以具体的产品结构、数量和日期反映企业打算生产什么。主生产计划不是销售预测，后者是一种需求表示。主生产计划必须考虑预测、生产规划和其他重要因素，诸如未完成的客户订单、可用物料、可用能力、管理方针和目标等等。

(2) 主计划过程的结果。主计划是关于需求、预测、未完成的客户订单、主生产计划、预计库存量以及可签约量的表述。

Master Schedule Item　主计划项目

要由主计划员对其进行计划的项目。这些项目是重要的，因为它影响较低层次上的子项或资源，例如技术工人、关键设备、资金等。因此，要由主计划员而不是计算机来维护这些项目的计划。主计划项目可以是最终项目、子项、虚项，或具有计划物料清单的项目。

Material Requirement Planning(MRP)　物料需求计划

是指利用物料清单、库存数据和主生产计划计算物料需求的一套技术。物料需求计划产生下达补充物料订货的建议，而且由于它是有时间坐标的，当到货日期与需求日期不同步时，MRP 会建议重排未结订单。时段式 MRP 从列在主生产计划中的项目开始并确定以下信息：

(1) 制造这些项目所需的所有子项和原材料的数量。

(2) 需要这些子项和原材料的日期。

时段式 MRP 的实现过程包括展开物料清单求出毛需求量，用现有的和在订的库存量调整得到净需求量，根据提前期给出计划订单的建议下达日期。

Net Change MRP　净改变式 MRP

物料需求计划的一种处理方法。使用这种方法要将物料需求计划连续地保留在计算机里。当需求、未结订单、库存状态或物料清单等有变化时，则仅对受这些变化影响的零部件进行部分的需求展开重排。

Net Requirement　净需求

在 MRP 里，物料的净需求是通过毛需求减去现有库存量和预计入库量计算出来的。根据净需求、订货批量和提前期偏置即可形成计划订单。

On-hand Balance　现有库存量

库存记录所显示的实际存储在仓库里的物料数量。

On Order Stock　在订库存

所有尚未完成的补充订货之和。当一份新订单下达时，在订库存增加，当接收到一份订单的物料或取消一份订单时，在订库存减少。

Open Order　未结订单

(1) 已下达的生产订单或采购订单。

(2) 尚未完成的客户订单。

Order　订单

一个使用广泛的术语，可以指不同的对象，例如，采购订单、车间订单、计划订单等。

Order Entry　订单录入

接收客户订单并把客户所需要的东西转换为制造商或分销商的惯用术语的过程。客户订单的承诺要依据主生产计划中的可承诺量行的数据。最简单的情况是在面向库存生产的情况下生成产成品的发货文件，较为复杂的情况则是一系列活动，包括面向订单生产产品的工程设计工作。

Order Point　订货点

这是一个库存水平。当现有库存量加上在订库存货量低于订货点时，则应采取措施补充订货。订货点通常如下计算：补充订货提前期内的预测使用量加上安全库存量。

Order Promising　订货承诺

给出交货承诺的过程。回答诸如什么时候可以发货之类的问题。对于面向订单生产的产品，订货承诺通常涉及对可用物料和能力的检查，这种检查通常通过检查主生产计划中的可承诺量来实现。

Order Quantity　订货量

订货批量的同义语。

Order Quantity Modifiers　订货量修正因子

在按某一批量规则计算出订货量之后，由于某些特殊的考虑(如残料、包装、测试等)，可能需要调整计算出的批量。这些对计算出的订货量的调整量称为订货量修正因子。

Pareto's Law　帕累托定律

由意大利经济学家 Vilfredo Pareto 建立的概念，指出在一群事物中总有一个占很小百分比的子群却有最大的影响，或占了最大部分的价值。例如，20% 的库存项目可能占了 80% 的库存价值。

Picking List　领料单

标识所需要的零部件或完工产品名称及数量，作为领料或提货依据的文件。

### Planning Bill of Material　计划物料清单

以物料清单格式表示的对物料或事件的人为的分组，用于主计划和物料需求计划的制定。其中每个分组和一个百分比相关联，或者是各种选项在某个可选特征中所占的百分比，或者是各个特定的产品在产品族中所占的百分比，这些百分比是从历史的平均需求数据得到的。

### Planning Time Fence　计划时界

主生产计划中的一个时间点。主生产计划的展望期被分为三个时域。需求时界是第一时域和第二时域的分界线，而计划时界是第二时域和第三时域的分界线。第一时域包含实际订单。第二时域包含实际订单和客户订单预测，接到的实际的客户订单将取代预测量。第三时域只包含客户订单的预测并延伸到计划展望期末。计划时界表示了一个时间点，指出在计划时界之内，对计划的改变将对子项物料的计划、能力计划、向客户的交货计划以及成本产生不利的影响。所以，在计划时界之内对计划的任何改变必须由主生产计划员手工进行。

### Planned Order　计划订单

当出现净需求时，MRP 即生成关于订货数量、下达日期和交货日期的建议，即计划订单。计划订单由计算机生成并且仅存在于计算机中，如果条件发生变化，下次运行 MRP 时可能改变或删除原来的计划订单。处在某一层次上的计划订单将分解成下一个较低层次上的子项的毛需求。计划订单和已下达订单作为能力需求计划的输入，用以计算出对每个工作中心在未来时区的能力总需求。

### Process Manufacturing　流程生产

通过混合、分离、成形或化学反应实现产品增值的生产过程。可以用批处理或连续生产方式来进行。

### Production Forecast　生产预测

指在面向订单生产或面向订单装配的环境中，产品的某项可选特征的客户需求的预期水平。用于两级主生产计划中。其计算是，先将产品族的主生产计划减去未交付的客户订单，得到产品族的可承诺量，然后利用计划物料清单中关于可选特征的百分比分解产品族的可承诺量而得到。

### Production Planning　生产规划

通过编制生产规划的过程，确定企业产出的整体水平以及最好地满足当前计划的销售水平 (销售计划或预测)的其他活动，同时要满足在经营规划中表述的利润能力、生产率、有竞争力的客户提前期等企业总体目标。通过比较销售和生产的能力，建立企业经营战略，包括生产规划、预算、财务报表以及关于物料和劳力需求的支持计划。这个过程的主要目的之一在于建立适当的生产率，并通过维护、增加或降低库存或未完成的客户订单以及保持相对稳定的劳力队伍，来达到满足客户需求的管理目标。这个计划影响到企业的许多功能，它的准备过程需要来自市场、生产、工程设计、财务、物料等部门的信息，并相互协调。

**Projected Available Balance　预计可用量**

在 MRP 中，预计未来可用的库存。它是一个动态的结果，计算公式是：

预计可用量=现有库存量－需求量＋计划接收量＋计划订货量

**Pull System　拉式系统**

(1) 在生产中，仅当需要用到某种物料或需要补充被用掉的某种物料时，才进行该物料项目的生产。

(2) 在物料控制中，按照所用工序的需求来进行库存提取，直到用户发出信号，才发放物料。

(3) 在分销中，通过一个系统，由分仓库自己决定它的补充进货，而不是由中心仓库或工厂来决定。

**Push System　推式系统**

(1) 在生产中，按提前安排好的生产计划中给出的时间进行物料项目的生产。

(2) 在物料控制中，根据给定的排产计划发放物料或在作业任务开始时随同任作业单发放物料。

(3) 在分销中，系统对于分仓库进货的决定是集中控制的，通常是由生产地或中心供给部门来决定的。

**Queue　队列**

等待队列，指在生产过程中，在某一工作中心等待处理的那些作业。当队列增大时，平均排队时间和在制品库存也将增大。

**Queue Time　排队时间**

作业得到处理之前，在一个工作中心等待的时间。排队时间是整个生产提前期的一部分。排队时间增加会直接导致生产提前期和在制品库存的增加。

**Regeneration MRP　重生成 MRP**

一种 MRP 处理方式。它将主生产计划依照物料清单全部重新展开，以维护优先级的有效性。此时，新的需求和计划订单完全是重新生成的。

**Repair Parts　维修件**

同义语：Service Parts。

**Resource Planning　资源计划**

在经营规划级别上进行的能力计划。资源计划的建立、度量和调整的过程对长期的能力起到限制和均衡的作用。资源计划过程通常基于生产规划，但超出生产规划展望期则由更高的计划层次，即经营规划来驱动。资源规划要考虑哪些需要长时间才能获取的资源。资源规划要经过企业高层领导的批准。

同义语：长期资源计划，资源需求计划。

**Resource Requirements Planning 需求计划**

同义语：资源计划。

**Rough Cut Capacity Planning(RCCP) 粗能力计划**

将主生产计划转化为对关键资源的需求的过程，关键资源通常包括劳动力、设备、库存空间及供应商的能力，有时还考虑资金能力。资源清单常用来实现这个目的。通常，对每项关键资源，要把主生产计划项目所要求的能力与可用能力进行比较。RCCP 帮助主计划员建立一个合理可行的主生产计划。

**Routing 工艺路线**

详细描述一项物料的制造过程的文件。包括要进行的加工及其顺序、涉及的工作中心以及准备和加工所需的工时定额。在有些企业里，工艺路线还包括工具、操作工技术水平、检验及测试的需求等。

**Safety Lead Time 安全提前期**

为了确保某项订货在其实际需求日期之前完成，而在通常提前期的基础上再增加一段提前时间作为安全提前期。如果采用安全提前期，MRP 系统将按安全提前期，把订单的下达日期和完成日期设置得比不采用安全提前期的相应日期更早。

**Safety Stock 安全库存**

(1) 一般是指为应对由于供需波动而产生的意外需求而设置的库存量。

(2) 在主生产计划中，为应对预测错误以及短期的未完成客户订单的变化而多计划出的库存或能力。

同义语：缓冲库存，保留库存。

**Sales and Operations Planning 销售与运营规划**

一个制定战术计划的过程。这些战术计划向企业的管理层提供确定企业战略导向的能力，通过集成面向客户的关于新产品和现有产品的市场计划和供应链的管理，使企业获得持续的竞争优势。这个计划过程把关于企业运作的所有活动——销售、市场、研发、生产、资源、和财务——集成在一组计划中。这个计划过程每月至少做一次，并由企业的高层领导在综合的级别(产品族)上进行审查。这个计划过程必须既在综合级也在明细级上协调所有的供应、需求和新产品计划，并和企业的经营规划联系在一起。这个计划过程是企业近期到中期计划的描述，所覆盖的计划展望期足以做好资源计划来支持年度的经营规划过程。很好地执行销售和运作规划过程可以把企业的战略规划及其执行过程连接起来，并可以审查关于持续改善的业绩度量。

**Scheduled Receipt 计划接收量**

已下达的生产订单和采购订单。

**Scrap Factor 残料率**

表示一项特定物料在从供应商那里接收时、生产完工时或者装配到某个装配件时的预期损失的一个数值，通常以十进制小数或百分数表示。其目的在于增加该项物料的毛需求。对于一项给定的操作，残料率和产出率之和等于 1。如果残料率是 30%(或 0.3)，那么产出率就是 70%(或 0.7)。在生产计划与控制系统中，残料率可以在物料主文件中指派给一项物料，也可以在产品结构文件中指派给某一个子项。例如，如果客户要求某种产品 50 件，而该产品的残料率是 30%(产出率 70%)，那么开始就要制造 72 件(50 除以 0.7)。

**Service Parts 维修件**

用于维修产成品的组件或零件。在产品运行维护期间，可用这些维修件取代原来的部分。

**Setup Lead Time 生产准备时间**

在生产过程开始之前的准备工作所需要的时间(小时或天数)，生产准备时间可以包括第一件产品的生产和检验时间。

**Setup Time 准备时间**

一台特定的机器、资源、工作中心或生产线从生产一种产品的最后一件合格品到生产另一种产品的第一件合格品所需要的时间。

**Shop Floor Control 车间作业管理**

利用来自车间的数据，维护和传送生产订单和工作中心的状态信息的系统。车间作业管理的功能包括：

(1) 为每个生产订单分配优先级。

(2) 维护在制品的数量信息。

(3) 把生产订单状态信息传递到办公室。

(4) 为能力控制提供实际产出数据。

(5) 为在制品库存管理和财务核算提供按地点及生产订单分类的数量信息。

(6) 衡量劳动力和机器设备的有效性、利用率和生产率。

车间作业管理可通过订单控制或物流控制来监控物料在设备间的运动。

**Supplier Scheduler 采购计划员**

主要工作是与供应商打交道、负责确定什么时候需要采购什么物料的人员。采购计划员直接与 MRP 和供应商接触，对他们所管理的物料制定采购计划，提交给有关供应商并追踪其表现，解决出现的问题，当预见到所采购的物料不能按时到货时，要及时通知其他计划员和(或)主计划员。和采购员一样，采购计划员通常是按商品组织起来的。有了采购计划员，就可以使采购员从天天接单、发单的工作中解脱出来，从而有时间去做降低成本、谈判、选择供应商和货源等工作。

**Supplier Scheduling 供应商计划法**

是一种采购方法。它提供给供应商一份采购计划而不是一份份的订单。通常，采购计划系统包括与每个供应商的合同、按周(或更频繁地)表述的对每个供应商未来一段时间的采购计划以及采购计划员。使用这种方法，定期向供应商提供有效的交货日期是至关重要的，所以，必须有一个工作得很好的正规的优先级系统。

**Time Fence　时界**

指明操作规程中的各种约束条件或改变将会发生的时间界限。例如，对主生产计划的改变如超出累计提前期进行则是容易的，而在累计提前期之内进行则是困难的。为此，设定一个时界来限制这些改变。MRP 系统所用的时界有计划时界和需求时界。

**Work Center　工作中心**

一种特定的生产能力，由一个或多个人以及具有相同能力的机器设备组成，能够看作能力需求计划和明细排产计划的一个单位。

**Work in Process(WIP)　在制品**

产品生产过程中各个阶段上的产物，可遍及工厂各处，从已下达进行粗加工的原材料直到加工完毕、等待最后的检验和接收的产成品都包括在内。许多财务系统将半成品和部件也包括在这个范畴内。

# 参考文献


1. Arnold J R T, Chapman S N. Clive L M. Introduction to Materials Management[M]. Sixth Edition. Pearson Prentice Hall, 2008.

2. Chase R B, Aquilano N J. & Jacobs, F. R. Production and Operations Management[M]. Eighth Edition. McGRAW-Hill Companies, Inc., 1998.

3. Clement J, Coldrick A, Sari J. Manufacturing Data Structures, Building Foundations for Excellence with Bills of Materials and Process Information[M]. Oliver Wight Publications, Inc., 1992.

4. Corrrell J G, Edson N W. Gaining Control, Capacity Management and Scheduling[M]. John Wiley & Sons, Inc., 1990.

5. Crepeau E A. Production Activity Control(Certification Review Course) [M]. American Production and Inventory Control Society, Inc., 1991.

6. Farley G A. Defining Enterprise Resource Planning[M]. APICS-The Performance Advantage, 1997.

7. Garwood D. Bills of Material: Structured For Excellence[M]. Dogwood Publishing Company, Inc., 1988.

8. Goddard W E. Just-in-Time, Surviving by Breaking Tradition[M]. Oliver Wight Limited Publications, Inc., 1986.

9. Gray C D. The Right Choice. A complete Guide to Evaluating, Selecting, and Installing MRPII Software[M]. John Wiley & Sons, Inc., 1987.

10. Gunn T G. 21st Century Manufacturing, Creating Winning Business Performance[M]. Oliver Wight Publications, Inc., 1992.

11. Hamilton S. Maximizing Your ERP System, A Practical Guide for Managers[M]. McGraw-Hill Companies, 2003.

12. Landvater D V, Gray C D. MRP II Standard System[M]. John Wiley & Sons, Inc., 1989.

13. Luber A D. Solving Business Problems with MRP II[M]. Digital Press, 1991.

14. Oliver Wight International. The Oliver Wight Class A Checklist for Business Excellence[M]. Sixth Edition. John Wiley & Sons, Inc., 2005.

15. Orlicky J. Material Requirements Planning[M]. McGraw-Hill Book Company, 1975.

16. Proud J F. Master Scheduling, A Practical Guide to Competitive Manufacturing[M]. John Wiley & Sons, Inc., 1994.

17. Richard C L, Goddard W E. Orchestrating SUCCESS, Improve Control of the Business with Sales and Operations Planning[M]. John Wiley & Sons, Inc.,1988.

18. Sandras W A. Just-in-Time: Making It Happen, Unleashing the Power of Continuous Improvement[M]. John Wiley & Sons, Inc.,1989.

19. Smith B T. Focus Forecasting and DRP, Logistics Tools of the Twenty-First Century[M]. Vantage Press, Inc., 1991.

20. The Association for Operations Management (APICS). APICS Dictionary[M]. Thirteenth Edition, 2010.

21. The Association for Operations Management（APICS）. Detailed Scheduling and Planning, Participant Workbook, Version3.0, 2004.(CPIM Certification Course)

22. Wallace T F，Kremzar M H. ERP: Making It Happen, The Implementer's Guide to Success with Enterprise Resource Planning[M]. John Wiley & Sons, Inc., 2001.

23. Wallace T F. Sales & Operations Planning[M]. Second Edition. T.F. Wallace & Company, 2005.

24. Ware N, Fogarty D W. Master Schedule/Master Production Schedule: The same or different? Production and Inventory Management Journal, 1990.

25. Wight O W. MRP II: Unlocking America's Productivity Potential[M]. Revised Edition. Oliver Wight Limited Publications, Inc., 1984.

26. Wight O W. The Executive's Guide to successful MRP II[M]. Oliver Wight limited Publications, Inc.,1982.

27. 陈启申. ERP——从内部集成起步[M]. 第 2 版.北京：电子工业出版社，2010.

28. 刘伯莹，周玉清，刘伯钧. MRP II/ERP 原理与实施[M].第 2 版.天津：天津大学出版社，2001.

29. R.R.Arrow.公司再造——企业流程的改造与实践[M]. 北京：企业管理出版社，1999.

30. 吕廷杰，尹涛，王琦. 客户关系管理与主题分析[M]. 北京：人民邮电出版社，2002.

31. 马士华，林勇，陈志祥. 供应链管理[M]. 北京：机械工业出版社，2000.

32. 孟凡强，王玉荣. CRM 行动手册[M]. 北京：机械工业出版社，2002.

33. 李芳芸.计算机集成制造系统 CIMS 问答[M]. 北京：兵器工业出版社，1993.